ein Ullstein Buch

ÜBER DAS BUCH:

Nach erfolgreichen Geheimmissionen (siehe *Kutterkorsaren* und *Kurier zum Kap der Stürme*) erhält Leutnant Drinkwater endlich das Kommando über ein eigenes Schiff. Es ist der Mörsertender Virago, abgestellt zu der gewaltigen britischen Flotte, die im Winter 1801 ums Skagerrak in die Ostsee einläuft, um Kopenhagen zu beschießen.
Kälte, Sturm und französische Freibeuter machen dem frischgebackenen Kommandanten schwer zu schaffen. Aber das größte Problem für ihn ist sein eigener Bruder, der einen Doppelmord begangen hat und nun, auf Drinkwaters Schiff versteckt, ins Ausland flüchten will. Trotz dieser Bedrohung spielt Drinkwater bei der Schlacht von Kopenhagen eine entscheidende Rolle: Als die Dänen im Sund die Fahrwassermarkierungen entfernen, legt Drinkwater mit seiner Crew bei Nacht und Nebel neue Tonnen vor die gefährlichen Untiefen und bereitet so Nelsons Angriffsflotte den Weg. Und im Kanonendonner des nächsten Tages, als die britischen Linienschiffe nur ein Patt erzielen können, wird Drinkwaters Virago zum Trumpf-As, mit dem Nelson den Waffenstillstand erzwingt.

DER AUTOR:

Richard Woodman ging mit sechzehn Jahren von der Schule ab, um vor dem Mast das Tall Ship's Race von 1960 mitzusegeln, die Transozeanregatta der großen alten Rahsegler. Er absolvierte seine Kadettenzeit bei der britischen Handelsmarine, erwarb das Offizierspatent und fuhr als Navigator auf Überseefrachtern und Wetterschiffen. 1967 trat er in den Dienst von Trinity House, der traditionsreichen britischen Seefahrtsbehörde, und fährt jetzt als Kapitän einen ihrer Versorgungstender. Er schrieb ein preisgekröntes marinehistorisches Sachbuch über die jahrhundertealte Geschichte von Trinity House, *Keepers of the Sea*, und seit 1982 die erfolgreiche Romanserie um den Seehelden Nat Drinkwater, die durch Spannung, Realismus und nautische Exaktheit besticht. Bei Ullstein liegen inzwischen vier Titel daraus vor, weitere sind in Vorbereitung.

Richard Woodman

Die Mörserflottille

Leutnant Drinkwater in der Schlacht
von Kopenhagen

Roman

ein Ullstein Buch

ein Ullstein Buch / maritim
Nr. 20666
Herausgegeben von J. Wannenmacher
im Verlag Ullstein GmbH,
Frankfurt/M – Berlin
Titel der Originalausgabe:
The Bomb Vessel
Erstveröffentlichung 1984
bei John Murray (Publishers) Ltd.,
London
Aus dem Englischen
von Uwe D. Minge

Deutsche Erstausgabe

Umschlagentwurf:
Hansbernd Lindemann
Umschlagillustration:
Bernd Tölzel

Printed in Germany 1986
Gesamtherstellung: Ebner Ulm
ISBN 3 548 20666 2

September 1986

Vom selben Autor
in der Reihe der
Ullstein Bücher:

Die Augen der Flotte (20531)
Kutterkorsaren (20557)
Kurier zum Kap der Stürme (20585)

CIP-Kurztitelaufnahme
der Deutschen Bibliothek

Woodman, Richard:
Die Mörserflottille: Leutnant Drinkwater
in d. Schlacht von Kopenhagen; Roman /
Richard Woodman. [Aus d. Engl. von
Uwe D. Minge]. – Dt. Erstausg. –
Frankfurt/M; Berlin: Ullstein, 1986.
(Ullstein-Buch; Nr. 20666: Maritim)
Einheitssacht.: The bomb vessel <dt.>
ISBN 3-548-20666-2
NE: GT

Für OSYTH LEESTON
in Dankbarkeit

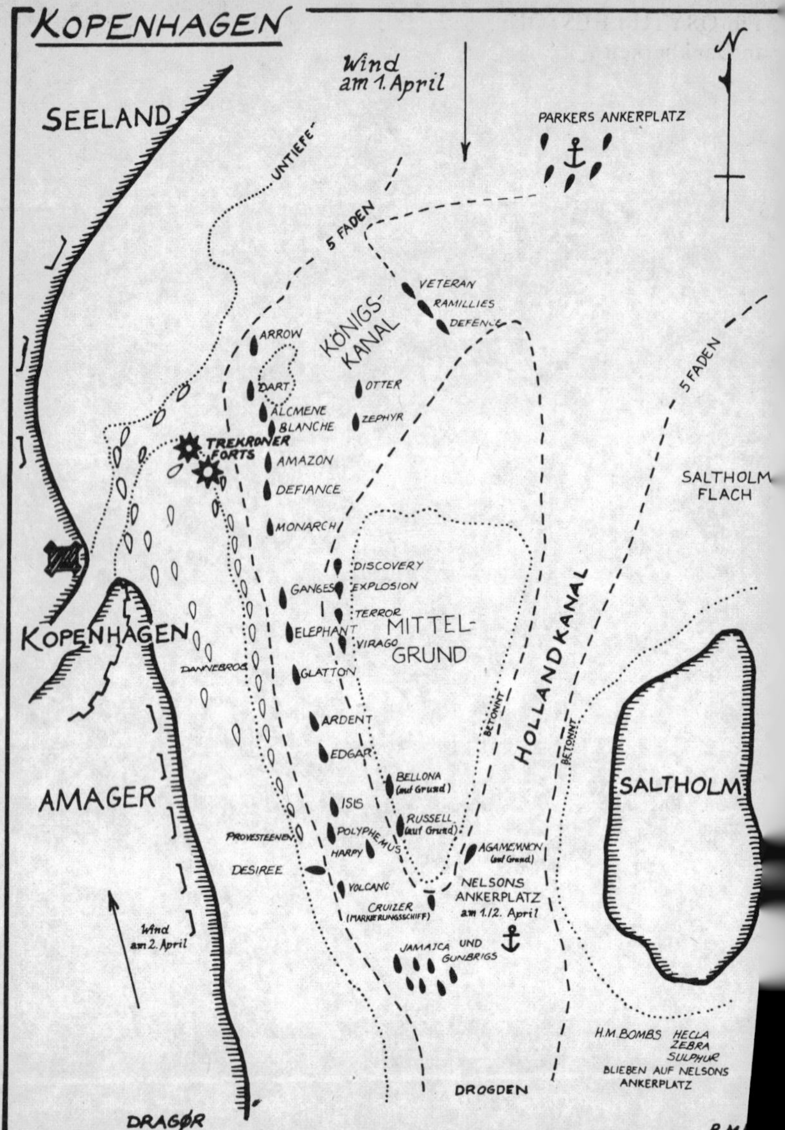
KOPENHAGEN
Wind am 1. April
N
SEELAND
PARKERS ANKERPLATZ
UNTIEFE
5 FADEN
VETERAN
RAMILLIES
DEFENCE
ARROW
KÖNIGS-KANAL
DART
OTTER
ALCMENE
BLANCHE
ZEPHYR
TREKRONER FORTS
AMAZON
DEFIANCE
MONARCH
5 FADEN
SALTHOLM FLACH
DISCOVERY
GANGES
EXPLOSION
TERROR
ELEPHANT
VIRAGO
MITTEL-GRUND
KOPENHAGEN
DANNEBROG
GLATTON
HOLLANDKANAL
BETONNT
BETONNT
ARDENT
EDGAR
AMAGER
BELLONA (auf Grund)
SALTHOLM
ISIS
RUSSELL (auf Grund)
PROVESTEENEN
POLYPHEMUS
HARPY
AGAMEMNON (auf Grund)
DESIREE
NELSONS ANKERPLATZ am 1./2. April
VOLCANO
CRUIZER (MARKIERUNGSSCHIFF)
Wind am 2. April
JAMAICA UND GUNBRIGS
H.M. BOMBS HECLA ZEBRA SULPHUR
BLIEBEN AUF NELSONS ANKERPLATZ
DROGDEN
DRAGØR

Inhalt

TEIL EINS

ZAR PAUL I.

Wenn ich einen Mann kennenlerne, der zu herrschen versteht, schließe ich ihn in mein Herz. Ich möchte Ihnen meine Ansichten über England mitteilen, jenes Land, das (...) von Habgier und Selbstsucht beherrscht wird. Mein Wunsch ist es, daß wir uns verbünden mit dem Ziel, der Willkür dieses Regimes ein Ende zu setzen.

Zar Paul I. an Napoleon, 1800

ERSTES KAPITEL

September 1800

Wie ein Fisch auf dem Trockenen

Nathaniel Drinkwater sah die Kutsche nicht. Er stand, freudlos seinen Gedanken nachhängend, vor der Fensterfront eines Kleiderladens, als der Wagen, von Portsmouth kommend, nach Petersfield hereindonnerte. Kurz vor dem »Roten Löwen« hieb der Kutscher noch einmal auf die Gäule ein.

Das plötzliche Knarren und Quietschen des Zaumzeugs, der Geruch nach Pferdeschweiß, die wirbelnden Räder überraschten Drinkwater; eine wappengeschmückte Tür glitt vorbei, dann ergoß sich eine Ladung Straßenschmutz über ihn. Einen Augenblick starrte er sprachlos seinen pflaumenblauen Gehrock und die ruinierte Hose an, dann ließ er seinen Gefühlen freien Lauf.

»He! Du verdammter Hurensohn, kannst du nicht in der Straßenmitte fahren?«

Der Kutscher blickte zurück und grinste unverschämt. Die Lautstärke des Anpfiffs hatte ihn überrascht, so etwas hatte er auf der Hauptstraße von Petersfield nicht erwartet.

Das Gesicht, das durch das hintere Fenster der Kutsche nach ihm ausschaute, sah Drinkwater nicht.

»Bei allen Heiligen, so ein Spitzbube«, murmelte er, die Feuchtigkeit verfluchend, die bis zu seinen Hüften reichte. Er warf einen schnellen Blick durchs Schaufenster, denn er hatte das vage Gefühl, daß der Zwischenfall die Strafe dafür war, daß er seine Frau und Louise Quilhampton im Laden sich selbst überlassen hatte, weil er lieber draußen die Frische nach dem Regenschauer genießen wollte. Das Kopfsteinpflaster glänzte im Sonnenlicht, kleine Bäche strömten in die Gossen und gurgelten in den Regenrinnen – und tropften auch von den Schößen seines neuen Gehrocks, zum Teufel noch mal! Ohne großen Erfolg versuchte er, die beschmutzte Hose zu säubern, und verspürte dabei wieder den sehnlichen Wunsch, den hohen steifen Vatermörder mit dem angenehm weichen Kragen einer Marineoffiziersuniform zu vertauschen. Mit Abscheu blickte er auf seine verschmierten Hände nieder.

»Nathaniel!« Er sah auf. Vierzig Meter weiter hatte die Kutsche angehalten. Der Passagier war ausgestiegen, hatte die Kutsche weiterfahren lassen und schritt nun auf ihn zu. Drinkwater zog überlegend die Augenbrauen zusammen. Der Mann war älter als er, trug einen flaschengrünen Samtrock über seiner Hose und eine cremefarbene Krawatte. Solche Eleganz verdoppelte Drinkwaters Wut über seinen verdorbenen Anzug. Zum zweiten Mal an diesem Morgen war er drauf und dran, seinem Temperament freien Lauf zu lassen. Aber da erkannte er das gewinnende Lächeln und die durchdringenden Augen Lord Dungarths, seines vormaligen Ersten Offiziers auf der Fregatte *Cyclops*, der jetzt im Geheimdienst der Regierung arbeitete. Der Earl näherte sich mit ausgestreckten Händen.

»Mein lieber Freund, es tut mir entsetzlich leid...« Er deutete auf Drinkwaters Anzug.

Drinkwater errötete und ergriff die ausgestreckte Hand.

»Das macht doch nichts, Milord.«

Dungarth lachte. »Ha! Sie lügen miserabel. Kommen Sie mit in den ›Roten Löwen‹ und erlauben Sie mir, ein paar Drinks als Wiedergutmachung auszugeben, während die Pferde gewechselt werden.«

Drinkwater warf einen letzten Blick auf die Frauen im Laden. Anscheinend hatten sie nichts von den Ereignissen draußen gemerkt, oder sie ignorierten einfach seinen unbeherrschten Ausbruch. Erleichtert fiel er neben dem Earl in Gleichschritt.

»Fahren Sie nach London, Milord?«

Dungarth nickte. »Aye, ich habe eine Verabredung mit Spencer in der Admiralität. Aber was ist mit Ihnen? Ich habe von Griffiths' Tod gehört. Ihr Bericht ist über meinen Schreibtisch gewandert, zusammen mit dem von Wrinch aus Mocha. Es hat mich gefreut zu hören, daß die *Antigone* in die Kriegsmarine übernommen worden ist, allerdings hat es mich tief betrübt, daß Ihnen Santhonax entwischt ist. Haben Sie endlich Ihre Epaulette bekommen?«

Drinkwater schüttelte den Kopf. »Nein, die Beförderung ging an unseren alten Freund Morris, Milord. Er tauchte im Roten Meer so unerwartet auf wie Falschgeld – und war auch so beliebt...« Er unterbrach sich, dann setzte er resignierend hinzu: »Commander Morris blieb zwar im Hospital in Kapstadt* zurück, aber seine Briefe

* siehe *Kurier zum Kap der Stürme,* Ullstein Buch Nr. 20585

scheinen Gift versprüht zu haben. Seitdem hat die Admiralität keine Verwendung mehr für mich.«

»Ach ja, die Briefe an seine Schwester. Diese Giftschlange verfügt dank Jemmy Twitchers Geist noch immer über einigen Einfluß.«

Schweigend gingen sie weiter und schwenkten in die Einfahrt zum »Roten Löwen« ein, wo sie der Wirt bereits erwartete und in ein Hinterzimmer führte.

»Einen Krug Rum, und mit Beeilung, wenn ich bitten darf! Nun zu Ihnen, Nathaniel. Die arabische Sonne hat Sie gebräunt, aber sonst sind Sie unverändert. Es wird Sie sicher interessieren, daß Santhonax inzwischen wieder in Paris ist. Mir wurde berichtet, daß er zum Oberstleutnant der Marineinfanterie befördert worden ist. Bonaparte ist schnell bei der Hand mit Beförderungen, wenn sie helfen, das Fiasko seines orientalischen Abenteuers zu vertuschen.«

Drinkwater lachte bitter auf. »Er hat also das Glück, wieder eingesetzt zu werden...« Er brach ab und blickte den Earl scharf an, denn er war nicht sicher, daß seine Bemerkung angebracht gewesen war. Verlegen fügte er hinzu: »Um die Wahrheit zu sagen, Milord, ich fühle mich ohne Schiff verteufelt elend. Ich wohne hier an der Postroute nach Portsmouth und sehe den Blauen Jungs nach, die jeden Tag auf dem Weg zu ihren Fregatten vorbeikommen. Verdammt, Milord, Sie wissen, es ist nicht meine Art, um Vergünstigungen zu bitten, aber einen kleinen Kutter muß es doch irgendwo für mich geben...«

Dungarth lächelte. »Auf einer Fregatte oder einem Linienschiff würden Sie nicht so gerne dienen?«

Drinkwater grinste erleichtert. »Ich würde auch auf einer Badewanne anheuern, wenn eine Karronade draufstünde. Für eine Fregatte fehlt mir das jugendliche Ungestüm und für ein Linienschiff der vornehme Schliff. Auf einem kleineren Schiff könnte ich meine Fähigkeiten am besten unter Beweis stellen.«

Dungarth musterte Drinkwater nachdenklich. Es war eine Schande, daß ein so vielversprechender Offizier noch immer nicht zum Commander befördert worden war. Drinkwaters Wunsch nach einem kleinen Schiff war ein Symptom dieses Dilemmas, denn es bot ihm die einzig erreichbare Gelegenheit, sich zu bewähren. Trotzdem, es gab einfach zu viele Leutnants, die bei den Beförderungen vergessen worden waren und nun auf Transportern, Kuttern oder Kanonenbooten alt wurden. Sie verbrachten ihr Leben mit der nervtötenden Routine des Geleitschutzdienstes und mit mörderischen kleinen Scharmützeln, die von der Öffentlichkeit gar nicht zur Kenntnis genommen wurden. Drinkwater schien für so eine Laufbahn bestimmt zu sein. In seinem dichten braunen Haarschopf zeigten sich an den Schläfen schon die ersten grauen Haare. Sein linkes Auge war wie mit Tintenspritzern umgeben – Pulverspuren –, und eine alte Narbe entstellte seine linke Wange: das Gesicht eines Mannes, der an harten Dienst und Enttäuschungen gewöhnt war. Dungarth, dessen Aufgabe es war, einen täglich unpopulärer werdenden Krieg führen zu müssen, erkannte, daß Drinkwaters Talente in Petersfield vergeudet wurden.

Der Rum kam und wärmte sie.

»Sie fühlen sich hier wohl wie ein Fisch auf dem Trockenen. Was würden Sie zu einer Kanonenbrigg sagen?«

Der Earl beobachtete die Reaktion in den grauen Augen des Jüngeren. Sie leuchteten freudig auf, was sofort die Strenge aus den Gesichtszügen vertrieb. Dungarth fühlte sich an den eifrigen Fähnrich erinnert, der Drinkwater einmal gewesen war.

»Ich stünde für immer in Ihrer Schuld, Milord.«

Dungarth kippte seinen Rum und winkte lässig ab.

»Ich kann nichts versprechen. Sie haben doch von der *Freya*-Affäre gehört? Die Dänen haben sich zwar inzwischen wieder beruhigt, aber dem Zar hat es gar nicht gefallen, mit welchem Nachdruck unser Botschafter Lord Whitworth die Sache niedergeschlagen hat. Den Zaren hat das Einlaufen britischer Kriegsschiffe in die Ostsee verärgert. Das alles erzähle ich Ihnen im Vertrauen, Nathaniel, und erinnere Sie an Ihre Schweigepflicht von damals, als Sie noch auf *Kestrel* . . .«

Drinkwater nickte, sein Pulsschlag beschleunigte sich. »Ich verstehe, Milord.«

»Malta ist uns von Vaubois übergeben worden. Zwar ist Pitt der Auffassung, daß uns Port Mahon als Stützpunkt für das Mittelmeer völlig genügt. Aber viele von uns sind da anderer Meinung. Wir werden Malta halten!« Dungarth hob bedeutungsvoll die Augenbrauen. »Der Zar schielt lüstern auf diese Insel, Ferdinand von Sizilien steht ihm dabei nicht nach, aber der Zar ist Großmeister des Malteserordens, und das verleiht seinen Ansprüchen besonderes Gewicht. Die Koalition gegen Frankreich kann jeden Augenblick wie eine überreife Frucht platzen. Österreich hat seit der Niederlage bei Marengo im April keinen Schuß mehr abgefeuert. Der Zar hat es also in der Hand, die ganze Allianz zu sprengen, und er ist verrückt genug, verletzten Stolz vor politische Interessen zu stellen.«

Er schwieg und kippte wieder ein Glas Rum. Dann fuhr er fort: »Bestimmt erinnern Sie sich an den unglücklichen Zwischenfall mit

Seiner Kaiserlichen Majestät, als er die Streitigkeiten zwischen unseren beiden Nationen durch ein Duell mit dem König klären wollte.« Dungarth lachte. »Diesmal hat er sich damit begnügt, alles britische Eigentum in Rußland beschlagnahmen zu lassen.«

Drinkwaters Augen weiteten sich, als er das Gehörte in vollem Umfang begriff.

»Wie ich sehe, verstehen wir uns«, fuhr Dungarth fort. »Ausnahmsweise sind wir diesmal gut über die Vorgänge in St. Petersburg und Kopenhagen informiert.« Er lächelte ironisch über das versteckte Eigenlob. »Trotz unserer enormen Subventionen heuchelt der Zar Besorgnis über das Wohlergehen der Dänen. Eine Besorgnis, bci der ihm lüstern das Wasser im Mund zusammenläuft, aber das ist ein Problem der Dänen. Kurz gesagt, mein Freund: Es ist die feste Absicht dieses Geistesgestörten, die alte bewaffnete Neutralität der Ostseeanlieger wieder aufleben zu lassen, die seit dem Krieg mit Amerika eingeschlafen war. Diese Machtkonstellation ist uns nicht neu, sie bedeutet, daß die sogenannten Neutralen über eine gewaltige Flotte verfügen, die sich in der Nordsee mit der Frankreichs und Hollands verbünden könnte. Nach Ihren Erfahrungen können Sie sicher ermessen, was es bedeutet, wenn so eine Flotte vor unserer Haustür operieren würde. Ich kann mir zwar nicht vorstellen, wie der verrückte Paul und der Erste Konsul Bonaparte miteinander auskommen sollen, aber es heißt, daß sie ein Geheimabkommen geschlossen haben. Was dabei auch herauskommt...«

Er wurde von einem Klopfen an der Tür unterbrochen. Der Wirt ließ ausrichten, daß die frischen Pferde angespannt seien. Dungarth griff nach seinem Hut.

»Auf Wiedersehen, Nathaniel. Sie können sich darauf verlassen, daß ich etwas für Sie finde.«

»Ich bin Ihnen sehr dankbar, Milord, auch für Ihr Vertrauen.«

Gedankenverloren stand Drinkwater auf dem Hof und sah der davonpolternden Kutsche nach. Weniger als eine halbe Stunde war vergangen, seit sie seine Kleider bespritzt hatte, aber das hatte alles verändert. Erregt überlegte er: Die Ostsee war ein vergleichsweise flaches Gewässer, ein idealer Tummelplatz für kleine Schiffe, ein Kriegschauplatz wie maßgeschneidert für Leutnants und Kanonenboote. Seine Gedanken überschlugen sich. Schuldbewußt dachte er an seine Frau, dann an Louise Quilhampton, die er beide in dem Kleiderladen zurückgelassen hatte. Louises Sohn James hatte er mit einem eisernen Haken anstelle der linken Hand aus dem Roten Meer zurückgebracht. Drinkwaters Gedanken wanderten zu dem jungen

Quilhampton, der von den Offizieren der Brigg *Hellebore* nur »Mr. Q« genannt worden war. Auch er hatte keinen neuen Posten bekommen.

Drinkwater setzte seinen Hut auf. Dann war da auch noch Charlotte Amelia, seine fast zwei Jahre alte Tochter. Sie würde er entsetzlich vermissen, wenn er wieder zur See fuhr. Er sah sie vor sich, wie sie auf den Knien von Susan Tregembo herumgehüpft war, als er sie vor knapp einer Stunde verlassen hatte. Nicht vergessen durfte er auch Tregembo, der mit Hingabe über das Wohlbefinden seines Herrn wachte.

Das alte Leiden jedes Seefahrers packte ihn: Zwiespalt der Gefühle. Hier seine Frau Elizabeth und die vertrauensseligen braunen Augen seiner Tochter, dazu all der Komfort und die Annehmlichkeiten eines bürgerlichen Landlebens; dort der harte Dienst auf See, die Selbstbestätigung eines erfolgreichen Marineoffiziers. Wenn er das eine hatte, sehnte er sich nach dem anderen.

Elizabeth fing ihn ab, als er aus dem »Roten Löwen« trat. Mit einem Blick hatte sie seine beschmutzten Kleider und die Kutsche, die stetig Sheet Hill hinauf ächzte, in Zusammenhang gebracht.

»Nathaniel!«

»Wie? Ach . . . Ja, mein Liebling?« Vor Schuldbewußtsein reagierte er übertrieben besorgt... »Hast du alles bekommen, was du brauchst? Wo ist Louise?«

»Wahrscheinlich beleidigt heimgegangen. Nathaniel, du verheimlichst mir etwas! Was war mit dieser Kutsche?«

»Was für eine Kutsche, Liebling?«

»Die Kutsche mit dem eindrucksvollen Wappen am Schlag, Nathaniel. Wenn ich mich nicht irre, war es das Wappen von Lord Dungarth.«

Elizabeth hakte sich bei ihm unter, während er dümmlich auf sie hinabgrinste. Sie war noch genauso schön wie zu der Zeit, als er sie damals im Garten der Pfarrei in Falmouth zum erstenmal gesehen hatte. Ihr großen Augen neckten ihn.

»Ich rieche Pulver, Nathaniel.«

»Sie haben mich entwaffnet, Madam.«

»Das ist nicht schwer«, sie drückte seinen Arm, »da du ein miserabler Schauspieler bist.«

Er seufzte. »Ja, es war Dungarth. Und es könnte sein, daß wir uns in Kürze mit den Ostseestaaten im Krieg befinden.«

»Wegen Rußland?«

»Du bist sehr scharfsinnig.«

Er drückte sie an sich, und das Gespräch wurde in völliger Harmonie fortgeführt.

»Tja, ich bin eben nicht so seicht und flatterhaft wie viele meines Geschlechts.«

»Jedenfalls bist du schöner als die meisten.«

»Sie sind sehr galant, Sir. Aber ich war nicht darauf aus, mir Komplimente zu angeln, ich will Fakten hören. Denke nicht schlecht über Louise, weil sie es nicht so hält, sie ist eine treue Seele und eine wahre Freundin. Allerdings ziehst du wohl die Gesellschaft ihres Sohnes vor«, schloß Elizabeth trocken.

»Mr. Qs Unterhaltung sagt mir tatsächlich mehr zu, aber . . .«

»Pfui Teufel!« unterbrach ihn Elizabeth. »Er spricht von nichts anderem als von eurem scheußlichen Beruf. Nathaniel, versuche nicht, mich abzulenken!« setzte sie warnend hinzu.

Er holte tief Luft und faßte die Neuigkeiten kurz zusammen, aber ohne Details zu verraten.

»So heißt es diesmal Britannien gegen den Rest der Welt«, stellte Elizabeth fest.

»Ja.«

Sie schwieg einen Augenblick.

»Unser Land ist kriegsmüde, Nathaniel.«

»Das brauchst du mir nicht zu sagen. Aber . . .« Er biß sich auf die Zunge, das letzte Wort hätte ihm nicht entwischen dürfen.

»Aber, Nathaniel, aber? Aber wenn schon gekämpft werden muß, dann kann man ohne meinen Herrn Gemahl keinen Sieg erzielen, das ist es doch – nicht wahr?«

Er blickte sie an und wußte, daß sie mit ihrer Verbitterung im Recht war.

Elizabeth versuchte, ihr Gefühle so gut es ging zu verbergen.

»Lord Dungarth hat dir ein Schiff versprochen?«

»Wie gesagt, du bist sehr scharfsinnig.«

Er sah nicht die Tränen in ihren Augen, aber sie sah die Vorfreude in den seinen.

Zweites Kapitel

Oktober – November 1800

Kavaliersdienste

»Drinkwater!«

Drinkwater drehte sich um. Eine Hand packte ihn fest am Arm, gerade als er die Admiralität verlassen wollte. Er erkannte den anderen nicht gleich. Das lag zum einen an dem Gedränge, in dem die beiden Seeoffiziere standen, zum anderen hinderte das verhärmte Äußere des Ankömmlings Drinkwater an einem schnellen Wiedererkennen.

»Sam? Samuel Rogers, tatsächlich! Wo, in drei Teufels Namen, kommen Sie denn her?«

»Ich habe die letzte beiden Monate damit verbracht, mich in den elenden Warteräumen Ihrer Lordschaften herumzudrücken und ihre schmierigen Schreiberlinge zu bestechen, damit sie meinen Namen auf der Warteliste etwas höher rücken. Aber dieser Abschaum hält es kaum für nötig aufzublicken, wenn ich vorspreche.«

Rogers schlug die Augen nieder. Seine Kleidung war zerknittert und schmutzig, seine Halsbinde hing verwahrlost herunter; offensichtlich war diesmal der Fehler wohl mehr bei ihm selbst zu suchen als bei den Schreibern der Admiralität.

»Ich muß Sie verpaßt haben, als ich heute morgen kam.« Drinkwater stockte, die Misere seines ehemaligen Bordkameraden ging ihm nahe. Um sie herum herrschte rege Geschäftigkeit, dadurch wurde das Schweigen zwischen den beiden Männern noch auffälliger.

»Sie haben ein Schiff bekommen«, brach es schließlich aus Rogers heraus. Es war keine Frage, sondern eine Feststellung. Er deutete auf den braunen Umschlag, den Drinkwater unter den Arm geklemmt hielt.

Drinkwater lächelte gequält.

»So kann man es kaum nennen. Man hat mir eine Kanonenbrigg in Aussicht gestellt, aber es ist was anderes daraus geworden: ein Mörserschiff. Der Name ist *Virago.*«

»Aber ein selbständiges Kommando, nicht wahr?« Rogers reckte eifrig den Kopf vor, so daß Drinkwater seinen Atem riechen konnte, und der ließ auf einen leeren Magen schließen. Rogers setzte wieder zum Sprechen an, preßte dann aber die Lippen zusammen. Drinkwater sah, daß er sein Temperament zügelte.

»Mein lieber Freund, kommen Sie mit.«

Er ergriff Rogers am Ellenbogen und steuerte ihn durch das Gewimmel in das nächstbeste Kaffeehaus am Strand. Nachdem er bestellt hatte, sah er zu, wie Rogers die Fleischpastete in sich hineinschlang, und brütete über der Idee, die ihm gekommen war. Sorgsam überlegte er die Konsequenzen, bevor er begann.

»Sie können kein Schiff finden?«

Rogers schüttelte den Kopf, schluckte gierig und spülte den Rest der Pastete mit Bier hinunter.

»Ich habe keine Verbindungen, und die Geschichte von *Hellebores* Strandung ist hier nur zu gut bekannt.«

Drinkwater war erstaunt. Der Verlust der Brigg hatte Rogers nur einen milden Verweis der Untersuchungskommission eingebracht, die sich in Mocha mit dem Vorfall beschäftigt hatte. Nur die unmittelbar Beteiligten wußten, daß die Strandung auch auf sein unbeherrschtes Temperament zurückzuführen war. Auch Drinkwater war nicht schuldlos gewesen, da er die abnorme Refraktion nicht berücksichtigt hatte und so zu einem falschen Standort gekommen war.

»Wieso ist dieser Vorfall ›nur zu gut‹ bekannt, Sam?«

Rogers zuckte mit den Schultern und blickte Drinkwater mißtrauisch an. Er war schon immer ein schwieriger Bordkamerad gewesen, der mit den meisten Offizieren im Streit lag, auch mit Drinkwater. Es war klar, daß er immer noch alte Vorurteile hegte, obwohl Drinkwater der Meinung gewesen war, daß sie sich während der langen Monate recht nahe gekommen waren, als sie *Antigone* zusammen zurückgebracht hatten.

»Üble Nachrede, Küstenklatsch, nennen Sie es wie Sie wollen. Einer erzählt es dem anderen, und schon breitet es sich aus wie ein Buschfeuer.«

»Augenblick, Sam. Appleby war ein Tratschmaul, aber der lebt jetzt in Australien. Und Griffiths ist tot. Ich setze ein Pfund gegen einen rostigen Penny, daß Morris dieses Gift verspritzt hat!«

Rogers blieb mißtrauisch. Verdächtigte er Drinkwater, er habe ihm die Pastete und das Bier nur gekauft, um sein schlechtes Gewissen zu beschwichtigen? Drinkwater schüttelte den Kopf.

»Nein, Sam, ich war es nicht.« Er blickte dem anderen fest in die Augen, bis jener schließlich den Blick senkte.

»Was halten Sie davon, bei mir als Erster Offizier einzusteigen?«

Rogers' Mund blieb vor Erstaunen offenstehen; dann wandte er plötzlich das Gesicht ab und ergriff Drinkwaters Hand, sein Mund formte lautlos Worte. Drinkwater versuchte, seiner Ergriffenheit Herr zu werden, indem er ihm einige Fragen stellte.

»Beruhigen Sie sich. Sie können doch gar nicht so am Ende sein, da ist doch noch Ihr Prisengeld . . . Wie kommt es, daß Sie so heruntergekommen aussehen?«

Rogers riß sich zusammen, sein Achselzucken ließ die alte Arroganz ahnen.

»Der Spieltisch, ein paar Frauengeschichten . . .« Er beendete den Satz nicht, sondern blickte zu Boden. Drinkwater konnte sich ohne sonderliche Mühe vorstellen, wie Rogers nach zweijährigem Zölibat sein Prisengeld durchgebracht hatte. Er lächelte ihn an, während er sich seine Verdienste ins Gedächtnis rief, seinen großen persönlichen Mut und seine wilde Tapferkeit.

»Ein leerer Magen ist ein schlechter Ratgeber, Sam.«

Er betrachtete Rogers, der eifrig nickte, bestellte Kaffee und lehnte sich dann zurück. Der Dämpfer, den Rogers bekommen hatte, mochte sich ganz günstig auswirken, und in der Schlacht war sein hitziges Temperament nur von Vorteil.

»Um ehrlich zu sein, Samuel, es ist nicht gerade ein Traumjob, den ich Ihnen anbiete, aber in einem Punkt bin ich mir ganz sicher.«

»Worin?«

»Daß wir beide es sehr nötig haben, daraus das Beste zu machen!«

Drinkwater lieh Rogers zehn Pfund, damit er sich wieder präsentabel machen konnte. Ihr Schiff lag oberhalb von Chatham, und Rogers war angewiesen worden, Drinkwater am folgenden Morgen in dessen Unterkunft aufzusuchen. In der Zwischenzeit mußte Drinkwater ins Marineministerium, das er erst gegen Abend wieder verließ. Sein Kopf schwirrte vor Anweisungen, Ermahnungen und Kränkungen, die er klaglos hatte einstecken müssen: ein Leutnant mit eigenem Kommando, dem man die Gnade zuteil werden ließ, diesen Tempel der Intrige und Korruption betreten zu dürfen.

Dann hatte er sein zweites unerwartetes Zusammentreffen an diesem Tag.

Er ging den Strand in westlicher Richtung entlang und stieß auf einen kleinen, aber sehr erregten Menschenhaufen, der einen Kutscher vom Bock gezogen hatte. Es war schon fast dunkel. In die erregten Schreie des Mobs mischten sich die schrillen Hilferufe einer

Frau. Er boxte sich durch die unbeteiligten Zuschauer, sah ein blasses Gesicht hinter dem Fenster der Kutsche und hörte, wie eine Frau in der Menge sagte: »Das geschieht ihm verdammt recht. Warum schlägt er auch mit seiner Peitsche um sich!«

Drinkwater hatte jetzt den Kreis der Zuschauer durchbrochen. Ein großer Mann in Arbeitskleidung hielt grinsend die Pferde am Zügel. Nervös warfen sie die Köpfe in die Luft, verdrehten angstvoll die Augen. Vor ihren stampfenden Hufen wand sich der glatzköpfige Kutscher in der Gosse. Drei Männer, von denen einer eine blutige Strieme an der Wange hatte, verprügelten ihn mit Stöcken. Die besagte Peitsche lag auf der Straße, sein Dreispitz war von einem zerlumpten Jungen aufgehoben worden, der ihn zum Amüsement der Umstehenden aufprobierte. Ein paar häßliche alte Weiber feuerten die Männer mit schrillen Stimmen an, und ein paar Huren beschimpften die Frau in der Kutsche.

Mit einem Blick erfaßte Drinkwater die Situation. Seine anfängliche Sympathie mit dem Mann, der mit der Peitsche ins Gesicht geschlagen worden war, wich seiner starken Abneigung gegen Aufruhr. Er war ein Trauma für ihn, denn als Marineoffizier suchte er ständig mit allen Sinnen nach dem leisesten Anzeichen für Meuterei. London hatte ihn den ganzen Tag gebeutelt, nun setzte diese Szene seine unterdrückten Aggressionen frei. Er trug noch immer Ausgehuniform, deshalb schlug er seinen Umhang über die Schulter zurück, zog den Degen und trat dem nächststehenden Angreifer kräftig in den Hintern. Erstaunt stellte er fest, daß ihm das erhebliche Freude bereitete. Die Menge antwortete mit einem Aufschrei aus Ermunterung und Ärger. Der Mann fiel zwischen die stampfenden Hufe und rollte sich unter wilden Flüchen zur Seite. Die beiden anderen hielten schwer atmend inne und wandten sich dann drohend gegen den Angreifer. Drinkwater trat zu dem verzweifelt wimmernden Kutscher und zielte dabei mit der Degenspitze auf die Kehle des Mannes mit der Peitschenstrieme. Mit der Linken suchte er etwas in seiner Tasche.

»Das reicht jetzt!« sagte er scharf. »Ihr habt euren Spaß gehabt, nun laßt die Dame weiterfahren.«

Der Mann hob seinen Knüppel zum Schlag. Drinkwater ließ eine Münze auf den Rücken des Kutschers fallen. Das Glitzern der halben Krone lenkte die Augen des Mannes ab, er bückte sich rasch, um sie aufzuheben, da berührte ihn im Nacken Drinkwaters Degenspitze.

»Jetzt setzt ihr den Kutscher wieder auf den Bock!«

Er konnte den Widerstand des Mannes fast körperlich fühlen.

»Ich bin gerade damit beschäftigt, Männer für ein Schiff des Königs zu rekrutieren, mein Freund«, sagte er mild. »Du solltest also sehr schnell das Silberstück nehmen und den Kutscher wieder auf seinen Bock plazieren.«

Er fühlte, wie der Mann aufgab. Schnell trat er einen Schritt zurück und schob den Degen in die Scheide. Die Drohung mit der Zwangsrekrutierung hatte mehr gewirkt als das Silber, aber Drinkwater war es um das Geld nicht leid.

Der Mann richtete sich auf und gab seinen Kumpanen ein Zeichen. Der Kutscher wurde auf die Füße gestellt und schwungvoll auf seinen Bock geworfen. Sein Hut war verschwunden, so preßte er beide Hände gegen den kahlen Kopf, als die Menge ihn beschimpfte.

Drinkwater drehte sich zur Kutsche um.

»Wünschen Sie meine Begleitung, Madam?«

Das Gesicht leuchtete bleich im Dämmerlicht. Er konnte ihre geflüsterten Worte nicht verstehen, aber die Tür ging auf, und er stieg ein.

»Weiterfahren!« befahl er dem Kutscher, sobald er die Tür geschlossen hatte, und setzte sich der Dame gegenüber. Sie war kaum den Kinderschuhen entwachsen, sicherlich noch keine zwanzig. Das gelbe Lampenlicht beleuchtete ein offenes Gesicht, das ihm seltsam bekannt vorkam. Er zog seinen Hut.

»Ich hoffe, Sie sind nicht verletzt?«

Sie schüttelte den Kopf und räusperte sich.

»Ich bin Ihnen sehr dankbar, Sir.«

»Nicht der Rede wert. Vielleicht sollten Sie Ihren Kutscher dazu erziehen, daß er etwas zurückhaltender mit dem Gebrauch der Peitsche wird, Madam.«

Sie nickte.

»Haben Sie es weit?« fuhr er fort.

»Ich muß zum Lothian Hotel in der Albemarle Street. Wenn das abseits Ihres Weges liegt, lasse ich Sie von dem armen Matthew bringen, wohin Sie wünschen.« Sie gewann allmählich ihre Sicherheit zurück.

Drinkwater grinste. »Das wird nicht nötig sein, mein Hotel liegt gleich um die Ecke. Ich kann es zu Fuß sehr gut erreichen, bemühen Sie sich also bitte nicht.«

»Sehr zuvorkommend, Sir. Wie ich sehe, sind Sie Marineoffizier. Darf ich Ihren Namen erfahren?«

»Drinkwater, Madam, Leutnant Nathaniel Drinkwater. Darf ich meinerseits erfahren, wem ich die Ehre hatte, zu Diensten zu sein?«

»Ich heiße Onslow, Leutnant, France Onslow.«

»Ihr ergebener Diener, Miss Onslow.«

Sie lächelten sich an, und Drinkwater wußte nun, woher die Ähnlichkeit kam.

»Vergeben Sie mir bitte meine Neugier, aber sind Sie mit Admiral Sir Richard Onslow verwandt?«

»Das ist mein Vater, Mr. Drinkwater. Sie kennen ihn?«

»Ich hatte die Ehre, unter ihm dienen zu dürfen, damals in der Schlacht bei Kampenduin*.«

Im Unterbewußtsein war es Drinkwater, als ob er noch mehr über Miss Onslow wüßte, etwas, das sie persönlich betraf, aber er konnte sich nicht daran erinnern. Ein oder zwei Minuten später verließ die Kutsche den Piccadilly Circus und kam in der Albemarle Street zum Stehen.

Nachdem er der jungen Dame beim Aussteigen behilflich gewesen war, lehnte er ihre Einladung ab, ihn mit dem Admiral bekannt zu machen.

»Ich fürchte, daß ich noch wichtige Geschäfte zu erledigen habe, Miss Onslow. Aber es war mir eine Ehre, Ihnen helfen zu dürfen.«

Galant beugte er sich über ihre Hand.

»Ich werde Ihnen das nicht vergessen, Mr. Drinkwater.«

Im Trubel der nächsten Tage dachte Drinkwater nicht mehr an den Zwischenfall. Die zahllosen Kleinigkeiten, die erledigt werden mußten, bevor sein Schiff auslaufen konnte, nahmen ihn voll in Anspruch. Er besuchte noch einmal das Marineministerium, bestach den Schreiber im Beschaffungsamt, schrieb an den Offizier der Preßgang in Chatham. Er legte eine Sammlung von Büchern und Ordnern an: die Musterrolle, das Krankentagebuch, Rechnungsbücher, Bücher mit Ständigen Befehlen, Anweisungen vom Marineministerium, Beschaffungsamt, des Hospitals zu Greenwich und sogar des Generalfeldzeugmeisters vom Arsenal in Woolwich. Gegen Ende November bezahlte er seine Rechnungen und fluchte über die enorme Gebühr für Kerzen, die er im Dienste Ihrer Lordschaften verbrauchte hatte. Mit einem nun ansehnlicheren Rogers nahm er um vier Uhr morgens vor dem »George« am Southwark die Postkutsche nach Dover und machte sich auf den Weg nach Chatham.

Als die Kutsche über die Brücke in Rochester rumpelte, blickte er auf den stahlgrauen Medway hinunter, der kalt unter dem tiefverhangenen Himmel lag, und rief sich noch einmal den Inhalt des Briefes

* Siehe *Kutterkorsaren*, Ullstein Buch Nr. 20557

von Lord Dungarth ins Gedächtnis, der ihn in seinem Hotel erreicht hatte.

»Ich kann mir vorstellen, mein lieber Nathaniel, daß das Schiff nicht ganz dem entspricht, was Sie sich von meinem Einfluß erhofft haben. Jedoch bietet die vor Ihnen liegende Aufgabe gute Beförderungschancen. Virago *ist ein Mörserschiff, wenn auch nicht offiziell. Ich überlasse es Ihnen, diesen Zustand zu ändern ...«*

Drinkwater runzelte die Stirn. Es mochte sich um eine beschönigende Floskel handeln, aber das sah dem Earl so gar nicht ähnlich. Was Drinkwaters Interesse fesselte, war der versteckte Hinweis, den diese Ermutigung enthielt. *Virago* war als Mörserschiff gebaut worden, obwohl sie zur Zeit nur als Tender fungierte und die anderen Mörserschiffe der Flottille versorgte. Aber erst diese Abstufung machte es möglich, daß sie von einem Leutnant kommandiert werden konnte, denn eigentlich sollte ein Commander auf ihrem Achterdeck stehen.

Eine Welle unguter Gefühle überfluteten Drinkwater, als die Kutsche vor dem Ziegeltor des Arsenals in Chatham hielt. Sie stiegen aus, und der Wachposten der Marineinfanterie betrachtete sie gelangweilt. Eine Wolke altbekannter Gerüche hüllte sie ein: nach Teer, Hanf, Segeltuch, Schmiedefeuer und – unverkennbar dominierend – nach dem salzigen, trockengefallenen Watt.

Er überließ es Rogers, sich um ihre Seekisten zu kümmern, der sie von einer Horde junger Bengel zur nächsten Wirtschaft schleppen ließ. Drinkwater war dazu verdammt, sich eine Stunde lang die Absätze im Wartezimmer des Commissioners schief zu laufen. Dafür waren sie nun so früh aufgestanden. Außerdem stellte Drinkwater fest, daß er Hunger hatte.

Schließlich gewährte ihm ein hochnäsiger Sekretär zehn Minuten seiner kostbaren Zeit, obwohl man ihm ansah, daß er es aufs schärfste verabscheute, mit einem einfachen Leutnant auf die gleiche Stufe gestellt zu werden, egal ob dieser ein Schiff kommandierte oder nicht.

»Die *Virago* ist einer von mehreren Tendern, die die Mörserschiffe versorgen sollen.« Er sprach mit dem schleppenden Tonfall der neuesten Mode. »Wie Sie sicher wissen, wurde Ihr Schiff im Jahr '59 als Bombarde gebaut; bei den anderen handelt es sich um beschlagnahmte Kohlenfrachter. Ihre Spieren sind bewilligt, Material für den Zimmermann und den Stückmeister liegt bereit, der Zahlmeister im Magazin ist über Ihre Bedürfnisse informiert worden. So bleibt Ihnen,

Leutnant, lediglich noch die Aufgabe, den Commissioner zu informieren, wenn Ihr Schiff bereit zum Auslaufen ist. Dann bekommen Sie die Ladepapiere für die Explosivstoffe, das Pulver, die Granaten usw. aus dem Arsenal...« Er wedelte lässig mit einem Taschentuch, ließ sich in seinen Stuhl zurücksinken und schlug die Beine übereinander.

Drinkwater zog sich zurück, um Rogers zu suchen. Wenn tatsächlich alles so gut vorbereitet war, wie es ihm der Sekretär geschildert hatte, dann war diese Werft ungewöhnlich effektiv.

Fünfzehn Minuten später saß er mit Rogers im Heck eines Versetzbootes des Arsenals, und die Pinne zuckte sachte unter seinem Ellenbogen. Der Wind war hier draußen recht frisch und warf steile graue Wellen auf. Die Tropfen zischten nur so von den Riemenblättern. Die Sonne stand bereits tief am Abendhimmel.

»Ihr Schiff liegt am Ende der westlichen Bojenkette«, bemerkte der Bootsmann kurz, während er stromaufwärts ruderte. Drinkwater und Rogers musterten die Schiffe, die in Zweier- und Dreierpäckchen zwischen den Bojen lagen. Die Flut umspülte gurgelnd ihre plumpen Steven. Zwei riesige Achtundneunziger ragten hoch aus dem Wasser, da sie noch keine Kanonen und Vorräte an Bord hatten. Lediglich die Untermasten waren den aufgelegten Schiffen verblieben. Hinter ihnen lagen vier Fregatten, die auf ihre Besatzungen warteten. Sie waren teilweise schon aufgeriggt, aber ihr Anstrich ließ sehr zu wünschen übrig. Die zur Belüftung geöffneten Stückpforten sahen seltsam aus, aus einigen ragten behelfsmäßige Schornsteine. Auf den Decks herrschte Unordnung, Wäscheleinen zeugten davon, daß die Ehefrauen der Unteroffiziere an Bord lebten. Drinkwater erkannte zwei zerschlagene und verrottete holländische Prisen aus der Schlacht von Kampenduin und erinnerte sich wehmütig daran, daß er 1783 hier die Fregatte *Cyclops* mit aufgeriggt hatte*. Damals lagen da wesentlich mehr Schiffe, eine ganze Flotte, die nach Beendigung des Krieges mit Amerika überflüssig geworden war. Der Bootsmann unterbrach seine Träumereien.

»Legen Sie jetzt bitte Ruder, Sir, da hinten ist sie.«

Drinkwater reckte den Hals. Sie drehten unter dem Heck einer mit Geschoßnarben übersäten Slup hindurch, die Tide erfaßte das Boot, und die Ruderer arbeiteten mit vereinten Kräften gegenan. Neugierig betrachtete Drinkwater das Heck seiner *Virago*.

* Siehe *Die Augen der Flotte*, Ullstein Buch Nr. 20531

Drittes Kapitel

November – Dezember 1800

Die *Virago*

Die geschnitzten Verzierungen am Heck überraschten ihn. Sie waren zwar angebrochen und völlig ohne Farbe und Goldauflage, aber trotzdem reich und dekorativ. Durch die Heckfenster leuchtete flackernder Kerzenschein. Mit einem dumpfen Stoß schor das Boot längsseits. Drinkwater ergriff das Manntau und hievte sich an Deck. Es gab keine Masten, keine Kanonen. Die Farbe der Mörserluken blätterte in großen Fladen ab, ausgefranste Persenninglappen klatschten über den zwei Niedergängen. In der spätherbstlichen Dämmerung war es ein recht niederdrückender Anblick. Er hörte Rogers hinter sich tadelnd mit der Zunge schnalzen. Ein paar Sekunden standen die beiden Offiziere starr da und schauten sich um, ihre weiten Bootsmäntel schlugen im Wind.

»Hier gibt's allerhand Arbeit, Mr. Rogers.«

»Jawohl, Sir.«

Drinkwater marschierte nach achtern, erklomm die niedrige Poop und warf die Persenning über dem Niedergang zur Seite. Ein Geruch nach Essen und ungewaschenen Menschen schlug ihm entgegen. Lustiges Stimmengewirr war zu hören. Er stieg die Leiter hinab, wandte sich im Dunkel des unbeleuchteten Vorraumes nach achtern und stieß die Tür der Achterkajüte auf. Rogers trat hinter ihm ein.

Die Wirkung ihres Erscheinens war grotesk. Die Anwesenden erstarrten zu Salzsäulen. Hatte sich Drinkwater vorher nur irritiert gefühlt, als er das Licht hinter den Heckfenstern sah, so erregte der Anblick, der sich ihm jetzt bot, seinen Ärger. Mit einem Blick erfaßte er das schmierige Tischtuch, die schmutzigen Teller und Töpfe, die Überreste eines Festmahls, die herumliegenden leeren Flaschen. Sein Blick glitt über die Teilnehmer des Gelages. In der Mitte thronte ein kleiner rundlicher Mann in gutgeschneidertem Anzug und zerknautschtem Hemd. Er hatte an einer sehr offenherzig gekleideten Frau herumgefummelt, die halb über ihm lag. Ihr Mund war zu einer

Grimasse erstarrt, kein Lachen kam mehr über ihre Lippen. Zwei weitere Männer lungerten um den Tisch, ihre Bekleidung befand sich in den unterschiedlichsten Stadien der Auflösung. Jeder hatte ein kicherndes Mädchen mit nackten Schultern auf dem Schoß. Nackte Knöchel und Waden waren unter schmuddeligen Petticoats sichtbar.

Die älteste der Frauen, die auf den Knien des gut gekleideten Mannes, faßte sich zuerst. Sie richtete sich auf, zuckte mit einer oft geübten Bewegung die Schultern, und ihr fülliger Busen verschwand im Leibchen.

»Was können wir für die Gentlemen tun?«

Die anderen Frauen folgten ihrem Beispiel, Baumwolle raschelte.

»Leutnant Drinkwater und Leutnant Rogers, Madam, und wie ist Ihr Name, wenn ich bitten darf?« Drinkwaters Stimme war von eisiger Höflichkeit.

»Ich bin Mrs. Jex«, antwortete sie und brachte mit einer Handbewegung aufkeimendes Gekicher von der anderen Tischseite zum Verstummen. »Frisch mit Hektor Jex verheiratet. Hier, das ist mein Ehemann.« Wieder wurde gekichert. »Er ist Zahlmeister auf diesem Schiff.« Ein besitzergreifender Hochmut schwang in ihrer Stimme mit. Mr. Jex blieb stumm hinter dem ausladenden Körper seiner Frau versteckt.

»Wer sind die anderen?«

»Mr. Matchett, der Bootsmann, und Mr. Mason, Steuermannsgehilfe.«

»Und die Damen?« fragte Drinkwater ironisch, der ihren Beruf schon ausgemacht hatte.

»Freundinnen von mir«, erwiderte Mrs. Jex mit der scharfen Selbstsicherheit der Besitzenden.

»Ich verstehe. Mr. Matchett!«

Matchett riß sich zusammen. »Sir?«

»Wo sind die anderen Unteroffiziere?«

»Nun ja, wir haben keinen Stückmeister und auch keinen Segelmeister ...«

»Wie viele Männer haben wir?«

»Die Gehilfen der Unteroffiziere nicht mitgezählt, das wären nämlich vier Mann, haben wir achtzehn Seeleute. Alle sind älter als sechzig Jahre. Das wär's ...«

»Gut, Gentlemen. Ich werde das Kommando über die *Virago* übernehmen, Mr. Rogers hier wird Erster Offizer. Morgen früh kehre ich an Bord zurück und erwarte, daß Sie dann an Ihrer Arbeit sind.«

Er blickte alle noch einmal fest an, drehte sich auf dem Absatz um und kletterte wieder die Leiter empor. Er hörte, daß Rogers noch etwas zu ihnen sagte.

Auf dem Weg zu ihrem Boot stellte sich ihnen ein Mann in den Weg. Er trug eine Schürze und war trotz des kalten Windes in Hemdsärmeln. Grüßend hob er die Hand an die Stirn.

»Verzeihung, Sir, ich bin Willerton, der Zimmermann. Haben Sie das Hurenpack achtern gesehen, Sir? Der Lohn der Sünde wird über sie kommen! Mit dem Schiff ist sonst alles in bester Ordnung, Sir, das ist so gesund wie zur Zeit, als es gebaut wurde. Wir können zwei dreizehnzöllige Mörser aufnehmen, und kein Unterzug wird dabei auch nur knarren... Nein, es ist wirklich alles in bester Orndung mit dem Schiff!«

Drinkwater, leicht aus der Fassung gebracht, dankte dem Mann. Als er wieder im Boot saß, dachte er über das nach, was er soeben erlebt hatte, und kam zu dem Schluß, daß es auf *Virago* Cliquen gab, die er in den nächsten Tagen besser kennenlernen mußte.

»Hiermit werden Sie angewiesen, ohne Verzug das Kommando auf Seiner Majestät Mörsertender *Virago* zu übernehmen, das Schiff seeklar zu machen und baldmöglichst klar zu melden...«

Er stand im beißenden Wind und las weiter vor, die Bestallung flatterte in seinen Händen. Nachdem er geendet hatte, musterte er den kleinen Halbkreis, den die Unteroffiziere um ihn bildeten. Sie hatten die Mützen abgenommen, ihre sauberen blauen Jacken bildeten einen scharfen Kontrast zur abblätternden Farbe und dem nackten Holz des Schiffes. Sie bemühten sich ganz offensichtlich, den ersten Eindruck, den ihr neuer Kommandant am Vorabend von ihnen bekommen hatte, zu korrigieren. Das sollte man ihnen zugutehalten, dachte Drinkwater.

»Guten Morgen, meine Herren. Ich sehe mit Genugtuung, daß die nächtlichen Abenteuer Sie nicht von Ihren Pflichten abhalten.«

Er blickte sich um. Matchetts achtzehn Seeleute standen barfuß da und zitterten in dünnen Baumwollhemden und Hosen. In der einen Hand hielten sie ihren Scheuerstein, in der anderen die Mütze. Drinkwater wandte sich mit einer uralten Phrase an sie. Er hoffte, daß es aufrichtig klang, obwohl heißer Ärger in ihm aufstieg.

»Tut eure Pflicht, Männer, dann habt ihr nichts zu befürchten!«

Er marschierte nach achtern. Die Achterkajüte war aufgeklart worden. An die letzte Nacht erinnerten nur noch der Tisch und die Stühle. Rogers war ihm gefolgt, Drinkwater hörte ihn seufzen.

»Es gibt eine Menge zu tun, Sam.«

»Jawohl«, erwiderte Rogers ausdruckslos.

Aus einer benachbarten Kammer war ein dumpfes Husten zu hören, das schnell unterdrückt wurde. Die Luft roch immer noch nach Schweiß und Lavendelwasser.

Drinkwater kehrte in den Vorraum zurück und riß die Tür zur angrenzenden Kammer auf. Sie war leer, obwohl eine Seekiste, Bettzeug und eine Hutschachtel bezeugten, daß sie belegt war. Er wandte sich der gegenüberliegenden Tür zu, die sich öffnen ließ. Mrs. Jex kleidete sich darin gerade an. Sie mimte verschämte Überraschung, dann winkte sie ihm einladend zu. Ihre Reize waren unübersehbar, und in der Stille hörte Drinkwater Rogers hinter sich heftig schlucken.

Er schloß die Tür und sagte zu Rogers: »Lassen Sie Mr. Jex holen. Danach machen Sie eine Runde durch das Schiff. Ich wünsche einen genauen Bericht über seinen Zustand, außerdem über fehlende und bereits eingetroffene Ausrüstung. In einer Stunde erwarte ich Sie wieder!«

In seiner Kajüte setzte er sich und blickte sich um. Sie war kahl und zugig. Seine Erregung über das selbständige Kommando verflog, der Berg unerledigter Arbeit bedrückte ihn. Die schwache Hoffnung, die in Lord Dungarths Brief enthalten gewesen war, nämlich daß er den Status der *Virago* verbessern könne, schien ihm nun völlig absurd. Dann fiel ihm das Zusammentreffen mit Mr. Willerton ein und seine hingebungsvolle Loyalität zu diesem Schiff. Zwar hatten seine Beteuerungen in ihrer pathetischen Art etwas kindisch geklungen, doch waren sie dem Zimmermann mindestens ebenso wichtig gewesen wie den Nachtschwärmern ihre fleischliche Begierde. Drinkwater wuchs aus dieser Erinnerung neue Kraft zu. Es schien plötzlich etwas weniger durch die Stückpforten zu ziehen.

Mr. Jex klopfte und trat ein.

»Ah, Mr. Jex. Setzen Sie sich bitte.«

Der Uniformrock des Zahlmeisters war nach der letzten Mode geschnitten, an seiner Hand glänzte ein goldener Ring. Er hatte kleine dicke Finger, und seine Wangen verrieten den notorischen Trinker. Familie Jex schien sich als Lebensziel den Genuß gesetzt zu haben, das nötige Geld dafür war offenbar vorhanden.

»Beim Marineamt hat man mir nicht gesagt, daß Sie auf diesem Schiff Zahlmeister sind, Mr. Jex. Würden Sie mir bitte verraten, seit wann Sie hier an Bord dienen?«

»Seit einem Monat, Sir.« Zum ersten Mal hörte er Jex' Stimme. Sie klang sehr selbstsicher.

»Ihre Frau ist immer noch an Bord, Mr. Jex?«

»Das ist doch üblich.«

»Es ist üblich, um Erlaubnis nachzusuchen!«

»Aber das habe ich doch getan, Sir.« Jex sah Drinkwater gleichmütig an.

»Bei wem, wenn ich fragen darf?«

»Bei meinem Verwandten, dem Commissioner des Arsenals. Er hat mir diesen Posten angeboten. Ich habe vorher als Assistent des Zahlmeisters auf der *Conquistador* gedient, dem Flaggschiff Rodneys. Den ganzen langen Krieg gegen die Amerikaner über, Sir.«

Drinkwater unterdrückte ein Lächeln. Der durchsichtige Versuch, ihn mit seinen verwandtschaftlichen Beziehungen zu beeindrucken, war danebengegangen.

»Wie interessant, Mr. Jex. Aber wenn ich mich recht erinnere, war die *Conquistador* mehre Jahre lang als Wachschiff in der Nore eingesetzt. Ihre Erfahrungen mit den Händlern und Versorgern an Land müssen deshalb hervorragend sein.« Drinkwater stellte fest, daß die Lippen seines Gegenübers plötzlich eine dünne Linie bildeten.

»Ich hätte nicht erwartet, daß die Matrosen hier ohne angemessene Bekleidung an Deck arbeiten«, fuhr er fort. »Ein Mann mit Ihren Erfahrungen hätte darauf achten müssen.« Jex öffnete den Mund, um zu protestieren. »Bringen Sie die Angelegenheit in Ordnung. Morgen früh erwarte ich von Ihnen eine vollständige Liste der Bestände, dann werden wir uns über Ihre Zukunft auf diesem Schiff unterhalten.«

Aus Mr. Jex' Augen leuchtete jetzt unverhohlene Abneigung, aber noch war Drinkwater nicht mit ihm fertig. Mit der größten Liebenswürdigkeit, zu der er fähig war, fuhr er fort: »Bis dahin erlaube ich Ihnen, Ihre Frau an Bord zu behalten. Vielleicht erweist sie uns sogar die Ehre, zusammen mit den Offizieren zu speisen. Wir können dabei die Fortschritte besprechen, die die Ausrüstung des Schiffes macht. Die Anwesenheit einer Dame ist dabei doch immer ein Ansporn, nicht wahr, Mr. Jex?«

Bei der Betonung auf »Dame« wurden die Augen des Zahlmeisters zu Schlitzen.

»Das wäre erst mal alles, Mr. Jex. Bitte schicken Sie mir Mr. Willerton.«

Die Tage vergingen, und Drinkwater ließ Jex weiter über seine Zukunft im dunklen. Die Matrosen erschienen in dicken Pullovern und Mänteln an Deck, ein Beweis dafür, daß Mr. Jex über einigen

Einfluß bei den Ausrüstern der Werft verfügte. Drinkwater freute sich über seinen ersten Sieg.

Schweigsam lauschte er Rogers, der ihm seinen Ärger mit dem Arsenal berichtete: die nicht eingehaltenen Termine und Versprechungen, der Mangel an gutem Willen, die Bestechungen und Schiebereien. Taktvoll erwähnte Rogers, daß es ihm an Mitteln fehlte, die Dinge durch Schmiergeld zu beschleunigen. Auch wurden für ein so unbedeutendes Schiff nur zögernd Seeleute eingeteilt, und die, die kamen, waren der Abschaum, den niemand anderer haben wollte. Drinkwater hatte also zwei Bedürfnisse: Bargeld und Männer. Er hatte schon mehr von seinem eigenen Geld investiert als geplant und doch bis jetzt nicht viel mehr zur Verfügung als einen schlauen Ersten, ein paar Dokumente, die er nur durch Bestechung bekommen hatte, und private Lebensmittel für eine Woche. Neben weiteren Bestechungsgeldern mußte er noch Kantinenwaren für die Seeleute beschaffen und außerdem Farbe kaufen, damit ihm sein Schiff nicht völlig zur Schande gereichte.

Dazu Pulver für Schießübungen und ein paar Annehmlichkeiten für seinen Privatbedarf, wie einige lebende Hühner, eine Legehenne sowie ein oder zwei Kisten Rotwein. Er seufzte und lauschte weiter Rogers' Sorgen. Als er zum Ende kam, goß ihm Drinkwater ein Glas billigen Portwein ein.

»Nur weiter so, Samuel, es geht vorwärts.« Er deutete auf den Berg Papiere, der sich auf seinem Schreibtisch türmte.

Rogers nickte und fuhr gedämpft fort, wobei er sich vertraulich vorbeugte: »Ich habe etwas über unseren Freund Jex in Erfahrung gebracht.«

»So?«

»Eigentlich mehr über seine Frau. Jex scheint nach dem letzten Krieg eine Zeitlang auf einem Sklavenschiff gefahren zu sein. Als Zahlmeister hat er dabei eine Menge Geld gemacht und sein Leben genossen.« Es lag Schadenfreude in seiner Stimme, offensichtlich freute es ihn, daß auch andere durch ausschweifenden Lebenswandel absinken konnten. »Er scheint einen großen Teil seines Geldes unklug angelegt und dabei viel verloren haben. Nach den schweren Zeiten will er nun seine Finanzen durch Nebeneinkünfte wieder sanieren, und dabei sollte ihm auch seine Heirat helfen.« Rogers grinste schief. »Ich würde seine Frau zwar nicht gerade eine Hure nennen, aber sie hat ein einschlägiges Haus hinter der Dock Road. Einträglicher Laden, heißt es.«

»Und die Verbindung zu einem Schiff des Königs verschafft ihr einen Hauch Respektierlichkeit. Ja, auch ich habe eine gewisse Anrüchigkeit an ihr bemerkt.« Drinkwater grinste, eine Idee keimte in ihm. Nachdem er sich entschlossen hatte, schlug er mit der Faust auf den Tisch. »Ja, so machen wir es. Das muß funktionieren. Bitten Sie Mr. Jex zu mir.«

Jex erschien und wurde aufgefordert, Platz zu nehmen. Seine Selbstsicherheit war etwas gewichen und hatte Streitsucht Platz gemacht. Der Zahlmeister verschränkte die Arme vor der Brust und plierte den Kommandanten aus schmalen Augen an.

»Ich bin bezüglich Ihrer Zukunft zu einer Entscheidung gekommen.« Drinkwater sprach laut und deutlich, er war sich der gespannten Stille in der Nachbarkammer wohl bewußt. Mrs. Jex würde durch das dünne Schott alles gut verstehen. »Ihr Einfluß beim Arsenal gereicht Ihnen zur Ehre, Mr. Jex. Es wäre dumm von mir, diesen Vorteil nicht auszunutzen . . .« Zufrieden bemerkte Drinkwater, daß sich Jex entspannte. »Ich ordne hiermit an, daß Sie solange nicht an Land übernachten, wie das Schiff nicht mit der Verpflegung für achtzig Personen und drei Monate versorgt ist. Ihre Frau kann an Bord bleiben. Sie erhalten das übliche Achtel an den Beständen, aber Ihr Privatgewinn von zwölfeinhalb Prozent darf nicht überschritten werden. Sie hinterlegen die übliche Kaution beim Marineamt und erhalten pro Monat sieben Pfund Löhnung. Solange das Schiff nicht voll bemannt ist, können Sie Heuer für Ihre Frau einstreichen, aber dafür soll sie auch die Messe sauberhalten. Sie werden dafür sorgen, daß die Lebensmittel von hervorragender Qualität sind, keinesfalls alt oder in angebrochener Verpackung geliefert. Sie können auf eigene Rechnung Tabak und sonstige Kantinenware für die Besatzung einlagern. Und Sie werden als Teil dieses Handels einhundert neue Wintermäntel, einhundert Paar Fausthandschuhe, eine ausreichende Menge Wollstrümpfe und Wollmützen sowie Schaflederjacken aus den Ihnen wohlbekannten Quellen besorgen. Mit einem Satz, Sie werden das ganze Schiff mit warmer Kleidung versorgen. Haben wir uns verstanden?«

Der Zahlmeister bekam den Mund nicht mehr zu. In den vergangenen Minuten hatte sich sein Gesichtsausdruck mehrfach erstaunlich verändert. Aber sein Posten war sogar auf dem geringsten Schiff des Königs eine stete Geldquelle und bot viele Gelegenheiten, sich zu bereichern.

Drinkwater war mit dem unglücklichen Mann noch nicht fertig. »Wir müssen uns noch über die übliche Abgabe an den Kommandanten für die Überlassung Ihres Postens unterhalten. Was sagen Sie zu hundert?«

»Neunzig.«

»Guineen. Mein letztes Angebot, Mr. Jex.«

Drinkwater beobachtete das Gesicht des Zahlmeisters, als der schnell im Kopf nachrechnete. Er wußte, daß er die Korruption im Arsenal und auch das Achtel des Zahlmeisters nicht abschaffen konnte, also wollte er zumindest die Vorteile des Systems nutzen. Rauhe Gerechtigkeit steckte in Drinkwaters Plan: Der Reichtum von Mrs. Jex stammte aus den kurzen sexuellen Abenteuern vieler unglücklicher Seeleute, und auf diesem Weg bekamen wenigstens einige etwas davon zurück.

Drei Tage später präsentierte sich *Virago* schon in wesentlich besserem Zustand. Sowohl Matchett als auch Mason hatten sich, ihres mißglückten Einstands zum Trotz, als nützliche Mitarbeiter erwiesen. Mit einem Drittel von Mr. Jex' neunzig Guineen hatte Drinkwater Farbe, Teer, Terpentin, Werg, Harz und Pech besorgt, der Rumpf konnte nun also überholt werden. Er hatte auch Goldbronze aufgetrieben und ließ von Rogers am Heck Stellagen ausbringen, damit die abgeblätterten Verzierungen am Spiegel wieder vergoldet werden konnten.

Während Drinkwater, in seinem Mantel gewickelt, über Bergen von Listen, Bestellungen, Befehlen und Anforderungen saß und seine Feder glühen ließ, schickte er Mason dienstlich ins Arsenal oder auf das Postamt. Rogers tyrannisierte derweil die Vorleute der Werft. Er deckte sie auf dem Oberdeck dermaßen mit einem Strom lästerlicher Beschimpfungen ein, daß selbst diese abgebrühten Werftgrandies beeindruckt waren. Geschäftsleute und Vertreter beschwerten sich mehrfach bei Drinkwater über Rogers' ungehobelten Ton, und er entwickelte eine listige Taktik, sie mit einnehmender Herzlichkeit zu behandeln. Häufig gelang es ihm mit einer kleinen Zuwendung, den Beleidigten umzustimmen und von ihm das Benötigte zu bekommen.

Täglich machte Drinkwater eine Runde durch das Schiff. Vorlich von den Unterkünften der Offiziere im niedrigen Poopdeck erstreckte sich ein großer Raum, der zugleich Ladeluke und Schlafplatz der Mannschaft war. Den Boden bildeten Grätings, unter denen die Fässer mit Salzfleisch, Erbsen, Mehl, Hafermehl, Fisch und Wasser verstaut waren. Auch die vier Ankertrossen des Schiffes lagen hier, zusammengerollt wie große schwarze Schlangen. Vom Deck bis zum Kiel reichten zwischen den beiden Masten die Widerlager für die beiden Mörser. Das waren massive Konstruktionen aus Balken, mit Bolzen verschraubt und mit Hanf schockabsorbierend gemacht. Drinkwater nahm an, daß man von ihm erwartete, er würde sie ausbauen lassen. Da er aber keinen ausdrücklichen Befehl dazu erhielt, dachte er gar nicht daran. Wie er wußte, wurden Granatenhülsen in den Zwischenräumen der Balkenkonstruktion gelagert. Er hielt also diesen Stauraum und die Mörserfundamente intakt, denn ohne sie wäre *Virago* nur ein Transporter wie jeder andere gewesen.

Unter der Back befanden sich Lagerräume, eine Zimmermannswerkstatt und die Kammern für Matchett und Willerton. Achtern unter den Offizierswohnräumen lagen die Pulverkammern, die Getränkelast, der Raum für die Zünder und die Brotkammer. Unter Drinkwaters Kajüte befand sich das Magazin, für dessen Luk er als einziger den Schlüssel besaß.

Bald konnte Drinkwater das Schiff längsseits an die Geschützpier warpen. Allerdings hatte er noch immer viel zuwenig Männer, deshalb konnten die acht Vierundzwanzigpfünder-Karronaden und die zwei Sechspfünder-Langrohrgeschütze, die *Viragos* Bewaffnung bildeten, noch nicht an Bord genommen und aufgestellt werden. Vom Wachschiff in der Nore und vom Preßkommando hatten sie kleine Gruppen erhalten, aber trotzdem fehlten ihnen immer noch dreißig Männer.

In der zweiten Dezemberwoche standen nach endloser Schinderei die Karronaden schließlich auf ihren Lafetten, die leichten Drehbassen an ihren Plätzen und die beiden Langrohrgeschütze in Drinkwaters Kajüte. Die Anwesenheit der beiden kalten Rohre, an denen sich ständig Feuchtigkeit niederschlug, brachte sowohl Mrs. Jex als auch Drinkwater dazu, sich Gedanken zu machen. Für Mrs. Jex zerstörten sie die gemütliche Symmetrie des Wohnraums, Drinkwater dagegen wurde klar, daß ihre Aufstellung an den Stückpforten des Heckspiegels bedeutete, daß ein Mörserschiff wohl eher das Wild als der Jäger war.

Virago war mit anderen Mörserschiffen zu Beginn des Siebenjährigen Krieges in Dienst gestellt worden. Diese Bombarden waren außerordentlich stark gebaut, mit Spanten, die jedem Linienschiff zur Ehre gereicht hätten. Obwohl die Schiffe nur vierzig Meter lang waren, verdrängten sie doch 380 Tonnen. Voll beladen würde *Virago* tief im Wasser liegen, und Drinkwater erkannte, daß sie in den Manövriereigenschaften ein krasser Gegensatz zum handlichen Kutter *Kestrel* und der flinken Brigg *Hellebore* sein mußte. Seit 1759 war nur ein weiteres Mörserschiff gebaut worden, im Jahre 1790, allerdings hatte man eine ganze Anzahl Kohlentender zu diesem Zweck umgebaut. Normalerweise dienten die Schiffe wie Korvetten, deshalb fuhren sie ihre beiden Mörser nur, wenn eine Beschießung geplant war. Dann wurden die Mörser, Granaten und Kartuschen im Königlichen Artilleriearsenal in Woolwich verladen, und zusätzlich kam eine Artillerieoffizier mit seiner kleinen Abteilung an Bord.

Die Mörser verschossen ihre Granaten, die auch Bomben genannt wurden, von den massiven Fundamenten aus, die Drinkwater an Ort und Stelle gelassen hatte. Die Fundamente waren drehbar, und diese Weiterentwicklung hatte einen wichtigen Einfluß auf das Rigg gehabt: Seit 1759 konnte man auf die Ketschtakelung verzichten, da man auch einen Vormast fahren konnte. Die Granaten mußten nicht mehr in Kielrichtung verschossen werden, und außerdem brauchte die Seitenrichtung zum Ziel nicht mehr mühselig mit einer auf das Ankerkabel geschäkelten Spring vorgenommen werden.

Mit der Weiterentwicklung zum Dreimaster wurden sowohl größere Treffsicherheit als auch bessere Segeleigenschaften erreicht. Trotzdem blieben die Mörserschiffe unbeliebt. *Virago* hatte ihren letzten Einsatz als Bombarde im Jahr ihrer Fertigstellung vor Le Havre gehabt. Andererseits waren Geleitschutzaufgaben mit einem so schwerfälligen, unhandlichen Schiff etwa so beliebt wie das Postenstehen in einer Regennacht.

Obwohl der Einbau der beiden Langrohrkanonen in Drinkwaters Kajüte einen Fortschritt bedeutete, zeigte er aber auch, wie begrenzt ihr Aufgabenbereich sein würde. Trotzdem war er voll freudiger Erwartung. Er wußte, *Virago* würde mit einer Flotte segeln, die in geheimer Mission auslief, wie es alle Zeitungen nannten. Was das »unbekannte« Ziel anging, so war jedem klar, daß es nur die Ostsee sein konnte. An dem Tag, als Mr. Matchett die Brooktaue der Sechspfünder belegte und dabei etwas von der Notwendigkeit murmelte, daß hier ein Stückmeister ranmüsse, erfuhr Drinkwater, daß die Koalition auseinandergebrochen war. Der zwischen Frankreich und Österreich vereinbarte Waffenstillstand war beendet, die Österreicher hatten bei Hohenlinden eine vernichtende Niederlage erlitten, und plötzlich war die Ostsee ein Pulverfaß geworden.

Obwohl Bonaparte sich jetzt Erster Konsul und Napoleon nannte und über ganz Europa triumphierte, war es der andere Despot, auf den sich aller Augen richteten. Zar Paul I., pervers, sadistisch und unberechenbar, stand jetzt im Brennpunkt. Seine Gier auf Malta hatte in England tiefes Mißtrauen geweckt, trotz der Viertelmillion an Subventionen und der monatlich 75000 Pfund, die zuzüglich gezahlt wurden, damit 45000 russische Soldaten im Felde blieben. Als Napoleon großzügig auf Kosten Frankreichs 5000 russische Kriegsgefangene repatriierte, nachdem Britannien sich geweigert hatte, sie von ihm freizukaufen, ließ Zar Paul I. seinen bisherigen Verbündeten England fallen.

Der Einfluß des Zaren bei den schwachen Ostseeanrainern war groß. Rußland hatte Schweden vor einem Jahrhundert bei Poltawa vernichtend geschlagen, und Dänemark war zu klein, um sich nicht dem scharfen Wind aus dem Osten beugen zu müssen. Der dänische König war geisteskrank und der Kronprinz ein junger Mann, der von seinen Ministern beherrscht wurde.

Mit der Wiederbelebung ihrer sogenannten bewaffneten Neutralität bezweckte der Zar, daß die Royal Navy nicht länger neutrale Schiffe durchsuchen durfte, insbesonders nach Nachschub für die Franzosen. Genau das waren aber die Hauptausfuhrgüter der Ostseeanlieger. Sie wollten Handel treiben, mit wem auch immer, und unter dem Doppeladler der Romanows konnten sie das. Die britische Seeblockade geriet in Gefahr, unterlaufen zu werden, denn Frankreich beherrschte die kontinentaleuropäischen Märkte. Wenn der russische Adler im Norden die Ostsee beherrschen und im Süden das schwache türkische Reich zerstören konnte, dann würde Britannien am Boden liegen.

So etwa, dachte Drinkwater, mochte der Minister des Kronprinzen Frederick, Graf Bernstorff, argumentieren. Und obwohl die Russen Englands eigentliche Gegner waren, konnte keine britische Flotte in die Ostsee einlaufen, wenn ein feindseliges Dänemark in ihrem Rücken lag.

Drinkwater hustete. Der kleine Ofen spie wahre Rauchwolken.

»Mrs. Jex, hören Sie auf, ich sitze wahrhaftig lieber in meinem Mantel hier, als daß ich ersticke.« Hilflos lehnte er an seinem Schreibtisch, der wie gewöhnlich mit Papieren übersät war.

»Das Biest zieht nicht richtig, das liegt am Wind, Mr. Drinkwater. Wenn ich hier nicht vor Kälte sterbe, wird mich das Sumpffieber dahinraffen.« Sie schniefte kräftig.

»Vielleicht sollten Sie sich etwas wärmer anziehen, Madam«, schlug Drinkwater trocken vor.

Sie musterte ihn feindselig. Seit sie von dem Handel erfahren hatte, den Drinkwater mit ihrem Mann abgeschlossen hatte, unterließ sie jegliche Annäherungsversuche. Er beugte sich wieder über die langweilige Inventarliste. Fast war er froh, als es klopfte. Aber der eisige Luftstrom, der seine Papiere vom Tisch blies, ließ ihn fluchen.

»Verzeihung, Sir.«

»Mr. Willerton, kommen Sie rein und machen Sie die Tür zu. Was kann ich für Sie tun?«

»Wir brauchen vorn ein Weibchen, Sir.«

»Ein Weibchen? Ach so, eine Galionsfigur.«

»Aye, Sir.«

Drinkwater dachte nach. Es war ein Aberglaube, ein teurer Aberglaube zudem, da er ihn bezahlen mußte. Aber er hatte den Rest von Jex' Geld in Fässern mit Sauerkraut angelegt. Er schüttelte den Kopf.

»Ich fürchte, das ist nicht möglich, Mr. Willerton. Wir haben am Bug ganz hübsche Holzschnitzereien, und nach den Vorschriften, die Sie sicher kennen, ist es Schiffen unterhalb der dritten Kategorie nicht erlaubt, eine Galionsfigur zu führen. Den meisten genügt ein Löwenhaupt, wir haben das schöne Schnitzwerk...«

Er verstummte, als er merkte, daß Mr. Willerton nicht nur ziemlich starrsinnig war, sondern auch die Kraft hatte, seinem Kommandanten zu widersprechen. Der Zimmermann schüttelte das fast kahle Haupt.

»Das reicht nicht, Sir. Ein Schiff ohne Galionsfigur bringt Unglück, Sir. Am denkwürdigen Ersten Juni war ich auf der *Brunswick*, und die verdammten Froschfresser schossen dem Herzog am Steven den Hut vom Kopf. Aber wir haben sofort provisorisch einen neuen angelascht – und siehe da, wir haben die *Vengeur* zu den Fischen geschickt. Schiffe ohne Galionsfigur sind wie Herzöge ohne Hut, Sir.«

Drinkwater blickte dem alten Mann in die Augen. Mr. Willerton sprach mit der Autorität der Überzeugung.

»Nun gut, Mr. Willerton, wenn es Ihnen so wichtig ist...«

»Das ist es, Sir, und den Jungs genauso. Wir haben eine Sammlung veranstaltet und fünfzehn Schillinge aufgebracht.«

»Bei meiner Seele!« Drinkwaters Erstaunen war echt. Ihm wurde klar, daß seine angespannte finanzielle Situation ihn zu knauserig machte und daß das Verlangen des Zimmermanns ein gutes Licht auf die Mannschaft warf. Er fühlte sich beschämt. Wenn dieses frierende Häuflein Männer, das er an Deck gesehen hatte, genug Korpsgeist besaß, um für eine Galionsfigur zu spenden, dann konnte er zumindest diesen Geist unterstützen. Er versuchte, seine Rührung zu verbergen, aber der Augenblick der Stille war nicht unbemerkt verstrichen. Mr. Willerton nahm seinen Vorteil wahr.

»Ich habe herausgefunden, daß eine ›Virago‹ eine streitsüchtige böse Alte ist, die Feuer spuckt.«

Drinkwater merkte, daß sein Blick unwillkürlich zu Mrs. Jex wanderte, die immer noch zwischen Rauchschwaden im Ofen stocherte. Als ehemalige Puffmutter hatte sie eine spitze Zunge, die den Männern wohlbekannt war.

»Da haben Sie völlig recht, Mr. Willerton«, erwiderte Drinkwater ernsthaft, nur mühsam ein Lachen unterdrückend.

»Ich kann ein schönes Stück Holz besorgen, Sir, aber es kostet acht Schillinge. Dazu kommt dann noch die Farbe, Sir.«

»Schon in Ordnung, Mr. Willerton.«

Drinkwater griff in die Tasche und legte eine Guinee auf den Tisch.

»Das sollte reichen. Aber seien Sie vorsichtig bei der Auswahl Ihres Modells.«

Ihre Blicke trafen sich. Mr. Willertons Augen blieben offenherzig und hatten das strahlende Blau eines unschuldigen Kindes.

Viertes Kapitel

Dezember 1800 – Januar 1801

Familienangelegenheiten

Leutnant Drinkwater hatte schlechte Laune. Ursache waren die Verzögerungen im Arsenal, die finanziellen Engpässe und private Enttäuschungen. Besonders die letzteren trafen ihn hart, weil er sich auf das Weihnachtsfest im Kreis seiner Familie gefreut hatte. Elizabeth hatte ursprünglich mit Tregembo und seiner Ausrüstung nach Chatham kommen wollen. Nun hatte sie ihm geschrieben, daß sie sich nicht wohl fühlte, weil ihr die neue Schwangerschaft übel mitspielte. Sie hatte schon eine Fehlgeburt gehabt, und Drinkwater schrieb ihr in aller Eile, daß sie auf keinen Fall ein Risiko eingehen solle.

Nun rechnete er täglich mit Tregembos Eintreffen. Der Vollmatrose war für ihn sowohl Steward als auch Vertrauter. Außerdem sollte Fähnrich Quilhampton zu ihnen stoßen. Drinkwater hatte ihn so lange wie möglich bei seiner Mutter gelassen, ihn aber jetzt schriftlich angewiesen, Männer für die *Virago* anzuwerben. Drinkwater wartete ungeduldig auf die Verstärkung.

Aber nicht nur die zusätzlichen Männer wurden dringend gebraucht: Je näher das Weihnachtsfest rückte, desto träger wurde das Personal des Arsenals. *Virago* hatte noch immer keine Masten und Spieren, folglich war sie eine lahme Ente, ganz dem Wohlwollen der Beamten ausgeliefert. Außerdem argwöhnte Drinkwater, daß sich Mr. Jex durch seinen Verwandten, den Commissioner des Arsenals, rächen wollte.

Je mehr Tage vergingen, desto nervöser wurde der Kommandant. Er mochte Mrs. Jex immer weniger und wurde unausstehlich zu Mr. Rogers. Er befürchtete Desertationen unter seiner Besatzung. Jedesmal, wenn eine Gruppe an Land Feuerholz besorgte, wartete er ungeduldig auf ihre vollzählige Rückkehr. Die Befehle der Admiralität verboten es ihm, sein Schiff zu verlassen, also saß er finster und in seinen Mantel gewickelt da und starrte auf die trübe, frostige Marschlandschaft hinaus.

Drinkwaters Unbehagen über seinen Ersten Offizier wuchs täglich. Rogers kam schlecht mit den Unteroffizieren aus, und sie hatten schon eine Auseinandersetzung über eine Auspeitschung gehabt. Drinkwater war der Ansicht, daß man im Hafen die Disziplin nicht ganz so scharf handhaben sollte. Ein Klopfen an der Tür lenkte ihn ab.

»Herein.«

»Melde mich an Bord, Sir!«

»James! Gott sei Dank! Freut mich, Sie zu sehen! Haben Sie Leute mitgebracht? Wie geht es meiner Frau?«

James Quilhampton wärmte sich die Hände über dem rauchenden Ofen. Er war groß und schlank, seiner Uniform fast entwachsen. Wer ihn aber für einen grünen Jungen hielt, wurde schnell eines Besseren belehrt, wenn er den eisernen Haken sah, den Quilhampton anstelle der linken Hand trug.

»Aye, Sir. Ich bringe fünfzehn Mann und einen Brief von Ihrer Frau mit. Außerdem habe ich einen Schiffsarzt aufgetrieben.« Er übergab Drinkwater einen Brief und trat beiseite, so daß ein weiterer Mann hinter ihm sichtbar wurde.

»Mein Name ist Lettsom, Schiffsarzt, Sir. Hier sind meine Papiere.«

Drinkwater blätterte in den Unterlagen des Arztes. Lettsom war ein ältlicher kleiner Mann mit großer Nase und weisen Augen. Sein Uniformrock war abgetragen, aber sauber, und wies übergroße, ausgebeulte Taschen auf.

»Wie ich sehe, haben Sie unter Kapitän White gedient, Mr. Lettsom. Er hat eine hohe Meinung von Ihnen.«

»Kennen Sie Kapitän White, Mr. Drinkwater?«

»Das will ich meinen! Wir waren zusammen Fähnriche auf der *Cyclops*. Das letzte Mal habe ich ihn auf der *Telemachus* am Kap der Guten Hoffnung gesehen.«

»Ich war auf der Brigg *Roister* mit ihm zusammen; er wurde dann bald auf die *Telemachus* versetzt.«

»Ich denke, wir werden miteinander auskommen, Mr. Lettsom.« Drinkwater durchwühlte die Papiere auf seinem Schreibtisch. »Hier habe ich einige Ständige Befehle für Sie. Sie werden feststellen, daß die Männer in ganz anständigem Zustand sind. Ich habe neue Bekleidung ausgeben lassen, das sollte fiebrigen Erkältungen entgegenwirken. Der Zahlmeister hat auf meine Veranlassung hin ausreichend Sauerkraut eingekauft. Der Geruch ist zwar unpopulär, ich halte es aber für ein gutes Mittel gegen Skorbut.«

Lettsom nickte und blätterte in seinen Befehlen. »Sie scheinen ein Anhänger Linds zu sein, Mr. Drinkwater. Dazu beglückwünsche ich Sie.«

»Ich bin lediglich der Ansicht, daß Seeleute nicht mehr als nötig leiden sollten.«

Lettsom lächelte knapp.

»Ich werde mein Bestes tun, Sir, aber letztlich hängt doch alles vom Zustand der Männer ab. Ich bin der Doktor Eisenbart,/kurier' die Leut auf meine Art,/ob sie sterben oder leben,/sie haben meinen Segen.«

Drinkwater schwieg einen Augenblick verblüfft, dann lachte er.

»Das ist ein Verschen, den mein Cousin für sich beansprucht«, erläuterte Lettsom. »Er ist zwar Modearzt der besseren Kreise, war sich aber nicht zu fein, den Reim Ihres treuen Dieners zu stehlen.« Lettsom machte eine übertrieben tiefe Verbeugung.

»Sehr gut, Mr. Lettsom. Wie ich schon sagte, wir werden miteinander klarkommen. Wenn Sie mich jetzt entschuldigen würden . . .«

Ungeduldig riß er den Brief seiner Frau auf und begann zu lesen. Augenblicklich versank die Wirklichkeit um ihn.

Mein liebster Mann!
Es tut mir unsäglich leid, daß wir in der Weihnachtszeit nicht zusammensein können. Leider macht mir die Schwangerschaft sehr zu schaffen. Wir werden bestimmt einen Jungen bekommen. Charlotte plappert lustig dazwischen, während ich an Dich schreibe . . .

Es folgte eine Seite über drollige Wortspiele seiner Tochter, auch eine Locke von ihr lag bei. Außerdem erfuhr er, daß Tregembos verspätete Abreise darauf zurückzuführen war, daß sein Weihnachtsgeschenk nicht rechtzeitig fertig wurde. Und schließlich hatte sich Mrs. Quilhampton von Baston Bruilhac porträtieren lassen. Bruilhac war ein französischer Kadett, von Drinkwater im Roten Meer gefangengenommen, der sich während der langen Heimfahrt mit Quilhampton angefreundet hatte und Urlaub auf Ehrenwort bekommen hatte. Es folgten Dorfklatsch und kritische Worte über Quilhamptons Anwerbemethoden. Was sich dann anschloß, beunruhigte Drinkwater sehr:

. . . Dienstag bekam ich einen merkwürdigen Besuch: Deinen Bruder Edward, den ich schon seit fünf oder sechs Jahren nicht mehr gesehen hatte. Er wurde von einer sehr lebenslustigen hübschen Französin begleitet, offensichtlich einer Hugenottin. Er parlierte ausgezeichnet

französisch und wollte Dich in einer dringenden Privatangelegenheit sprechen. Ich habe ihm erklärt, wo Du Dich aufhältst, aber er wollte mir nicht sagen, worum es sich handelt. Ich gestehe, daß ich beunruhigt bin ...

Stirnrunzelnd blickte Drinkwater auf. Quilhampton stand noch immer in der Kajüte.

»Was gibt's noch, Mr. Q?«

»Verzeihung, Sir, aber ich bin völlig abgebrannt. Ich hatte einige Auslagen, Sir ...«

Drinkwater seufzte. »Ja, ja, natürlich. Wieviel?«

»Vier Pfund, siebzehn Schillinge und viereinhalb Pence, Sir. Selbstverständlich lege ich Ihnen eine genaue Abrechnung vor ...«

Die Alltagsprobleme des Schiffes hatten Drinkwater wieder. Alle Gedanken an seinen Bruder waren verdrängt.

Am letzten Tag des alten Jahres stieß ein Mr. Easton zu ihnen. Der neue Navigator besaß sowohl ein druckfrisches Patent vom Trinity House wie auch eine nagelneue Bestallung des Marineamts. Sechs Tage später konnte Drinkwater auch seinen letzten Unteroffizier an Bord begrüßen. Sie kannten sich. Mr. Trussel war ein verknöcherter Typ mit Hängeschultern und gelblicher Gesichtsfarbe.

»Melde mich zum Dienst, Sir.« Er grinste von Ohr zu Ohr.

»Hervorragend, Mr. Trussel! Ich habe Sie dringend erwartet, Sie kommen gerade noch rechtzeitig. Nehmen Sie sich bitte ein Glas Wein.« Er deutete auf eine Karaffe am Ende des Tisches, eingedenk von Mr. Trussels legendärem Durst, der angeblich auf dem ständigen Umgang mit trockenem Schießpulver beruhte.

»Die Straßen waren schrecklich, Sir«, erklärte Trussel, während er sich ein Glas des roten billigen Weins eingoß. »Wie ich hörte, Sir, wird das Schiff als Versorger für eine Mörserflottille eingesetzt?«

»Richtig, Mr. Trussel. Und als solches brauchen wir dringend einen Stückmeister. Ich muß mich ganz auf Sie verlassen können. Sobald wir aufgeriggt sind, verholen wir nach Blackstakes und laden Munition. Bis dahin müssen Sie alles vorbereitet haben. Ich brauche Ihnen nicht zu sagen, daß kein Nagel mehr im Schiff eingeschlagen werden darf, wenn wir erst Schießpulver an Bord haben. Stimmen Sie sich also bitte mit Mr. Willerton, dem Zimmermann, ab.«

»Verstehe, Sir.« Trussel machte eine Pause. »Ich habe Mr. Rogers an Deck gesehen.«

Diese Feststellung enthielt nur eine Andeutung von Erstaunen.

Immerhin war Trussel Stückmeister auf der *Hellebore* gewesen, die Rogers im Roten Meer auf Grund gesetzt hatte.

»Mr. Rogers ist ein tüchtiger Erster Offizier.« Drinkwater suchte vergeblich in Trussels steinernem Gesicht zu lesen. »Ich denke, Sie sollten sich jetzt ohne jeden Aufschub an die Arbeit machen, denn wenn wir etwas *nicht* haben, dann ist es Zeit im Überfluß.«

Trussel erhob sich. »Noch eine Frage, Sir.«

»Ja?«

»Werden wir auch eine Abteilung Artilleristen bekommen?«

Drinkwater nickte. »So wurde es mir versprochen. Das scheint wohl üblich zu sein, wenn Munition transportiert wird.«

»Dann geht es also in die Ostsee, Sir?«

Drinkwater lächelte. »Denken Sie, was Sie wollen. Meine Befehle reichen einstweilen nur bis zur Munitionsübernahme in Blackstakes.«

Trussel grinste ebenfalls. »Wie ich hörte, hat man Lord Nelson mit einer Geheimunternehmung betraut. So stand es jedenfalls in den Londoner Zeitungen.« Er sah, daß das eine Neuigkeit für den Kommandanten war.

»Lord Nelson . . .« sinnierte Drinkwater. Danach dauerte es einige Zeit, bevor er sich wieder auf seine Arbeit konzentrieren konnte.

»Mein Glückwünsche, Mr. Willerton.«

Drinkwater betrachtete die glänzende Galionsfigur, die *Viragos* Vorsteven schmückte. Das Ergebnis von Mr. Willertons Anstrengung war die übliche Mischung aus roher Schnitzkunst und milder Obszönität. Die Frauenfigur hatte ein drohendes Gesicht, einen großen Busen und spuckte Flammen. Während ein Arm eng am Körper anlag, war der andere erhoben und drohte mit dem Zeigefinger, der typischen Geste eines scheltenden Weibes. Mr. Willertons Galionsfigur stellte zugleich eine streitsüchtige Dirne und ein zänkisches Eheweib dar und stand einer Bombarde gar nicht schlecht an. Ein Jammer, dachte Drinkwater, als er seine Zustimmung nickte, daß sie nicht in dieser Funktion eingesetzt werden würde.

Die Handvoll Männer, die Willerton bei der Befestigung halfen, grinsten breit.

»Die Figur wäre eines Linienschiffs würdig, Mr. Willerton. Eine richtige, zanksüchtige Alte. Ich freue mich, daß Sie meinen Rat beherzigt haben«, setzte er leise hinzu.

Willerton grinste mit schwärzlichen Zähnen. »Beachten Sie die rechte Hand, Sir, die rechte Hand.« Seine blauen Augen blitzten verschmitzt.

Drinkwater schaute noch einmal genauer hin, konnte aber in dem drohenden Zeigefinger keine Ähnlichkeit mit Mrs. Jex erkennen. Er genehmigte offiziell die Anbringung der Galionsfigur und wandte sich nach achtern.

Ein frischer östlicher Wind ließ *Viragos* plumpen Rumpf an der Ankerleine zerren, nachdem sie von der Takelhulk verholt hatte. Die Untermasten waren eingesetzt worden, und das restliche Rigg lag in großen Haufen, die an Land vorbereitet worden waren, an Deck. Das stehende Gut war angebracht und durchgesetzt. Rogers und Matchett waren mit ihren Männern nun damit beschäftigt, die Großmarsstenge zu setzen. Der Aufholer führte bis auf das Spill hinter dem Wellenbrecher der Back. Die Palls klickten gleichmäßig, die Stenge wanderte Zoll um Zoll nach oben.

Drinkwater ging nach achtern, vorbei an den schwitzenden Arbeitsgruppen aus Seeleuten und Landratten, die von den fluchenden Bootsmannsgehilfen angetrieben wurden. Er umrundete die Kisten und Fässer, die von Mr. Jex gezählt wurden, dann kletterte er die drei Stufen zum Poopdeck hinauf und blickte über den Fluß. Er sah, wie Mr. Quilhampton das Boot aus dem Werftgelände manövrierte; er hatte die Großrah im Schlepp.

Über der Poop mit der riesigen Pinne, die ein Hinweis auf *Viragos* Alter war, wehte die Kriegsflagge mit der neuen Unionsflagge als Gösch, in die seit dem Zusammenschluß mit Irland das St. Patrickskreuz integriert worden war. Einen Moment betrachtete Drinkwater die Veränderung so verwundert wie jemand, der eine grundlegende Abweichung in einem Gegenstand entdeckt, den er für geheiligt, für unantastbar gehalten hatte, etwas, wofür man kämpfte und starb. Über den Zusammenschluß und seine Auswirkungen hatte er kaum nachgedacht. Allerdings sagte ihm sein ordnungsliebender Sinn, daß es damit wohl seine Richtigkeit haben müsse, genau wie mit den Bestrebungen Pitts, den Katholiken der unglücklichen Insel die vollen Bürgerrechte zu verleihen.

Über den Niedergang verschwand er in seiner Kajüte. Mrs. Jex war nicht mehr an Bord. Am 27. Januar hatte die Admiralität den Bombenschiffen und ihren Tendern befohlen, sich in Sheerness zu versammeln. Diese Anordnung hatte das Arsenal schlagartig aktiv werden lassen. Plötzlich war *Virago* von größter Wichtigkeit, bevor Ihre Lordschaften dem Commissioner einige unangenehme Fragen stellen konnten.

Tregembo brachte Elizabeths Geschenk, was der Grund für sein spätes Eintreffen gewesen war. Bruilhac hatte auch Elizabeth abgebildet; sie lächelte kühl. Charlotte Amelia saß ernsthaft und rundlich auf ihrem Schoß. Plötzlich erfüllten Drinkwater grenzenloser Stolz und Zärtlichkeit. Von seinem Platz am Schreibtisch aus hatte er das Bild seiner beiden Lieben vor sich, beleuchtet von dem durch die Heckfenster einfallenden Licht.

Mr. Quilhampton unterbrach seine Träumerei.

»Die Großrah ist längsseits, Sir. Und am Haupttor war ein Brief für sie abgegeben worden.«

Er übergab Drinkwater den Umschlag, der ihn hastig öffnete.

Mein lieber Nathaniel,
ich wäre Dir sehr verbunden, wenn Du mich heute abend im »Blue Fox« treffen würdest.

Dein Bruder Edward.

Er blickte auf.

»Mr. Q, lassen Sie bitte den Ersten wissen, daß er zu vier Glasen ein Boot für mich klarhalten soll.«

Der »Blue Fox« lag abseits der Hauptstraße in einer Gasse, die mehr für ihre Bordelle als für ihre gepflegten Gastwirtschaften bekannt war. Aber dieses Lokal schien recht sauber zu sein und der Wirt bürgerlich. Er war keineswegs erstaunt, als Drinkwater sich nach seinem Bruder erkundigte, sondern wies ihm gleich den Weg zu einem Zimmer im ersten Stock.

Edward Drinkwater erhob sich bei seinem Eintritt. Er war fast genauso groß wie Nat, aber schwerer, und hatte eine rötliche Gesichtsfarbe. Seine Kleidung war modisch und teuer.

»Nathaniel! Mein lieber Bruder, es ist großartig, daß du gekommen bist.«

»Wir haben uns lange nicht gesehen.«

Sie schüttelten sich die Hände.

»Zu lange, zu lange ... Hier, ich habe Glühwein, ein Glas wird dich aufwärmen. Ich will verdammt sein, wenn es bei euch nicht kälter ist als in London. Dein Schiff ist bald fertig zum Auslaufen?«

Nathaniel nickte, während er an dem heißen Wein nippte.

»Dann bin ich wohl noch gerade reichzeitig gekommen, gerade noch rechtzeitig.«

»Verzeihung, Edward, aber warum diese Hast?«

Edward fuhr sich mit einem Finger in den Kragen und vermied es, seinem Bruder in die Augen zu blicken. Mehrfach setzte er zum Sprechen an, brachte aber kein Wort heraus.

»Verdammt, Ned«, fuhr Drinkwater ungeduldig auf, »handelt es sich um Geld oder um eine Frau? Heraus damit!«

»Um beides, Nat, um beides.« Edward ergriff die Gelegenheit und fand endlich Worte. »Es ist eine lange Geschichte, Nat, sie beginnt vor mehr als zehn Jahren. Du erinnerst dich, daß ich nach Mutters Tod und deiner Heirat nach Enfield gezogen bin, um dort bei einem Ostasiaticahändler die Pferde zu betreuen. Ich habe von ihm viel über Pferde gelernt. Wie du weißt, war auch unser Vater auf diesem Gebiet sehr gut. Nach einiger Zeit gab ich diese Stelle auf und ging nach Newmarket, auch dort hatte ich mit Pferden zu tun. Ich bin zu groß, um selbst Rennen zu reiten, aber ich habe die Tiere versorgt. Lange Zeit verdiente ich viel Geld und kam gut zurecht. Ich hatte Glück, viel Glück. Bei einer Wette gewann ich genug, um ein Jahr wie ein Gentleman leben zu können.« Er seufzte und wischte sich das schwitzende Gesicht. »Nach der Revolution in Frankreich flohen viele Aristokraten über den Kanal, unter ihnen alle möglichen Typen. Ich machte mit ein paar forschen Burschen gemeinsame Sache, und wir nahmen bei einem verarmten Marquis Fechtunterricht. Einer alten adligen Witwe beliehen wir den Schmuck und lösten das Pfand nach einiger Zeit ein ... Mit einem Wort, ich hatte Glück. Dann traf ich Pascale. Sie gehörte dem niedrigen Adel an und war völlig mittellos. Sie wurde meine Geliebte.«

Er unterbrach sich, um zu trinken, und Drinkwater betrachtete ihn. Wie verschieden war doch ihrer beider Leben verlaufen! Ihre Kindheit war durch eine ehrliche, arme Mutter geprägt worden, die mit den Jungen allein zurückgeblieben war, nachdem der Vater betrunken vom Pferd gestürzt und gestorben war. Nathaniel ging mit Geld vorsichtig um. Zwar hatte auch er nichts dagegen gehabt, als dürrer Fähnrich ein paar Goldstücke zu erbeuten, aber da, wo er die Schüchternheit seiner Mutter besaß, hatte Edward das Draufgängertum des Vaters geerbt.

»Die Dinge liefen eine Zeitlang ganz gut, ich spielte weiter und konnte mir und Pascale ein gutes Leben sichern. Dann begann meine Pechsträhne. Ohne erkennbaren Grund begann ich zu verlieren. Es war unerträglich. Ich verlor mein Selbstvertrauen, meine Freunde, alles. Nathaniel, zwischen mir und der absoluten Armut liegen zwanzig Pfund. Pascale droht, mich zu verlassen, seit sie ein Angebot erhalten hat ...« Er schwieg.

»Als Geliebte eines anderen Mannes?«

Edwards Schweigen war Antwort genug.

»Verstehe.«

In Drinkwater baute sich eine stille Wut auf. Nicht genug damit, daß er Seiner Britannischen Majestät Mörsertender *Virago* auf eigene Kosten ausrüstete, daß der Dienst ihn ständig an Bord fesselte, nein, nun erschien auch noch sein nichtsnutziger Bruder und appellierte an sein weiches Herz.

»Wieviel?«

»Fünfhundert würden . . .«

»Fünfhundert! Himmel, Edward, wie kommst du darauf, daß ich eine solch große Summe zur Verfügung habe?«

»Wie ich höre, hast du eine Menge Prisengeld eingesackt.«

»Prisengeld? Bei Gott, Ned, du hast Nerven. Weißt du, wie viele Narben ich diesem Geld verdanke, wie viele schlaflose Nächte, wie viele sorgenvolle Stunden? Nein, natürlich weißt du das nicht. Du hast schnelles Geld gemacht, hast gespielt und gehurt wie der Rest der sogenannten Edelmänner dieses Landes, während die Marineoffiziere und Seeleute in ihren hölzernen Särgen verrotteten. Verdammt, Ned, ich habe eine Familie, und die kommt an erster Stelle.«

Sein Zorn begann zu verrauchen.

Ohne aufzublicken murmelte Edward: »Ich habe auch gehört, daß du eine Erbschaft gemacht hast.«

»Wie, zum Teufel, hast du das erfahren?« Eine dumpfe Drohung lag in seiner Stimme.

»Ach, das hat man mir in Petersfield erzählt.«

Das war durchaus möglich, der Klatsch blühte in den kleinen Landstädten. Tatsächlich hatte Drinkwater aus dem Nachlaß seines ehemaligen Kommandanten Madoc Griffiths einen bedeutenden Betrag erhalten.

»Man erzählt sich, daß es dreitausend Pfund waren.«

»Man erzählt viel, wenn der Tag lang ist. Es gehört mir nicht mehr. Ich habe das Geld mündelsicher für meine Kinder angelegt, den Rest hat meine Frau bekommen.«

Wieder hielt er inne. Edward blickte auf, zwar enttäuscht, aber immer noch bemerkenswert reuelos. Drinkwater machte sich klar, daß sich Edward nicht vorstellen konnte, was es kostete, ein Schiff auszurüsten, auch wenn es nur ein so kleines wie die *Virago* war. Er fing an, seinen Temperamentsausbruch zu bereuen.

»Hör zu, Ned. Ich habe bisher zweihundert Pfund für die Ausrüstung meines Schiffes ausgegeben, aus meiner eigenen Tasche, versteht sich. Das ist der Grund, warum wir Prisengeld erhalten; natürlich auch für die Verwundungen, die wir im Dienst eines undankbaren Vaterlandes erleiden. Du hast von Fechtstunden gesprochen, aber du weißt nicht, was es heißt, einen Menschen niederzustechen, bevor er dich tötet. Vielleicht denkst du, meine Uniform sei so eine Art Eintrittskarte in die besseren Kreise. Aber ich bin nur ein unbedeutender Salzbuckel, Leutnant oder nicht. Und ich kann einfach nicht den Speichellecker bei einem zwölfjährigen Fähnrich mit guten Beziehungen spielen, der für seine Bestallung zweitausend Pfund hingeblättert hat.«

Die Verbitterung über die vielen Ungerechtigkeiten seines Berufes war ihm hochgekommen. Edward blieb stumm und goß Wein nach. Nach einiger Zeit stand Nathaniel auf und ging zu einem Tischchen hinüber. Aus der hinteren Tasche seines Rockes zog er einen kleinen Block und einen Stift. Er begann zu schreiben, dann rief er nach Siegellack und Kerze. Nachdem er den Brief versiegelt hatte, übergab er ihn seinem Bruder.

»Bei aller Freundschaft, aber das ist alles, was ich erübrigen kann.«

Ohne ein weiteres Wort ergriff er seinen Hut und ließ einen Bruder zurück, der über die mögliche Höhe des Schecks nachdachte. Er erwartete keinen Dank.

Als er den Schankraum verließ, war er so in Gedanken versunken, daß er Mr. Jex nicht bemerkte, der an einem Tisch saß und trank.

FÜNFTES KAPITEL

Januar – Februar 1801

Der Feuerwerker

Drinkwater hob die Flüstertüte an den Mund.

»Die Vorschot noch etwas dichter, Mr. Matchett!« Nun verlagerte er seine Aufmerksamkeit auf die Kuhl, wo der Segelmeister die Großbrassen beaufsichtigte.

»Lassen Sie die Großbrassen belegen, Mr. Easton!«

»Aye, aye, Sir.«

Virago glitt stromabwärts und ließ das Arsenal an Steuerbord, die aufgelegten Schiffe an Backbord liegen.

»Voll und bei!«

»Voll und bei, Sir«, wiederholte Tregembo an der Pinne.

Drinkwater, dem noch immer Männer fehlten, hatte den Mann aus Cornwall zum Quartermaster befördert. Am Ende der Reede liefen sie in den Schatten der bewaldeten Hügel von Upnor.

»Abfallen!« *Virago* drehte langsam vor den Wind, Drinkwater nickte Rogers zu.

»Die Rahen vierkant!«

Rogers brüllte seine Orders. Mit achterlichem Wind, den Ebbstrom unter dem Kiel, glitt *Virago* flußabwärts. Sie hatte die Breitfock, die Marssegel und das Vorstengestagsegel gesetzt; das letztgenannte killte kraftlos, weil es jetzt von der Fock abgedeckt wurde.

Sie schwangen mit südöstlichem Kurs aus dem Cockham Reach; der Fluß wurde breiter, das Nordufer blieb hinter ihnen zurück und wurde durch die niedrige Linie von Hoo Island ersetzt. Sie passierten eine Reihe Gefangenenhulks, finstere, verfallene schwarze Schiffskörper. Die Crew bediente ständig die Rahen, denn der Kurs mußte den vielen Flußwindungen folgen. Die Offiziere beobachteten aufmerksam das Verhalten des Schiffes bei dieser ersten Reise. Sie rundeten Fort Darnetness.

»Mr. Rogers, Großsegel setzen!«

»Aye, aye, Sir. Großrah, Achtung! Laß fallen! Klar bei Schoten und Halsen, ihr verdammten Anfänger! Etwas mehr Bewegung! Achtung, im Steuerbordgeitau ist ein Kinken! Es wird im Umlenkblock unklar kommen, Mr. Quil-bloody-hampton!«

Virago wurde schneller, die mitlaufende Tide gab Drinkwater die Illusion, doch keinen alten Eimer zu kommandieren. Er lächelte in sich hinein. Sicher war *Virago* nicht die schnellste, aber sie würde gut im Seegang liegen. Sie hatte etwas sehr Beständiges an sich. Sie drehten durch Kethole Reach, und Rogers ließ die Rahen brassen, als der Wind um einen Strich nach Norden krimpte. Im Westen begann der Himmel aufzureißen, fast waagrechte Sonnenstrahlen brachen durch die Wolken und beleuchteten das Fort auf Garrison Point und das Werftgelände von Sheerness.

»Lassen Sie Großsegel und Fock aufgeien, wenn wir im Saltpan Reach sind, Mr. Rogers!«

Drinkwater blickte durch sein Fernrohr nach vorn. Ein halbes Dutzend gedrungener Schiffe lag vor Deadman's Island zu Anker, etwa eine Meile stromaufwärts von Sheerness. Es waren Mörserschiffe, die in der Nähe der Pulverschiffe von Blackstakes warteten. Mittschiffs brach munteres Geschwätz los.

»Ruhe an Deck!« befahl Rogers.

Drinkwater sah die Linie der Mörserschiffe größer werden.

»Segel aufgeien!«

Rogers brüllte, Quilhampton pfiff, und Matchett schrie. Die große Wolke widerspenstiger Leinwand hob sich langsam über Drinkwaters Kopf in die Höhe. Er suchte in der Linie der Schiffe nach einem Platz für *Virago*. Jetzt hatten sie das erste Schiff querab, an Deck stand eine Gruppe neugieriger Offiziere. Zwischen dem vierten und fünften Schiff war eine Lücke, groß genug, *Virago* Platz zum Drehen zu gewähren. Drinkwater fühlte, daß ihn Erregung plötzlich wie eine heiße Welle durchströmte. Natürlich konnte er weiter stromabwärts segeln und am seewärtigen Ende der Linie ankern, das wäre das sicherste Manöver gewesen; aber die Lücke zog ihn magisch an.

»Klar bei Brassen, Mr. Rogers! Anluven!«

»Anluven, Sir!« wiederholte Tregembo. *Virago* drehte nach Steuerbord, die Rahen quietschten in den Racks, das Vorstengestagsegel füllte sich mit lautem Knall.

»Hart anbrassen da unten, verdammt!« bellte er scharf. »Voll und bei steuern!«

»Voll und bei, Sir«, bestätigte Tregembo gleichmütig.

Virago lief nun so hoch am Wind wie möglich, die Ebbe drückte sie unaufhaltsam seewärts. Wenn er einen Fehler in seinen Berechnungen hatte, mußte Drinkwater den Bug des nächsten Mörserschiffes rammen. Er sah drüben eine Gruppe aufs Vorschiff eilen, die offensichtlich genau dies befürchtete. Er beobachtete die Seitenpeilung des Fockmastes vom Nachbarschiff, sie wanderte langsam achteraus; es konnte klappen.

»Anker ist klar zum Fallen, Sir«, murmelte Rogers gedämpft.

»Sehr gut.«

Dann waren sie mit dem Bug des anderen Schiffes auf gleicher Höhe.

»Klar zum Aufschießer, Schoten los!«

Virago drehte weiter nach Steuerbord, die Segel wurden unruhig, dann fielen sie ein. Ihr Schwung schob sie weiter vorwärts, das Wasser gluckste unter dem Bug, der von der Tide umspült wurde. Sie ließen die mißtrauischen Beobachter achteraus und liefen auf das luvwärtige Schiff zu. Drinkwater peilte zum Ufer hinüber, er sah, daß das Schiff an Fahrt verlor.

»Segel back! Laß fallen Anker!«

Er fühlte den Ruck im Rumpf, als der Anker fiel. Die Trosse rauschte aus, ein unerfahrener Mann wurde von ihr erfaßt und umgeworfen, die anderen Seeleute lachten.

»Lassen Sie sechzig Faden stecken, Mr. Matchett, und dann bitte aufklaren!« Er nickte Rogers zu. »Lassen Sie die Segel aufgeien und unterschlagen!«

Mr. Easton ging unter Deck, um ihren Ankerplatz in der Karte einzutragen. Nach der Meldung, daß der Anker gefaßt hatte, ging Drinkwater zu ihm. Er war zufrieden, daß sowohl das Schiff als auch die Besatzung diesen ersten Test bestanden hatten.

Seine Zufriedenheit hielt nicht lange an. Eine Stunde später stand er vor Kapitän Martin, dem Kommandanten Seiner Majestät Mörserschiff *Explosion*, dem dienstältesten Offizier der Flottille vor Sheerness. Kapitän Martin war ganz offensichtlich nicht geneigt, einem Untergebenen verdächtige Extravaganzen durchgehen zu lassen.

»Ihr Manöver, Leutnant, hat nicht nur Ihr Schiff gefährdet, sondern auch das meine! Das war ein unverantwortlicher Leichtsinn, Sir! Ein solches Verhalten wird nicht geduldet werden und spricht Bände über Ihren Charakter. Es erstaunt mich zutiefst, daß man Sie mit solch einem Kommando betraut hat, Mr. Drinkwater. Ein Mann, der bei einem Sondereinsatz eine große Menge Pulver an Bord mitführt, muß immer überlegt handeln und darf niemals, niemals sein Schiff gefährden.«

Drinkwater fühlte, wie ihm das Blut in die Wangen schoß.

»Außerdem hat es sehr lange gedauert, bis Sie einsatzbereit waren. Ich hatte berechtigten Grund zu der Annahme, daß Sie schon einige Tage eher zu mir stoßen würden.«

Martin blickte Drinkwater aus wäßrigen Augen an. Sein Gesicht war schmal und zerknittert. Drinkwater unterdrückte das Gefühl, ungerecht behandelt zu werden, und hielt sich an die Regeln, die er vor langen Jahren als Fähnrich im Zwischendeck gelernt hatte.

»Ich bedaure, daß mein Ankermanöver Sie beunruhigt hat, Sir. Es war nicht meine Absicht, Ihnen Ungelegenheiten zu bereiten. Zur leidigen Frage der Indienststellung kann ich nur sagen, daß ich alle nur denkbaren Anstrengungen unternommen habe, um sie zu beschleunigen. Aber die Beamten der Werft waren nicht sehr hilfsbereit, Sir.«

»Diese Herren müssen sich um wichtigere Angelegenheiten kümmern, Mr. Drinkwater. Sie können nicht erwarten, daß ein Tender . . .« Drinkwater erkannte, daß er Martin beleidigt hatte. Wahrscheinlich hatte auch er einen Verwandten unter dem Personal des Arsenals. Trotzdem konnte er sich nicht verkneifen nachzuhaken: »Das ist es, was ich meine, Sir: Ein Tender genießt nicht gerade die höchste Priorität.«

Martins Oberlippe hob sich, offensichtlich in einer Geste des Mißvergnügens; so fügte Drinkwater schnell hinzu: »Ich wollte nicht respektlos sein, Sir.«

Er starrte den Commander an, bis der schließlich wie beiläufig sagte: »Nun, hier also Ihre Befehle für die nächsten Wochen.«

»Ihr Jagdausflug war sehr ergiebig, Mr. Q«, meinte Drinkwater und legte Gabel und Messer auf seinen leeren Teller.

»Danke, Sir. Was hat Ihnen besser geschmeckt, die Krick- oder die Pfeifente?«

»Es war wohl die Krickente, die das Rennen gemacht hat. Mr. Jex, würden Sie bitte dem Koch mein Kompliment übermitteln?«

Jex nickte, er hatte den Mund noch voll. Drinkwater blickte sich um. In der engen Kajüte drängten sich die Offiziere mit Ausnahme von Mason, der Deckswache hatte, sowie die beiden Heckgeschütze und die beiden achtersten Kanonen der Seitenbatterien.

Das Tischtuch wurde abgenommen und eine Karaffe Rotwein vor Drinkwater plaziert. Sie brachten den obligatorischen Toast auf den König aus, dann wurden die Stühle bequem zurückgeschoben. Ein oder zwei Zigarren wurden angezündet. Trussel stopfte eine lange

Pfeife, Willerton schnitt sich ein riesiges Stück Kautabak ab, Lettsom zog eine Prise Schnupftabak in die Nase. Drinkwater überlegte, daß alle Anwesenden, mit Ausnahme von Rogers, Quilhampton und seiner Wenigkeit, über fünfzig Jahre alt waren. Manchmal fühlte er sich älter, als er tatsächlich war, und vielleicht rührte das auch davon, daß er immer mit erheblich älteren Männern zusammenleben mußte. Seufzend erinnerte er sich an das Auftreten Kapitän Martins. Dabei fiel ihm etwas ein, das er bis jetzt für sich behalten hatte.

»Übrigens, Gentlemen, als ich an Bord der *Explosion* war, habe ich einige Neuigkeiten aus London in Erfahrung gebracht. Haben auch Sie den neuesten Küstenklatsch aufgeschnappt?«

»Wir wissen, daß Admiral Gateaume Brest mit sieben Linienschiffen verlassen hat«, erwiderte Rogers.

»Ja, ja, die verfluchten Ostwinde. Aber ich hörte auch, daß sich ihm Collingwood an die Fersen geheftet hat«, fügte Matchett hinzu.

Drinkwater schüttelte den Kopf. »Ich habe andere Neuigkeiten.«

»Vielleicht die, Sir, daß man die Themsemündung durch abgesenkte Steinblöcke verteidigen will?« fragte Quilhampton spitzbübisch.

»Nein, Sie junger Spund, auch die nicht.« Er blickte in die Runde. Keiner schien eine Ahnung zu haben. »Vielmehr die, daß Billy Pitt zurückgetreten ist und der Sprecher des Hauses, Mr. Addington, die neue Regierung bilden wird...«

Erstaunte Ausrufe brandeten auf.

»Ach, das ändert doch nichts! Addington ist Pitts Sprachrohr...«

»Da überrascht es nicht, daß keine Befehle für uns vorliegen...«

»Jetzt braucht der König die Papisten nicht gleichzustellen...«

»Das kann doch nicht Ihr Ernst sein, Mr. Rogers...«

»Doch, doch, sie sollen verdammt sein...«

»Gentlemen, bitte!« Drinkwater schlug mit der Hand auf den Tisch. Das Festessen war dazu gedacht gewesen, den Gemeinschaftssinn zu fördern.

»Gentlemen, vielleicht wollen Sie wissen, wer an die Spitze der Admiralität tritt?« Die Gesichter wandten sich ihm zu. »St. Vincent, zusammen mit Markham und Troubridge.«

»Wer löst St. Vincent bei der Kanalflotte ab?«

»Lord Cornwallis.«

»Ah ja, Billy Blue. Ich glaube, das ist eine gute Nachricht«, meinte Lettsom. »Außerdem hat St. Vincent Reformen versprochen; vielleicht fangen sie damit gleich beim Arsenal in Chatham an, Sir?«

»Darauf wollen wir trinken, Mr. Lettsom«, lächelte Drinkwater.

»Was sagen Sie dazu, Mr. Jex?« wandte sich der Arzt an den

Zahlmeister. »Da sind Sie mit Ihrem schmutzigen Geschäft gerade noch rechtzeitig fertig geworden.«

Gelächter brandete auf, Jex lief rot an. »Ich protestiere, Sir...«

»Das war wohl unfair, Mr. Lettsom«, meinte Drinkwater, noch immer lächelnd. »Bedenken Sie, daß Mr. Jex das Sauerkraut bezahlt hat.«

»Die Leute werden es Ihnen nicht danken, wie gut es auch gegen Skorbut seien mag.«

Drinkwater sah nicht, daß sich der beleidigte Ausdruck im Gesicht des Zahlmeisters in Haß verwandelte.

»Wer sind die anderen Mitglieder des Kabinetts?« fragte Lettsom.

»Das habe ich vergessen, Mr. Lettsom. Ich weiß nur, daß dieser Bursche Vansittart Staatssekretär des Schatzamts oder so wird...«

»Richtig, die verdammten Politiker denken nicht an uns, warum sollen wir uns dann Gedanken über sie machen?« Rogers' Gesicht drückte Freude über sein kleines Wortspiel aus.

»Ich hab's!« rief Lettsom und schnippte mit den Fingern.

»Was haben Sie denn?« erkundigte sich Quilhampton mit gespielter Besorgnis. »Die Syphilis oder die Maul- und Klauenseuche?«

»Ein Epigramm, Gentlemen, ein Epigramm!« Er räusperte sich und schlug mehrmals kräftig auf den Tisch, dann warf er sich in Pose:

»Wer blockiert die Themse?
– Köpfe aus Stein!
Wer blockiert die Staatskasse?
– Köpfe aus Holz!«

»Bravo! Bravo!«

Beifall wurde geklatscht, Fäuste knallten auf den Tisch. Keiner bemerkte, daß die Tür geöffnet wurde und ein verdutzt dreinblickender Mr. Mason mit einem weiteren Gast im Raum stand. Drinkwater entdeckte ihn zuerst und bat um Ruhe.

»Was gibt's, Mr. Mason?«

Die versammelten Offiziere starrten den Fremden an. Er trug einen blauen Uniformrock mit roten Aufschlägen und eine weiße Kniebundhose, unter den Arm hatte er einen Dreispitz geklemmt. Das Haar über dem runden roten Gesicht war graugesprenkelt und lief in langen Koteletten aus. Das Kinn selbst war bartlos, gleichviel hatte man den Eindruck, daß es beim ständigen Kampf gegen den starken Bartwuchs täglich wundgekratzt wurde. Der Kopf des Mannes saß tief zwischen den Schultern und ähnelte einer zwölfpfündigen Kugel.

»Hol mich der Teufel, aber das ist ein verdammter Hummer*«, polterte Rogers angriffslustig los. Zwar trug der Mann die Uniform der Königlichen Artillerie und nicht die der Marineinfanterie, aber die rote Gesichtsfarbe ließ Rogers' Willkommensgruß dennoch passend erscheinen.

»Leutnant Tumilty von der Artillerie, Sir«, meldete Mason, während der Leutnant wütend in die Runde blickte.

»Guten Tag, Leutnant. Bitte nehmen Sie doch Platz. Mr. Q, rücken Sie bitte etwas zur Seite!« Drinkwater erhob sich zur Begrüßung. »Sie sind zu uns an Bord kommandiert?« Er gab die Karaffe mit Wein weiter, der Steward stellte ein weiteres Glas auf den Tisch. Die anderen betrachteten den Neuen mit schlecht verhohlener Neugier. Tumilty füllte sein Glas, leerte es und füllte es gleich wieder, dann fixierte er Drinkwater mit kleinen brennenden Augen.

»Darf ich fragen, ob Sie auf diesem Schiff das Kommando haben?« Sein Akzent verriet, daß er aus Irland stammte.

»Das habe ich, Mr. Tumilty.«

»Dann ist es wahr! Gott sei mit mir, es ist wahr, es ist wahr!« Er schluckte schwer.

»Was denn, Mr. Tumilty?« fragte Drinkwater, dem das Gehabe des Artilleristen langsam auf die Nerven ging.

»Sie sind doch einfacher Leutnant, Sir! Entschuldigen Sie, das war nicht persönlich gemeint. Aber dann ist *Virago* doch kein Mörserschiff. Damit habe ich doch recht?«

Drinkwater errötete. Tumilty hatte seinen wunden Punkt erkannt.

»*Virago* ist als Mörserschiff gebaut, augenblicklich wird sie aber nur als Tender eingesetzt.«

»Außerdem ist die Konstruktion noch völlig in Ordnung«, brummte Willerton, der bis dahin noch kein Wort gesagt hatte.

»Beantwortet das Ihre Frage?« fuhr Drinkwater fort, ohne sich um den Zwischenruf zu kümmern.

Tumilty nickte. »Gott helfe mir, ja, das genügt. Und es gefällt mir überhaupt nicht, Leutnant.« Er hieb plötzlich seinen Hut auf den Tisch. »Der Teufel soll sie alle holen! Verstehen die denn nicht, was das für eine Verschwendung ist? Ich bin schließlich der beste Artillerist im Dienst!«

Es hatte fast den Anschein, als wolle Tumilty in Tränen ausbrechen. Beifallheischend blickte er in die Runde der erstaunten Gesichter. Drinkwater wollte ihm sein schlechtes Benehmen für diesmal nachse-

* Spitzname für einen Marineinfanteristen, wegen seines roten Uniformrocks

hen, denn sicherlich schimpfte Mr. Tumilty auf seine Vorgesetzten im Arsenal von Woolwich.

»Gentlemen, verzeihen Sie, aber ich bin also dazu verdammt, Pulversäcke zu zählen. Ich komme mir vor wie eines Ihrer barfüßigen Pulveräffchen. Ich auf einem Tender, *ich*!«

»Wie es scheint, Mr. Tumilty – wenn ich mal die alte Redewendung gebrauchen darf –, sitzen wir alle im selben Boot.«

Zustimmendes Gemurmel folgte Drinkwaters beschwichtigenden Worten.

»Ja, Sir, aber ich – ich – bin doch der beste Pyroballogist der ganzen verdammten Artillerie!«

Sechstes Kapitel

Februar 1801

Pulver und Blei

»Die Pyroballogie, Leutnant Drinkwater, ist die Kunst, Sprengkörper in ein Ziel zu werfen. Diese Kunst besteht sowohl aus Mathematik als auch aus ein wenig Alchemie, deshalb können Offiziere meiner Sparte sich ihre Bestallung nicht erkaufen, wie sonst in der Armee üblich.«

Drinkwater und Tumilty standen auf der Poop und sahen zu, wie die Seeleute die Taljen an den Rahnocken bedienten. Pulverfaß auf Pulverfaß wurde aus dem längsseits liegenden Leichter gehievt. Sie hatten bereits ihren eigenen Vorrat an Pulver und Kugeln geladen, jetzt waren die Nachschubgüter dran, die von Woolwich geschickt worden waren. Von Zeit zu Zeit unterbrach Tumilty seinen Monolog, um seinem Sergeanten eine Anweisung zuzurufen, der sich zusammen mit den Männern der *Virago* bemühte, alles an Bord zu verstauen, bevor es dunkel wurde.

»Nein, Sir, unsere Patente sind alle vom Generalfeldzeugmeister persönlich ausgestellt. Ein Hauptmann der Artillerie hat viel mehr Erfahrung als ein Armeeoffizier, da bin ich sicher. Ich frage nicht, ob dieses System gerecht oder richtig ist, ich sage nur, daß man Experte auf seinem Gebiet und trotzdem nur Leutnant sein kann.«

Drinkwater lächelte.

»Da widerspreche ich Ihnen bestimmt nicht, Mr. Tumilty«, antwortete er trocken.

»Die Pyrotechnik ist eine uralte Wissenschaft. Archimedes hat sich schon während der Belagerung von Syrakus damit beschäftigt. Die Griechen hatten ballistische Feuertöpfe. Sagen Sie mir, Mr. Drinkwater, könnte es vielleicht sein, daß Sie darauf aus sind, sich auch als Feuerwerker zu betätigen?«

Drinkwater musterte den kleinen Iren. Er hatte sich an dessen Art gewöhnt, Sachverhalte fast orientalisch blumig zu umschreiben.

»Könnte sein, daß wir an demselben Gefühl der Zurücksetzung leiden, Mr. Tumilty.«

»Ist der Zimmermann ganz sicher, daß die Schiffsverbände noch in Ordnung sind?« Als Drinkwater nickte, fuhr Tumilty fort: »Diesen Punkt dürfen wir nicht leichtnehmen, Sir, denn ein Dreizehnzollmörser kann bis zu zweiunddreißig Pfund Pulver aufnehmen. Schon eine Ladung von nur zwanzig Pfund könnte die Mörserfundamente in kürzester Zeit zerstören und sogar den Mörser explodieren lassen.«

»Aber wir haben keinen Mörser, Mr. Tumilty.«

»Richtig, richtig. Dennoch haben Sie die Fundamente nicht herausreißen lassen, Mr. Drinkwater. Da muß man sich doch fragen, warum?«

Drinkwater zuckte die Achseln. »Ich stellte fest, daß die Fundamente der beste Aufbewahrungsort für Granaten sind, deshalb ließ ich sie an Ort und Stelle.«

»Und niemand hat Ihnen befohlen, sie in Stücke zu schlagen?«

»Das ist richtig.«

»Das ist Glück, Mr. Drinkwater, sehr viel Glück, vielleicht für uns beide. Was würden Sie dazu sagen, wenn ich ein paar Mörser auf die Fundamente setzen ließe?«

Drinkwater runzelte die Stirn und blickte Tumilty an, der ihn listig von unten her anblinzelte.

»Ich verstehe wohl nicht ganz.«

»Nun, es ist so...« Tumilty deutete auf den Leichter. Die letzte Ladung feinsten Pulvers stieg gerade aus dem Laderaum und folgte den anderen in die Magazine der *Virago*. Die Mannschaft des Leichters schlug eine weitere Persenningbahn zurück und legte damit eine Reihe Luken frei, die den Blick auf zwei große unförmige Schatten erlaubten. »Das sind Mörser, Mr. Drinkwater. Ein Dreizehnzöller, der zweiundachtzig Zentner wiegt, und ein Zehnzöller mit einundvierzig Zentnern. Warum stellen wir sie nicht einfach auf die Fundamente?«

»Ich nehme an, daß es sich um Reservestücke handelt?«

Tumilty nickte. Drinkwater wußte, daß die anderen Schiffe ihre Mörser schon an Bord hatten. Es schien keine stichhaltigen Argumente zu geben, die gegen einen Transport des Ersatzes auf den Fundamenten sprachen, selbst wenn sie eigentlich in der Luke gefahren werden sollten, denn schließlich war *Virago* für solche Belastungen gebaut worden. Er überlegte, was wohl Martin dazu sagen würde, wenn er es erfuhr. Zweifellos konnte man es ihm nicht lange verheimlichen.

»Ach verdammt, Mr. Tumilty, es wird schon dunkel. Lassen Sie also die beiden Schönheiten an Bord hieven und so unterbringen, wie Sie vorgeschlagen haben. Wahrscheinlich stehen sie auf den Fundamenten ohnehin sicherer als im Raum, wo sie gefährlich herumrollen könnten.«

»Das ist die richtige Einstellung, Mr. Drinkwater, das ist genau der richtige Geist!«

»Mr. Rogers, auf ein Wort, bitte!«

Rogers kam die Treppe herauf. »Sir?«

»Wir nehmen zwei Mörser an Bord, Reserve für die Flotte. Ich beabsichtige, sie auf die Fundamente setzen zu lassen. Verstehen Sie, Sam? Wenn wir zwei Mörser einsatzbereit haben, dann bekommen wir vielleicht Gelegenheit, doch noch etwas anderes als ein schwimmendes Lagerhaus zu spielen . . .«

Rogers Augen begannen zu leuchten. »Die Idee gefällt mir, Sir.« Er warf einen Seitenblick auf Tumilty, weil er noch immer eifersüchtig auf den Artilleristen war, der einen wichtigen Posten an Bord beanspruchte. Aber der Ire blickte abwesend nach Luv.

Drinkwater fuhr fort: »Es kann etwas schwierig mit der Übernahme werden, aber der Wind wird nach Sonnenuntergang abflauen. Brassen Sie die Unterrahen entsprechend, und lassen Sie Preventer daran anschlagen. Danach riggen Sie dreifach geschorene Taljen als Rah- und Stagtaljen. Willerton soll die Luken öffnen und alles gründlich schmieren. Die Rahen müssen gut aufgetoppt werden, dann sollte es schon klappen.«

»Wie sind die Gewichte, Sir?«

»Einundachtzig Zentner für das achtere Fundament und einundvierzig Zentner vorn.«

Rogers eilte nach vorne und rief nach Matchett und Willerton.

»Mr. Tumilty, wir stimmen in vielen Dingen überein. Zum Beispiel wollen wir beide gern das Wort Kapitän vor unserem Namen sehen. Aber ich erinnere mich, daß es beim letzten derartigen Einsatz eine Menge böses Blut zwischen Artillerie und Marine gab. Das sollten wir dieses Mal vermeiden.«

»Ja, ja, ich habe davon gehört, Sir«, entgegnete Tumilty; er blickte unschuldig drein.

Viragos Verbände knackten, sie legte sich nach Steuerbord über, als Gewicht auf die Taljen kam. Die Sonne war schon untergegangen, doch in der langen Dämmerung arbeiteten die Männer weiter. Die dunkle Masse des zehnzölligen Mörsers, ungefähr fünf Fuß lang, hing über dem beleuchteten Leichter.

Den Trupp an der Winde überwachte Mr. Matchett. Rah- und

Stagtaljen liefen mit ihren holenden Parten auf den Windenkopf. Die Leinen waren so angeordnet, daß sie gegenläufig auf das Spill liefen, so daß beim Fieren der Rahtaljen das Gewicht sofort gleichmäßig von den Stagtaljen aufgenommen wurde. Das verdoppelte Großstag sackte unter dem Gewicht durch, Rogers ließ den Mörser so schnell es ging wegfieren. Mr. Willertons Männer hebelten mit Handspaken das riesige eiserne Geschütz in seine Bettung und befestigten dann die Sicherungen. Die *Virago* schwamm wieder aufrecht, allerdings lag sie nun einige Zoll auf dem Kopf.

»Alle Törns runter vom Spill, Vortaljen abschlagen, Achtertaljen aufriggen!«

Es war so gekommen, wie Drinkwater vorausgesehen hatte. Der Wind war abgeflaut, und der erste Mörser war ohne Schwierigkeiten an Bord genommen worden. Die schlichten seemännischen Arbeiten hatte Mr. Tumilty der Marine überlassen und sich mit seinem Sergeanten und Mr. Trussel zurückgezogen, um die Stauung des Pulvers zu überwachen. Alle Granaträume, Pulverkammern, Zünderschapps und Füllräume wurden abgeschlossen. Willerton hatte jeden dieser Räume sorgfältig mit Stauholz ausgekleidet, das die Werft in Chatham großzügig zur Verfügung gestellt hatte. Die Taljen an Groß- und Bagienrah wurden durchgeholt und an den sorgfältig befestigten Stropps des Dreizehnzollmörsers eingehakt. Als nächstes wurden die beiden Mitteltaljen befestigt. Um das größere Gewicht des schweren Mörsers besser verkraften zu können, hatte man sie an den Marsen des Groß- und Besanmastes angeschlagen. Drinkwater meinte, daß das Besanvorstag für die Last zu schwach seien könnte. Die holenden Parten wurden wieder vorausgebracht und die Lose wurde ausgehievt. Einige Male knackte es zwar verdächtig, aber nach einer Stunde lagen die Drehzapfen in ihrem Bett, und Mr. Willerton konnte die Sicherungen festsetzen. Die Schiebeluken über den Mörsern wurden verschlossen und anschließend mit Persenningen verschalkt. Das letzte Tageslicht schwand hinter den Wolkengebirgen im Westen. Für die murrenden oder erregt schwatzenden Männer wurde Ausscheiden gepfiffen.

Zum ersten Mal seit langer Zeit fühlte sich Leutnant Nathaniel Drinkwater wieder als Herr seiner Zukunft – jedenfalls ein wenig.

»Nun, Mr. Tumilty, würden Sie mir jetzt bitte die geladenen Versorgungsgüter aufzählen.«

»Gern, Sir. Wir haben zweihundert Dreizehnzollgranaten, zweihundert Zehnzollgranaten, einhundertvierzig Schuß Granaten mit fünf Zündlöchern vom Kaliber dreizehn, vierzig Langgeschosse von Kaliber zehn, außerdem fünftausend einpfündige Kugeln, übrigens die selben, die Sie für Ihre Drehbassen benötigen...«

»Wofür brauchen Sie denn so was?« fragte Rogers.

»Nun, Mr. Rogers«, antwortete Tumilty, herablassend seine Liste senkend, »wenn man den Dreizehnzöller mit einigen hundert dieser kleinen Teufel füllt, dann regnen sie wie eiserner Hagel auf Schützengräben, ungeschützte Stellungen, Strände oder auf alles, was Sie von Gegnern gesäubert haben wollen. Wenn ich jetzt fortfahren kann? Außerdem haben wir zweihundert Pulverfässer geladen. Weiterhin habe ich hier drei Kisten Feuersteine, fünf Kisten Lunte, sechs Rollen schnellbrennende Zündschnur, etwas Harz, Terpentin, Schwefel, Antimon, Salpeter, Weingeist, Fischleim und roten Farbstoff für bengalisches Feuer, dazu Blaufeuer und Feuerbälle. Um die Wahrheit zu sagen, Mr. Rogers, Sie sitzen auf einem richtig schönen, großen Feuerwerk.«

»Ist das alles, was Sie benötigen?«

Tumilty nickte.

»Sind auch Sie mit allem zufrieden, Mr. Trussel?«

»Aye, Sir, obwohl ich vorschlagen möchte, daß Mr. Willerton uns eine neue tragbare Pulverkiste baut, unsere leckt ein wenig. Und wenn ich mir vorstelle... Nun ja, es könnte sein, daß wir den einen oder anderen Schuß mit unseren Mörsern abgeben, dann muß jemand das lose Pulver zu den Mörsern tragen.«

»Mr. Trussel hat recht, Mr. Drinkwater. Die kleinste Undichtigkeit der Pulverkiste hinterläßt eine Spur von der Pulverkammer zu den Kanonen. Wenn diese Spur Feuer fängt, wird die Explosion bemerkenswert sein!«

Sie lachten über Tumiltys teuflischen Humor; das Einsetzen der gefährlichen Mörser hatte sie alle euphorisch gestimmt.

»Nun gut, Gentlemen. Um den Trimm werden wir uns morgen früh kümmern. Hoffentlich macht uns Martin keinen Strich durch die Rechnung.«

»Wir wollen hoffen, daß Kapitän Martin sich um seine eigenen Mörser kümmert und sie nicht überlädt, damit wir unsere nicht an ihn abgeben müssen.« Tumilty schnaubte durch seine rote Nase und fuhr fort: »An wen dachten Sie, Mr. Drinkwater, wer soll Ihrer Meinung nach die Granaten aufs Haupt bekommen?«

»Es ist kein Geheimnis, daß die Ostsee unser Ziel sein wird, meine Herren.« Er blickte sich um. Die Gesichter sahen im flackernden Licht der Lampe angespannt aus. Aus den Aufzeichnungen des alten Blackmore hatte Drinkwater viel gelernt. Blackmore war Navigator auf der Fregatte *Cyclops* gewesen und hatte vor dem Krieg als Kapitän in der Holzfahrt auf der Ostsee gesegelt.

»Wenn der Zar die nordischen Staaten einigen kann, haben wir es sowohl mit Dänemark und Schweden als auch mit den Russen zu tun. Falls ihm das nicht gelingt, bleiben immer noch die Russen mit ihren Stützpunkten Reval und Kronstadt. Diese Häfen sind jetzt zugefroren, aber Reval ist ab April eisfrei. Von den Schweden, die in Karlskrona liegen, weiß ich leider wenig. Was die Dänen in Kopenhagen angeht«, er zuckte mit den Schultern, »so glaube ich nicht, daß wir sie in unserem Rücken liegen lassen sollten.«

»Wir haben fast Ende Februar«, warf Trussel ein. »Wenn wir die Dänen niederkämpfen wollen, bevor die Russen aus dem Eis kommen, dann sollten wir uns aber blitzschnell auf den Weg machen.«

»Aye. Denn mit dem zögernden alten Bastard Hyde Parker, der sich unser Oberkommandierender schimpft, werden wir vielleicht sowieso zu spät kommen.«

»Ja, ich denke auch, daß es gegen die Russen geht.« Tumilty nickte und zupfte an seinen Koteletten.

»Aber man sagt, daß Hyde Parker so ein junges Ding geheiratet hat. Folglich bleibe ich dabei: Wir werden zu spät kommen.« Rogers kratzte sich trübe an der Nase.

»Es heißt, daß sie gut und gerne seine Tochter sein könnte«, grinste Trussel.

»Schmutziger alter Lustmolch.«

»Glück muß man haben.«

»Das kommt dabei heraus, wenn man Kommandierender in Westindien war und dabei ein Achtel aller Prisen bekam, die auf der reichsten Station gemacht werden«, ergänzte der bis dahin schweigsame Easton.

»Schon gut, Gentlemen, es geht uns nichts an, wen Admiral Parker heiratet«, fiel Drinkwater ein. »Mir scheint es wichtiger zu sein, daß wahrscheinlich Nelson sein Stellvertreter wird, und *der* wird keine Verzögerungen zulassen.«

»Vielleicht nicht, Sir, aber ich würde auf meine Meinung Geld setzen«, schloß Rogers die Diskussion ab. Er hatte Drinkwaters Hinweis verstanden und stand auf.

»Lassen Sie uns hoffen, daß wir bald die Befehle bekommen, damit wir nach Yarmouth zum Treffpunkt verhohlen können, Gentlemen. Jetzt wünsche ich Ihnen eine gute Nacht«, verabschiedete Drinkwater sein Offiziere.

Siebentes Kapitel

Februar 1801

Verfolgt

Leutnant Drinkwater kroch tiefer in seinen dicken warmen Wachgängermantel hinein. Fiebrige Schauer ließen ihn erzittern, Kopf und Augen schmerzten ihn entsetzlich. Der westliche Wind hatte den Himmel mit einer tiefen Wolkendecke überzogen und war dann auf Sturmstärke angewachsen. Regenböen zogen über den Kurs der Flottille, die sich ihren Weg aus der Themsemündung in die Nordsee suchte. Ringsum war der Horizont gerade wieder von einer solchen Bö verdeckt, die über die Wellenkämme peitschte. *Virago* legte sich unter dem Winddruck weiter über, das Wasser schäumte um die Geschützpforten. Drinkwater hörte das Stöhnen der Rudergänger, die sich mit aller Kraft gegen die bockende Pinne stemmten. Ein Knarren von Blöcken verriet, daß der Quartermaster die Lose aus den entlasteten Taljen holte. Drinkwater zitterte wieder. Er wunderte sich, daß es ihm eiskalt über den Rücken lief, obwohl doch sein Kopf zu brennen schien.

Er wußte, daß es sich um das berüchtigte Schiffsfieber – den Typhus – handeln konnte, das durch die verlausten neuen Männer eventuell an Bord eingeschleppt worden war. Allerdings achtete er peinlich genau auf persönliche Sauberkeit und hatte in letzter Zeit bei sich keine Läuse und Flöhe entdeckt. Seit fünf Tagen erduldete er nun schon die Symptome, ohne daß es zum befürchteten Ausbruch gekommen wäre. Lettsom hatte sich rührend um ihn bemüht, hatte ihn Rindenextrakt trinken lassen, sich aber mit einer Diagnose zurückgehalten. Drinkwater glaubte eher, daß es sich um Sumpffieber handelte, das er sich in den nebligen Tagen auf dem Medway zugezogen hatte. Er hatte sich, weiß Gott, während der Werftzeit oft genug der Kälte ausgesetzt und bis zur Erschöpfung gearbeitet. Der Ofen war mit Mrs. Jex von Bord verschwunden, schon im Hinblick auf die Pulverladung des Schiffes.

Ihm fiel wieder der Verweis ein, den ihm Martin erteilt hatte. Diese

Erinnerung ließ ihn scharf voraus spähen. Vor dem gekrümmten Fußliek der Breitfock stand die *Explosion*, die die Mörserschiffe und den Tender nach Nordosten führte. Was er sah, bestätigte sein ungutes Gefühl.

»Mr. Easton!« brüllte er. »Sehen Sie nicht die Signale des Kommodore?«

Martin, dieser Kleingeist, neigte leider zur Ängstlichkeit. Er ließ seine Segel reffen, die Untersegel wurden aufgegeit, nur unter doppelt gerefften Marssegeln und einem Vorstengestagsegel segelte er weiter. Drinkwater überließ Easton sowohl die Ausführung des Manövers als auch die Weitergabe des Signals an die folgenden Schiffe und fluchte still in sich hinein. Er hatte entschieden, daß Martin eben ein Kreuz war, das er ertragen mußte. Als dienstältester Offizier hatte er allen Ernstes darauf bestanden, während der kurzen Überfahrt mit ›Kommodore‹ angeredet zu werden. Martin war nicht nur ein kleinlicher Vorgesetzter, Drinkwater war auch der festen Überzeugung, daß er bei Martin nicht weiterkommen würde. Wenn er aus diesem Kommando etwas für seine Karriere herausholen wollte, dann mußte er es allein schaffen, gegen den Widerstand Martins.

Drinkwater verscheuchte seine düsteren Gedanken. Derartig melancholische Prognosen wurden in der Marine »blaue Teufel« genannt. Er sah einer Heringsmöwe zu, die im Aufwind neben ihnen schwebte. Mit kaum sichtbarer Bewegung der Flügel schor sie plötzlich zur Seite weg und kurvte in ein langes Wellental.

»Die Segel sind gekürzt, Sir.«

»Sehr gut, Easton. Bitte achten Sie scharf auf die Signale des Kommodore, besonders bei diesen Sichtverhältnissen!«

»Aye, aye, Sir.« Easton biß sich auf die Lippen.

»Wann werden wir die Gunfleetbake querab haben?«

»In ungefähr einer Stunde, Sir.«

»Danke.«

Easton wandte sich ab, Drinkwater musterte wieder sein Schiff. Seine Vorhersagen hatten sich als richtig erwiesen, *Virago* gab ihm trotz der relativ kleinen Abmessungen ein Gefühl der Sicherheit, was sicher eine Folge der überaus massiven Bauweise war. Trotzdem ließ sie sich gut handhaben, und so war er mit seinem ersten eigenen Kommando durchaus zufrieden.

Er blickte achteraus, wo der Rest der Flottille folgen mußte. *Terror, Sulphur*, *Zebra* und *Hecla* konnte er gerade noch erkennen, die *Discovery* und die beiden anderen Tender, beides umgebaute Kohlenschiffe, waren südwestlich im Regen verschwunden. Das letzte Mörserschiff, *Volcano*, stand etwas vor der *Explosion*. Dann sah er einen der Tender aus dem Regen hinter *Hecla* auftauchen, es war die als Bark getakelte *Anne Reed*, die vom Feldzeugamt beschlagnahmt worden war und jetzt als Unterkunft für die acht Offiziere, achtzig Soldaten und das halbe Dutzend Zimmerleute diente, die die Mörser später bedienen sollten. Auch Leutnant Tumilty war dort drüben, ohne Zweifel gerade in eine hitzige Debatte mit seinen Kollegen verwickelt. Drinkwater mußte bei dem Gedanken lächeln, er vermißte die Gesellschaft dieses Mannes. Bestimmt würden sie wieder zusammenkommen, wenn sie Yarmouth erreicht hatten – oder spätestens in der Ostsee.

Eine schwere Bö wehte Spritzwasser über *Viragos* Achterdeck. Ein kaltes Rinnsal bahnte sich seinen Weg Drinkwaters Rücken hinunter und erinnerte ihn daran, daß er nicht den ganzen Tag an Deck stehen mußte. Der Swin hatte sich schon zum King Channel verbreitert, der sich jetzt mit dem Barrow Deep vereinigen würde. Easton hob sein Glas und starrte nach Norden. Der Regen machte es ihm unmöglich, den Naze Tower zu sehen. Drinkwater fummelte in seiner Rocktasche und holte sein eigenes Glas hervor. Er suchte den gleichen Horizontbogen ab, aber eine weitere Regenbö ließ alles grau in grau erscheinen. Geduldig wartete er, bis die Bö vorbeigezogen war. Diesmal aber war Easton schneller.

»Ein Strich vorlicher als querab, Sir!«

Drinkwater zögerte, dann sah er ihn auch: einen Pfahl, der von einem hölzernen Gestell umgeben war, und darüber konnte er undeutlich einen horizontalen Umriß ausmachen. Dieses Zeichen war ein großer hölzerner Fisch, wie er wußte.

»Sehr gut, Mr. Easton. Eine Peilung bitte, und notieren Sie es im Logbuch!«

Eine Viertelstunde später verschwand die Gunfleetbake hinter neuen Regenschauern. Als die Nacht hereinbrach, legte der Wind noch zu.

Gegen Mitternacht hatte der Sturm seinen Höhepunkt erreicht, und die Flottille war zerstreut. Drinkwater hatte geankert und zwei volle Kabellängen stecken lassen. Obwohl sie inzwischen klar von den ausgedehnten Sänden waren, die in die Themsemündung hineinführten, mußten sie sich doch von den Gabbards, dem Gallopper und dem Skipwash freihalten, gefährlichen Sandbänken, die in der heulenden Dunkelheit in Lee lauerten.

Die Anspannung und Düsternis dieser Nacht wurde durch sein Fieber noch erhöht. Er wußte, daß er für die abnorme Energie, die er jetzt aufbrachte, später würde bezahlen müssen. Aber jetzt hetzte er seine Offiziere umher, ließ immer wieder Lotungen nehmen, um festzustellen, ob der Anker hielt. Gegen sechs Glasen der Mittelwache klarte es auf, und sie machten das Lichtpünktchen des Feuerschiffs auf dem Sunk aus. Erleichtert ging er nach unten und brach über seiner Koje zusammen, ohne daß er den nassen Mantel ausgezogen hätte. Die Schuhe hingen aus der Koje, sein Südwester rollte ihm vom Kopf und in die feuchte Ecke neben einer der Karronaden.

Leutnant Rogers löste Mr. Trussel um vier Uhr ab.

»Der Wind läßt nach, Sir«, erläuterte Trussel, nachdem er die Wache an den Leutnant übergeben hatte.

»Ja.«

»Und er hat etwas gedreht. Der Alte will geweckt werden, wenn der Wind dreht, Sir.«

»In Ordnung.« Rogers wischte sich den Mund mit dem Handrücken und stellte den nun leeren Kaffeebecher zur Seite, dann blickte er zum Wimpel im Masttopp hoch, anschließend wanderte sein Blick zur Kompaßrose. Der Wind drehte tatsächlich.

»Mr. Q!«

»Sir?«

»Melden Sie bitte dem Kommandanten, daß der Wind gedreht hat, er kommt jetzt aus NW 1/2W, außerdem flaut er etwas ab.«

»Aye, aye, Sir.«

Die Wolkendecke riß in Luv auf, einige Sterne wurden sichtbar. Rogers ging zum Koppelbrett und rief dann den Ausguck im Mast an, ob etwas in Sicht sei. Fünf Minuten später stand Drinkwater an Deck. Es hatte ihn große Überwindung gekostet, seine schmerzenden Glieder wieder in Bewegung zu setzen.

»Morgen, Sir.«

»Morgen«, grunzte Drinkwater. »Ist etwas vom Kommodore zu sehen?«

»Vom Kommodore nicht, Sir, aber das Feuerschiff ist immer noch in Sicht, der Anker hat gehalten.«

»Gut. Der Wind läßt nach, wie?«

»Aye, mit jeder Minute.«

»Dann lassen Sie bitte die Männer purren. Wir wollen den Anker hieven.«

Drinkwater ging nach achtern, legte die Hände auf die geschwungene Heckreling und sog die frische Luft gierig in die Lungen. Er konnte noch kein Anzeichen der Morgendämmerung erkennen. Das Schiff um ihn herum erwachte zum Leben. Die Zeisinge der Marssegel wurden gelöst und die Schoten klariert. Das Ankerspill begann zu knarren. Auf *Virago* gab es keinen Fiedler, deshalb sangen die Männer ein eintöniges Lied, den Takt dazu gab das gleichmäßige Klicken des Palls an. Das Ankerkabel kam nur langsam an Deck. Sie hatten nordöstlich des Sunk geankert und bisher im Schutz des Shipwash gelegen, aber jetzt begann *Virago* zu rollen, als sie mit der Ankertrosse aus dieser Abdeckung gezogen wurde. Langsam graute der Morgen im Osten. Drinkwater schüttelte den letzten Rest Schlaf ab und wandte sich nach vorne.

»Vorschiff, Achtung! Wohin zeigt die Leine?«

»Zwei Strich nach Backbord, langsam einwandernd.« Matchetts Stimme kam von der Back zurück. Drinkwater trommelte auf die Reling.

»Auf und nieder, Sir!«

»Anker aus dem Grund.«

»Marssegelfallen – Achtung! Hol weg, hol weg ... An die Backbordbrassen! Bewegung! Bewegung! Fier auf die Steuerbordbrassen, verdammt sollt ihr sein!«

Die Marssegel standen back, obwohl die Rahen noch nicht ihre richtige Stellung erreicht hatten. *Virago* begann, Fahrt über den Achtersteven aufzunehmen.

»Das Vorstengestagsegel back an Backbord, Mr. Matchett!«

Das Schiff begann zu drehen.

»Die Pinne nach Luv!«

»Mr. Rogers, mit Steuerbordbug auf Kurs NNE!«

Drinkwater überließ es Rogers, die Rahen zu trimmen und *Virago* auf dem neuen Kurs beständig zu machen. Vor der nächsten Mitternacht würden sie auf der Reede von Yarmouth sicher vor Anker liegen. Die Geräusche des Schiffes umgaben ihn; das Schlagen der Blöcke, das Knirschen des Ruders, das Klatschen der Segel und das Scheuern der Klotches zeugten davon, daß Rogers das Schiff auf dem nördlichen Kurs eintrimmte. Er überlegte, wie wohl die anderen Schiffe der Flottille die Nacht überstanden hatten. Wahrscheinlich war »Kommodore« Martin an diesem Morgen ein nervöser, von Zweifeln geplagter Mann. Der Gedanke amüsierte ihn zunächst, aber dann sah er vor seinem geistigen Auge Martin mit den anderen vorausgeeilten Schiffen in Yarmouth vor Anker liegen und ungeduldig auf ihn warten.

Virago nahm Fahrt auf, das Kielwasser begann unter dem Heck hervorzusprudeln. Instinktiv verlagerte er das Gewicht auf ein Bein und begann, auf der Luvseite der Poop hin und her zu wandern. Die

Wache kam nach achtern getrottet und heißte das Besansegel. Vier Männer waren nötig, um Klau- und Piekfall durchzusetzen.

»Kurs NNE liegt an, Sir.«

»In Ordnung, Sam, weitermachen!«

Rogers befahl Matchett, zum Stauen der Hängematten zu pfeifen. Die Routine hatte sie wieder. Drinkwater wanderte auf und ab und versuchte, einen Blick auf den Leuchtturm von Orfordness zu erhaschen; aber plötzlich wurde seine Aufmerksamkeit abgelenkt. Er bemerkte eine Unregelmäßigkeit in der Linie, die Himmel und Wasser im Norden trennte. Er suchte in der hinteren Rocktasche nach seinem Dollandglas.

»Mr. Rogers!«

»Sir?«

»Wie beurteilen Sie die Segel dahinten?« fragte Drinkwater, ohne das Glas sinken zu lassen. »Dort drüben, einen halben Strich an Backbord.«

Rogers hob sein Glas und schwieg einen Moment.

»Die Pieks sind sehr steil angetoppt«, murmelte er vor sich. »Es könnten Fischer aus Harwich sein, aber mit Sicherheit gehören sie nicht zu unserer Flottille, falls Sie das vermutet haben.«

»Nein, das habe ich keineswegs vermutet, Sam. Sehen Sie noch einmal genau hin!«

Rogers pfiff leise. Eines der sich nähernden Boote hatte Kurs geändert – etwas weiter nach Osten –, und beide wurden schnell größer.

»Lugger, bei Gott!«

»Und wenn ich mich nicht sehr täusche, auf dem Kriegspfad, Sam. Es sind französische Chasse-Marées, die uns für einen fetten, fröhlichen Handelsmann halten. Ich wette, daß sie die ganze Nacht im Schutz des Ness gelauert haben.«

»Die segeln Kreise um unsere Badewanne! Verdammt, und sie werden bis ans Schandeck voll Männer gestopft sein.«

»Und sie sind so handlich wie Yachten.« Drinkwater erinnerte sich an die beiden Heckgeschütze in seiner Kajüte und an die untrainierte Mannschaft. Er würde kämpfen müssen, denn die flinken Gegner waren nicht auszusegeln.

»Sofort halsen, Sam, sofort! Wir werden doch nicht so verrückt sein und es mit zwei Kaperschiffen aus Dünkirchen aufnehmen. Wir wollen uns um die Ecke der Sandbank verdrücken und dann mit voller Fahrt auf Harwich zuhalten.«

Rogers wandte sich dem Deck zu und fuhr zwischen die beschäftigten Männer in der Kuhl wie der Fuchs zwischen die Hühner. Drinkwater wog die Lage ab. Wenn er seinen Kurs beibehielt, würde er ohne jeden Zweifel ausmanövriert werden. Wenn er dagegen ablief, konnte er seine weitreichenden Geschütze einsetzen und außerdem die Lugger wahrscheinlich nahe genug herankommen lassen, um sie mit seinen Karronaden voll Blei zu pumpen. Wenn es ihm gelang, lange genug abzulaufen, also das Feuerschiff Sunk zu runden und Harwich zu erreichen, dann gab es eine gute Chance, daß die Freibeuter ihn in Ruhe ließen. Gegen überlegene Kräfte kämpften sie nicht gern, und vor Harwich lag ein Wachschiff.

Der Besan wurde wieder geborgen, bevor *Viragos* Heck durch den Wind ging. Drinkwater versuchte, das Zittern seiner Hände unter Kontrolle zu bringen. Rührte es mehr von seinem Fieber oder von seiner Aufregung her? Bedingt durch das Zwielicht des Morgens, waren die Lugger unerkannt so nahe herangekommen. Jetzt waren sie nur noch eine Meile entfernt. Rogers beschwor die Toppgäste, nicht auf den Rahen einzuschlafen.

»Bewegung! Bewegung, ihr räudigen Schufte! Wenn ihr nicht sofort aufhört, in der Nase zu bohren, landet ihr auf einer französischen Gefangenenhulk!«

Drinkwater stieß mit einem Seemann zusammen, der das Deck mit Sand bestreute. Er gab es auf, weiter den Feind zu studieren, und musterte die Segelstellung. Easton stand nun neben dem Rudergänger, er rieb sich immer noch den Schlaf aus den Augen.

»Wir laufen nach Harwich ab, sobald wir klar vom Shipwash-Sand sind, Mr. Easton. Setzen Sie bitte Kurs auf das Wachschiff ab.«

»Aye, aye, Sir.«

Mit jeder Minute wurde es heller. Drinkwater sah achteraus die langen, niedrigen Rümpfe, die zwei Masten mit ihrem achterlichen Fall und die enorme Segelfläche der Lugger. Er war sich keinesfalls sicher, wie das Ganze ausgehen würde. Die beiden Seewölfe kamen sehr schnell näher.

Drinkwater ging nach vorne. Rogers meldete ihm das Schiff klar zum Gefecht.

»Gut, Mr. Rogers. Sie übernehmen das Kommando über die beiden Heckgeschütze in meiner Kajüte. Wir müssen versuchen, ihnen so viel Schaden zuzufügen wie nur möglich, bevor sie im Nahbereich sind. Natürlich werden sie uns in die Zange nehmen wollen.«

Rogers und Easton nickten.

»Mr. Easton, Sie machen die Navigation. Von Zeit zu Zeit werde ich Sie bitten, den Kurs um etwa einen Strich zu ändern, damit wir die Heckgeschütze besser zum Tragen bringen.«

»Aye, Sir, verstehe.«

»Mr. Mason, Sie befehligen die Backbordbatterie, Mr. Q. übernimmt die an Steuerbord. Nach der ersten Breitseite geht es mit Schnellfeuer weiter. Mr. Rogers hat freie Feuererlaubnis.«

»Je eher desto besser.«

Drinkwater ignorierte Rogers' Unterbrechung.

»Alles klar, Gentlemen?«

Allgemeine Zustimmung. Drinkwater trat an die Querreling der kleinen Poop. Die Kuhlgasten waren mittschiffs in Gruppen geordnet worden, die Geschützbedienungen knieten an ihren Karronaden. Alles blickte gespannt nach achtern. Sie hatten noch nicht viel Zeit für Geschützexerzieren gehabt und mußten versuchen, das Beste aus der Situation zu machen.

»Männer, hinter uns kommen zwei französische Freibeuter auf. Gebt ihnen jede Menge Blei zu fressen, bevor sie uns zu nahe auf den Pelz rücken. Ihr wißt doch, ein Frosch mit Blei im Bauch kann keine Spanne weit springen...« Er machte eine Pause und wurde durch zaghaftes Gelächter belohnt. »Sollten sie trotzdem an Bord kommen, dann möchte ich euch mit Piken und Entermessern lebhaft bei der Arbeit sehen...« Wieder brach er ab und brachte ein wildes, blutrünstiges Grinsen zustande, wieder erklangen einige Hochrufe. Zufrieden nickte er. »Tut eure Pflicht, Männer!«

Zu den Offizieren gewandt, fuhr er fort: »Gentlemen, auf die Stationen!« Plötzlich stellte er fest, daß er noch unbewaffnet war.

»Tregembo, meinen Degen und die Pistolen, bitte!«

Er blickte sich um und sah mit Schrecken, daß die beiden Lugger viel näher gekommen waren. Der ihnen am nächste hielt auf *Viragos* Leeseite zu, ihr Backbord.

»Das wird knapp«, murmelte Drinkwater und versuchte, ein plötzliches Zittern zu unterdrücken, damit man es nicht für Angst hielt.

»Hier, Sir.« Tregembo reichte ihm seinen alten französischen Degen. Drinkwater nahm den langen Bootsmantel ab und legte ihn über Tregembos ausgestreckten Arm, dann schnallte er den Degen um und ergriff die beiden Pistolen.

»Ich habe die Zündhütchen überprüft, Sir, und neue Feuersteine eingesetzt.«

»Danke, Tregembo. Viel Glück.«

»Aye, Sir.«

Der Mann eilte mit dem Mantel unter Deck und war sofort wieder da, um die Pinne zu übernehmen.

Eine Fontäne stieg plötzlich neben dem Schiff auf, eine zweite lag weiter voraus.

»Wir sind in Reichweite, Sir«, meldete Easton neben ihm. »Sie müssen gute Neunpfünder an Bord haben.«

»Ja«, erwiderte Drinkwater wortkarg, da ihm durch den Kopf ging, daß sein eigenes Kommando von sehr kurzer Dauer sein konnte; außerdem mochten sich seine Ausgaben für *Virago* als Fehlinvestition erweisen. Das Bild der Festungen von Verdun oder Bitche stand unangenehm vor seinen Augen. Er fluchte leise vor sich hin, schimpfte auf sein Pech, das Fieber und das Warten.

Unter seinen Füßen fühlte er das Rumpeln, als Rogers die beiden Heckgeschütze ausrennen ließ. Flüchtig dachte er an die beiden Bilder, die dort unten hingen, aber als *Viragos* Kanonen aufbrüllten, war das alles vergessen.

Er konnte die Einschläge nicht beobachten. Jedenfalls war er sicher, daß Samuel Rogers sein Bestes gab. Beim vierten Schuß erschien im Besansegel des näheren Luggers ein Loch. Easton schlug zufrieden mit der rechten Faust in die flache Hand.

»Achten Sie bitte auf Ihre Navigation, Mr. Easton«, knurrte Drinkwater und registrierte den zerknirschten Gesichtsausdruck, als sich Easton fluchend dem Rudergänger zuwandte.

Der eine Lugger lief schnell auf, die Seitenpeilung wanderte immer schneller voraus.

»Einen Strich nach Steuerbord, Mr. Easton!«

»Aye, aye, Sir.«

Virago drehte ein wenig, und Rogers' beide Kanonen spuckten Feuer. Aufmerksam verfolgte Drinkwater die Schußbahn. Er meinte, im Mittschiffsbereich des Franzosen eine Wolke von Splittern gesehen zu haben, dann stand plötzlich Mason neben ihm.

»Verzeihung, Sir, aber ich kann die hinteren Backbordkanonen schon zum Tragen bringen, Sir!«

In diesem Augenblick eröffnete der Gegner das Feuer. Ein Pfeifen war in der Luft, dann jaulten Kugeln und Kartätschen über *Viragos* Deck. Schreie waren zu hören, und das erste helle Blut floß.

»Sehr gut, Mr. Mason . . .« Aber Mason war weg, er lag schweigend an Deck und zuckte mit den Gliedern, sein Gesicht war schmerzverzerrt.

»Achtung, ihr da! Bringt Mr. Mason unter Deck! Dann sagen Sie Mr. Q, daß er beide Batterien übernehmen muß!«

Seine Worte gingen unter in einem lauten Knacken über seinem Kopf und in der nächsten Salve des Gegners. Die Großrah war getroffen worden und wippte nun gefährlich hin und her.

»Großsegel bergen, Mr. Easton! Lassen Sie auch das Marssegel wegnehmen!«

Die Männer waren schon an den Fallen und Schoten. Matchetts Bambusstöckchen tanzte über so manchen Rücken, als er die Kuhlgang an die Geitaue und Gordings dirigierte. Dabei gab er einen endlosen Strom ausdrucksvoller und bildhafter Flüche von sich. Als die Karronaden Feuer eröffneten, verlangsamte sich *Viragos* Fahrt. Der leewärtige Lugger schoß heran. An der Reling blitzten Piken und funkelten Degen.

»Entermannschaft!« brüllte Drinkwater, als die beiden Schiffe aneinanderklappten. Ein Draggen hakte sich hinter die Reling, Drinkwater zog seinen Degen und hieb den Tampen durch. Er sah, daß die Männer, die Mason wegtragen wollten, ihn fallen ließen und nach den Entermessern griffen.

»Auf sie!« schrie Drinkwater in plötzlicher Wut. Die Franzosen quollen über die Reling. Sein Degen hieb nach links und rechts, ihm schien, daß er ein halbes Dutzend Feinde vor sich hatte. Er zog eine Pistole und schoß einen Gegner durch die Stirn, dann sah er nur noch blitzende Klingen, die vor seinem Gesicht funkelten, und fühlte die Anstrengung im Arm, wenn Stahl auf Stahl traf. Der Atem brannte in seiner Kehle, und das Fieber benebelte seine Sinne, deshalb dauerte diesmal der Anfall nackter Mordlust länger, aber schließlich überkam ihn doch wieder die kühle Klarheit des Kämpfers, die ein Erbteil des Menschen aus atavistischer Vorzeit ist. Die lange Wartezeit mit ihrer schrecklichen Ungewißheit war vorüber. Die Erkenntnis, daß er die ersten schrecklichen Sekunden des Ansturms unverletzt überstanden hatte, gab ihm ungeahnte Kräfte. Er war von der außergewöhnlichen nervösen Energie erfüllt, über die man nur im Fieber verfügt. Dämonische Kräfte schienen von ihm Besitz ergriffen zu haben, die Klinge sang in seiner Hand. Er fühlte eine wilde, böse Lust an der Schlächterei, die er veranstaltete.

Er merkte nicht, daß ihm Tregembo und Easton zu Hilfe kamen. Er hatte James Quilhampton vergessen, der unter ihm Schuß auf Schuß in den französischen Lugger jagte. Er nahm nicht wahr, daß Rogers mit der Steuerbordgeschützmannschaft an Deck erschien, die es geschafft hatte, den anderen Lugger zu entmasten. Er bemerkte nicht, daß Quilhamptons Bemühungen Erfolg zeigten; die unablässigen Einschläge der Karronaden hatten den anderen Gegner schlimm durchlöchert. Der französische Kommandant mußte feststellen, daß er sich übernommen hatte, und wollte sich schleunigst zurückziehen. Nat wußte auch nicht, daß die Besatzung von dem Anblick ihres barhäuptig kämpfenden Kommandanten angestachelt wurde. Der stand mit einem Fuß auf der Reling und hackte mörderisch um sich wie ein leibhaftiger Teufel.

Drinkwater merkte erst, daß es vorbei war, als kein Franzose mehr da war, den er umbringen konnte und als sich der Wasserstreifen zwischen den Schiffen schnell verbreiterte. Schwer atmend blickte er auf seinc zitternden Hände hinab. Sein rechter Arm war bis zum Ellbogen blutüberströmt. Er war völlig fertig. Er sah, wie der Gegner mit killenden Segeln achteraus sackte; er lag tief im Wasser und schien schnell zu sinken. Mehrere Männer schwammen in der Nähe, wahrscheinlich waren es jene, die *Virago* zu spät verlassen hatten. Schwankend schaute er nach dem anderen Lugger aus. Der hatte seinen Fockmast verloren, die Mannschaft ruderte ihn zu den versinkenden Kameraden hinüber.

Um ihn herum erklangen Hochrufe. Die Männer brüllten und lachten, alle waren blutig, überall lagen Tote und Verwundete. Rogers kam auf ihn zu und strahlte über das ganze Gesicht. Plötzlich erklangen an Steuerbord weitere Hochrufe. *Virago* passierte den rotgestrichenen Rumpf des Feuerschiffs Sunk, dessen Mannschaft begeistert winkte. Die große Flagge von Trinity House wurde gedippt.

»Die Halunken drücken sich schon seit drei Tagen hier herum«, hörte er den Kapitän rufen, als sie vorbeiglitten.

»Wir haben ihnen eine Lektion erteilt«, sagte Rogers, als es wieder ruhiger geworden war. Drinkwaters Kopf wurde klarer. Er merkte, daß er am ganzen Körper zitterte, und brachte nur ein dünnes Lächeln zustande. Die Mannschaft und das Schiff hatten die Prüfung bestanden, der Bund war mit Blut besiegelt. Aber jetzt war erst einmal das halb aufgegeite Großsegel zu bergen, das Marssegel mußte gesichert und die Großrah geschäftet werden.

»Wollen wir umkehren und sie als Prise nehmen?« fragte Rogers hoffnungsvoll.

»Nein, Sam, Kapitän Martin würde so eine Dummheit gar nicht gefallen. Lassen Sie Kurs nach Yarmouth absetzen, wir müssen jetzt durch den Shipway. Die Lugger werden das Feuerschiff nicht belästigen, außerdem haben sie genug eigene Probleme. Mr. Easton, legen Sie bitte den Kurs so, daß wir Orfordness klar passieren. Mr. Willerton soll sich um die Rah kümmern, und bringt um Gottes willen den armen Mr. Mason zum Doktor!«

Drinkwater mußte sich an der Reling festhalten, sonst wäre er über Bord gestürzt. Er fühlte ein übergroßes Verlangen, unter Deck zu gehen, aber eine letzte Pflicht war noch zu erledigen.

»Mr. Q!«

»Sir?«

»Bringen Sie bitte unverzüglich die Verlustliste in meine Kajüte!«

TEIL ZWEI

SIR HYDE PARKER

Wenn Sie uns nur sehen könnten! Ich habe von den Manövern vor Ushant gehört, aber die unseren übertreffen alles bisher Dagewesene. Ich wollte, es wäre vorüber, es macht mich richtig krank!

Nelson, im März 1801

Achtes Kapitel

Februar – März 1801

Der Gesetzlose

»Haltet ihn fest!« befahl Lettsom. Seine Helfer bemühten sich, Mason auf dem Kajüttisch festzuhalten. Laternen beleuchteten die Szene. Lettsom, in Hemdsärmeln, beugte sich wieder vor, seine Schürze war schwarz vor Blut.

Trotz der verabreichten Opiummenge zuckte Mason, als der Arzt seinen Unterleib untersuchte. Das geschwollene Fleisch klaffte blutig auseinander, wo der Splitter eine zackige Wunde hinterlassen hatte.

Drinkwater trat einen Schritt zurück und lehnte sich gegen das Schott. Seit dem morgendlichen Gefecht hatte er fünf Stunden geschlafen und sich gegen das Fieber mit einer halben Flasche Rotwein gewappnet. *Virago* lag jetzt sicher im Hafen von Yarmouth vor Anker. Ringsherum schwojte eine wachsende Schiffsansammlung, die zum einen Teil zur Ostsee-Expedition, zum anderen aber zu Admiral Dicksons Texelgeschwader gehörte. Drinkwater fühlte sich besser. Die Abwesenheit der *Explosion* verstärkte noch dieses Gefühl.

Mason war der letzte Schwerverwundete, um den sich Lettsom kümmerte. Ein Seemann hatte einen Arm verloren, ein weiterer hatte wie Mason schwere Splitterverletzungen erlitten. Acht andere hatten nur leichte Wunden, aber vier Männer waren tot. Die sieben toten Franzosen, die sie an Bord gefunden hatten, waren bei Lowestoft unzeremoniell über Bord geworfen worden.

Lettsom hatte Mason erst in der relativen Ruhe des Ankerplatzes operieren wollen. Er wußte, daß der lange Eichensplitter nur unter diesen Bedingungen einigermaßen erfolgversprechend zu beseitigen sein würde.

Drinkwater sah gespannt zu. Er ahnte, daß Lettsom Schwierigkeiten haben würde. Es lag in der Natur dieser Splitter, daß sie an den Enden zerfaserten, und diese Fasern wirkten wie kleine Widerhaken, die außerdem noch Kleiderfetzen mit in die Wunde zogen. Die Wahrscheinlichkeit einer sauberen, vollständigen Entfernung war deshalb sehr gering. Lettsoms verzerrtes Gesicht und der Schweiß auf seiner Stirn waren Beweise für seine Konzentration.

Lettsom zog die Sonde zurück und führte eine dünne Pinzette ein, aufseufzend zog er dann einen Holzspan heraus. Er hob ihn unter die Lampe und untersuchte ihn eingehend. Drinkwater sah, wie er schluckte und einen Moment die Augen schloß. Er war also nicht erfolgreich gewesen. In einer verzweifelten Geste fuhr er sich mit der Hand über den Mund, eine blutige Spur blieb zurück, dann sanken seine Schultern hilflos herab.

»Legt ihn in meine Koje«, befahl Drinkwater, der erkannte, daß jede unnötige Bewegung Mason töten konnte.

Lettsom blickte ihm in die Augen und schüttelte den Kopf. Die beiden Männer blieben regungslos stehen und sahen zu, wie die beiden Helfer Kompressen auf die Wunde legten und Mason dann in die Koje hievten. Lettsom wusch sich die Hände und nahm die Schürze ab, während seine Helfer den Tisch aufklarten, die fürchterlichen Instrumente säuberten und verstauten. Drinkwater goß Rum in zwei Wassergläser und reichte eines dem Arzt. Der ließ sich in einen Sessel fallen und trank es mit einem Zug aus.

»Der Splitter ist abgebrochen.« Müde fuhr er fort: »Er hatte keine lebenswichtigen Blutgefäße verletzt, so daß ich eine Chance sah, ihn am Leben zu erhalten. Es war ein kleines Wunder, Mr. Drinkwater, aber ich habe versagt.«

»Sie haben Ihr Bestes gegeben, Mr. Lettsom. Keiner von uns kann mehr tun.«

Lettsom blickte auf, in seinen Augen blitzte Ärger.

»Es war nicht genug, Mr. Drinkwater, es war einfach nicht genug.«

Drinkwater mußte an den frechen Vierzeiler denken, mit dem sich der Mann vorgestellt hatte. Lettsom hatte jetzt bestimmt einen sehr bitteren Nachgeschmack im Mund. Er beugte sich vor und füllte die Gläser wieder. Die Wirkung des Alkohols verstärkte sein Bedürfnis nach Gesellschaft.

»Sie haben Ihre Pflicht getan . . .«

»Ach was, Pflicht! Wir neigen dazu, unsere Unzulänglichkeiten hinter hohlen Phrasen zu verstecken. Tatsache ist, daß ich versagt habe. Vielleicht sollte ich so lange im Bauch des armen Burschen herumsondieren, bis er mir unter den Händen wegstirbt!«

»Man kann nicht das Unmögliche erwarten, Mr. Lettsom.«

»Nein, natürlich nicht, aber ich wünschte mir doch, besser helfen zu können. Er wird auf jeden Fall sterben, aber vielleicht kommt er noch einmal so weit zu sich, daß er seinen Frieden mit der Welt machen kann.«

Drinkwater nickte und blickte auf das Bündel nieder, das in seiner Koje lag. Er fühlte ein leichtes Summen in den Ohren; das Fieber machte ihm zwar nicht mehr zu schaffen, aber er meinte, einen Zoll über dem Sessel zu schweben.

»Ich glaube übrigens nicht daran, daß ein Mann seine Seele nur mit Hilfe eines Priesters auf die letzte Reise vorbereiten kann, Mr. Drinkwater«, fuhr Lettsom fort und goß sich ein weiteres Glas ein. »Ich weiß nicht, ob es ein allmächtiges Wesen über uns gibt. Ein Mensch besteht aus Eingeweiden, die in einem Hautsack vernäht sind. Kein Anatom hat bis jetzt die Seele und den göttlichen Funken gefunden.« Er deutete mit dem Kopf in Richtung Koje. »Sehen Sie nur, wie schnell er verlöscht. Was meinen Sie, wie viele Teilchen des Allmächtigen er enthält, obwohl er jetzt verlöscht wie eine billige Kerze?«

»Sie sind dafür nicht verantwortlich, Mr. Lettsom«, entgegnete Drinkwater energisch. »Die Lugger...«

»Diese Lugger sind nur ein Symbol für die Schlechtigkeit der Menschheit. Worum geht es denn in diesem verdammten Krieg? Der König von Dänemark ist verrückt, Gustav von Schweden ist verrückt, Zar Paul ist ein gefährlicher, krimineller Wahnsinniger; alle diese Geisteskranken hetzen ihre Völker gegen uns! Und weshalb, um Gottes willen, fahren wir los, um die Dänen, Schweden und Russen für die verrückten Ambitionen ihrer Könige zu bestrafen? Ich werde Ihnen sagen, warum: Weil auch unser über alles geliebter Georg nicht alle Tassen im Schrank hat, wie man hört.« Lettsom tippte sich vielsagend an die Schläfe. »Man kann sehr schön über die Vorsehung philosophieren, oder wie immer Sie es nennen wollen, solange man den Bauch nicht voller Splitter hat. Aber wenn es erst so weit ist, was bleibt dann?«

Er schwieg, und auch Drinkwater sagte nichts. Er konnte die These, daß alles letztlich sinnlos war, nicht akzeptieren. Sie waren beide betrunken, auch wenn sie sich in diesem hellsichtigen Stadium befanden, das ebenso schnell verging, wie es eintrat. In diesem Moment der Hellsichtigkeit fühlte sich Drinkwater als der größte Feigling.

»Vielleicht«, fuhr Lettsom schließlich fort, »vielleicht haben sich die Franzosen einen guten Dienst erwiesen, als sie König Ludwig umbrachten. So wie wir es damals mit Karl I. gemacht haben. Nur schade, daß wir die Republik wieder durch eine Monarchie ersetzt und uns dem Humbug der parlamentarischen Intrigen unterworfen haben.«

»Sie sind wohl ein Bewunderer der amerikanischen Rebellen?«

Der Arzt warf dem jüngeren Mann einen schlauen Blick zu. »Würden Sie es nicht begrüßen, wenn jeder nach seinen Fähigkeiten befördert würde und nicht nach dem Einfluß, den er durch seine Geburt genießt, Mr. Drinkwater?«

»Sie reden wie ein Gleichmacher. Ihr Ärzte habt eine einzigartige Position inne gegenüber dem Rest der Menschheit. Ähnlich den Priestern besitzt ihr einen großen moralischen Bonus; wenn ihr das Messer wetzt, haftet euch der Hauch der Unfehlbarkeit an...«

»Die moralische Überlegenheit fällt jedem leicht, der ein Glas in der Hand hält...«

»Aye, Mr. Lettsom, und wenn wir morgen früh aufstehen, wird die Welt dieselbe sein wie heute nacht: in jeder Beziehung unvollkommen, aber trotzdem merkwürdig schön und voll verborgener Wunder, aber auch brutal und hart, mit Schlachten, die geschlagen werden müssen, und Stürmen, denen man trotzen muß. Nirgends steckt so viel Ehrlichkeit wie in der Mündung einer Kanone. Könige und ihre Ambitionen sind nur ein Abbild der Turbulenzen dieser Welt. Von Ihnen als Wissenschaftler habe ich eigentlich erwartet, daß Sie Newtons drittes Gesetz kennen. Es deckt die ganzen Aktivitäten der Menschheit ab, Mr. Lettsom, und es ist kein Hinweis auf eine friedliche Existenz.«

Lettsom blickte Drinkwater erstaunt an.

»Ich wußte gar nicht, daß ich von einem Philosophen kommandiert werde, Mr. Drinkwater.«

»Ich habe diese Kunst von einem Schiffsarzt gelernt, Mr. Lettsom«, erwiderte Drinkwater trocken.

»Ihre Berichtsbücher, Mr. Q.« Drinkwater streckte die Hand nach den gebundenen Heften aus. Er öffnete das erste und überflog die Seiten. Die Handschrift war groß und ungelenk, die Seiten waren durch Feuchtigkeit gewellt.

»Sie wurden vom Wrack der *Hellebore* gerettet, Sir«, erklärte der Fähnrich.

Drinkwater nickte, ohne aufzusehen; er verdrängte die Bilder, die wieder in seiner Erinnerung auftauchen wollten, und griff nach einem späteren Buch. Die Handschrift war reifer, die Eintragungen waren kürzer und weniger lyrisch, aber professioneller. Da und dort war eine Skizze eingefügt. Drinkwater lächelte zustimmend, als er einen noch unfertigen Artikel über Mörser fand.

»Warum ist das noch nicht fertig, Mr. Q?«

»Mr. Tumilty hat uns verlassen, bevor ich alle Einzelheiten aus ihm herausgeholt hatte, Sir.«

»Verstehe. Wie würden Sie Fässer stauen, Mr. Q?«

»Spundloch nach oben, Bilge frei zugänglich, Sir.«

»Ein Schiff steht nördlich des Äquators. Sie wollen die Mittagsbreite berechnen. Die Deklination der Sonne ist Süd, die Mittagshöhe ist korrekt zur Zenitdistanz umgerechnet worden. Wie bringen Sie die Zenitdistanz an die Deklination an?«

»Dic Deklination muß von der Zenitdistanz abgezogen werden, damit ich die Breite erhalte, Sir.«

»Ein Schiff segelt auf Steuerbordbug am Wind, der Wind kommt aus Südwest, die Sicht ist schlecht, Sie sind Wachhabender und bemerken, daß in Luv die Sicht besser wird, die Wolkendecke aufreißt. Was erwarten Sie, und welche Maßnahmen würden Sie ergreifen?«

»Das Schiff könnte sich festsegeln, da der Wind nach Nordwesten umspringen wird. Ich würde den Rudergänger anweisen, einen Strich weiter abzufallen, als es bei dem noch herrschenden Wind nötig wäre.«

»Unter welchen Voraussetzungen können Sie das nicht tun?«

Quilhamptons Stirn wurde nachdenklich, er zog die Unterlippe zwischen die Zähne.

»Nun, Mr. Q? Gleich bläst *Ihnen* der Wind ins Gesicht, Sir!«

»Ich . . . äh.«

»Na los, unter welchen Umständen können Sie nicht zulassen, daß Höhe verschenkt wird? Strengen Sie Ihre Phantasie etwas an!«

»Wenn in Lee Gefahren lauern«, erwiderte Quilhampton erleichtert.

»Was würden Sie dann veranlassen?«

»Eine Wende, Sir.«

»Sie haben zu lange gewartet, das Schiff geht nicht mehr durch den Wind . . .«

Drinkwater sah eine dünne Schweißschicht auf der Stirn des Fähnrichs erscheinen. Die Bücher unter Drinkwaters Händen lieferten genug Beweis für die Phantasie Quilhamptons, der sich jetzt bestimmt im Geiste auf seinem imaginären Achterdeck stehen sah.

»Ich lasse den Kommandanten rufen?« fragte Quilhampton hoffnungsvoll.

»Der Kommandant ist außer Gefecht gesetzt, und Sie sind Erster Offizier, Mr. Q. Sie müssen sich schon selbst etwas einfallen lassen.«

»Halsen und auf Backbordbug freisegeln, Sir?«

»Vielleicht noch etwas?« Drinkwater blickte den Fähnrich fest an. »Was bleibt, wenn das Freisegeln nicht gelingt?«

»Ankern, Sir!«

»Endlich! Vergessen Sie niemals die Vorzüge des Ankers, Mr. Q. Sie können einen Anker verlieren und brauchen nicht vor ein Kriegsgericht; aber wenn Sie Ihr Schiff verlieren, sieht das ganz anders aus. Ein vorsichtiger Seemann, der unter den geschilderten Umständen die Befürchtung hegt, daß er in untiefem Wasser wenden muß, wird seinen Anker klar halten, damit er das Schiff mit dem Backbordanker herumreißen kann. Wie würden Sie das Manöver durchführen?«

Quilhampton schluckte, sein großer Adamsapfel hüpfte auf und ab. »Das kann ich nur in groben Zügen, Sir.«

»Finden Sie es umgehend im Detail heraus! Nun etwas anderes: Wie werden die Bramsegel gesetzt?«

»Zuerst wird die Rahe geriggt und das Geschirr vorbereitet, dann werden die Fallen und Halsniederholer angeschlagen.« Quilhampton betete den Ablauf des Manövers wie eine Litanei herunter.

Drinkwater grinste, die Worte kamen ihm bekannt vor.

»Sehr gut, Mr. Q. Wegen des Todes von Mr. Mason befördere ich Sie hiermit zum Steuermann auf Zeit. Sie werden Masons Pflichten übernehmen. Bitte packen Sie Ihre Bücher wieder ein.«

Drinkwater winkte ab, als Quilhampton ihm danken wollte.

»Sie werden mir nicht mehr dankbar sein, wenn die Arbeit zermürbend wird oder ich mit Ihren Leistungen unzufrieden bin. Gehen Sie jetzt, und überlegen Sie, wie man ein Schiff mit Hilfe des Ankers durch die Wende bringen kann.«

Als er allein war, widmete Drinkwater sich wieder der Arbeit, die er nur zu gern unterbrochen hatte, als Quilhampton zur Prüfung angetreten war. Er begann zu schreiben:

Verehrter Herr!
Es ist meine traurige Pflicht, Ihnen zu meinem größten Bedauern mitteilen zu müssen, daß Ihr Sohn gefallen ist...

Im Lauf der nächsten zwei Tage liefen auch die *Explosion* und der Rest der Flottille auf der Reede von Yarmouth ein. Die meisten anderen Mörserschiffe waren nach Lee abgetrieben worden. Martin nickte bloß, als Drinkwater ihm seinen Bericht vorlegte. Die Flotte wartete, währen die Offiziere eifrig die Zeitungen studierten, um die Absichten der Regierung in der Ostseekrise zu erraten.

Mehrere britische Offiziere, die in der russischen Marine gedient hatten, kehrten nach England heim, und einer davon erschien auch in Yarmouth. Er hieß Nicholas Tomlinson, war Kapitän und nach dem Krieg gegen Amerika auf Halbsold gesetzt worden. Deshalb hatte er zur gleichen Zeit bei den Russen gedient wie der Amerikaner John Paul Jones. Er bot Admiral Parker, der komfortabel mit seiner jungen Frau im Wrestler's Inn residierte, seine Dienste an. Doch Parker weigerte sich, Tomlinson zu empfangen.

Weder von Parker noch von London kamen Befehle. Das war das beherrschende Thema für die Offiziere der *Virago*, als sie in Abwesenheit ihres Kommandanten aßen.

»Leutnant Drinkwater will versuchen, Neues von Martin oder sonst jemandem zu erfahren«, erklärte Rogers, der den Vorsitz am Tisch übernommen hatte.

»Wie ich hörte, hat sich der König am Nationalen Fastentag eine schwere Erkältung zugezogen«, sagte Mr. Jex.

»Am Nationalen Farcentag«, korrigierte Rogers sarkastisch.

»Soll sich um eine Erkrankung des Kopfes handeln«, ergänzte der Arzt mit Betonung.

»Wir können es wenden, wie wir wollen. Auf jeden Fall müssen wir warten, bis entweder der neue Premierminister in sein Amt eingeführt ist oder Parker sich entschlossen hat, sein Bett zu verlassen«, gab Easton seinen Senf dazu.

»Wenn man so alt ist wie Parker, dauert es bestimmt eine Weile, bis man aus dem Bett seiner neuen jungen Frau hochkommt«, fügte Lettsom hinzu, der es vorzog, den Admiral aufs Korn zu nehmen.

»In Parkers Alter dauert es eine Weile, bis man ihn hochbekommt«, Rogers grunzte rüde.

»Ich frage mich, wer dabei wen fertigmacht. Es scheint mir ein sehr ungleicher Kampf zu sein: achtzehn Jahre gegen vierundsechzig!«

»Erfahrung gegen Enthusiasmus.«

»Eher Impotenz gegen Ignoranz. Doch wartet, ich fühle, daß mich die Muse küßt: Der Admiral schießt nicht so schnell, auch nicht bei seiner Frau im Bett. Von der bekommt er schon sein Fett, wer aber gerbt den Dänen das Fell?«

Beifall brandte auf, alle bewunderten die Verse des Doktors.

»Trotzdem würde ich widersprechen, wenn Sie die junge Dame als Ignorantin bezeichnen«, setzte Rogers das Gespräch fort, als das Gelächter verebbte. »Parker war Kommandierender Admiral in Westindien. Er ist der wohlhabendste Admiral der Flotte, sein Vermögen wird auf hunderttausend Pfund geschätzt. Sie muß es nur ein paar Jahre mit dem grunzenden Alten im Bett aushalten, dann fällt ihr der ganze Reichtum in den Schoß. Der Preis scheint mir den Einsatz wert zu sein. Ich trinke auf Lady Parker. Es gibt bestimmt viele Männer, die aus ähnlichen Gründen heiraten, nicht wahr, Mr. Jex?« Rogers grinste den Zahlmeister an.

Jex warf dem jungen Leutnant einen giftigen Blick zu. Sein Verhalten während des Gefechts mit den Luggern war nicht gerade heroisch gewesen. Deshalb fürchtete er den Spott der Offiziere.

»Ach, ich verstehe! Mr. Jex hat bisher seine Siege immer zwischen den Bettüchern errungen, deshalb hat er sich letztens zwischen den Segeln verkrochen!«

Brüllendes Gelächter war die Antwort. Denn nach dem Gefecht hatte man Jex zwischen den Reservesegeln im Unterdeck gefunden.

»Mr. Rogers, Sie sind ungerecht. Aus gut unterrichteter Quelle weiß ich, daß Mr. Jex dort unten nach seiner Ehre gesucht hat.« Lettsom setzte noch einen Spruch drauf, und Jex stürmte mit hochrotem Kopf aus der Kajüte.

»Herein, Mr. Q, was gibt es?« Drinkwaters Stimme klang müde.

»Entschuldigung, Sir, aber der Vizeadmiral läuft ein!«

Drinkwater blickte auf. Die Augen des jungen Mannes funkelten feurig. »Lord Nelson, Sir!« setzte er begeistert hinzu.

Drinkwater konnte sich dem ansteckenden Enthusiasmus Quilhamptons nicht entziehen. »Danke, Mr. Q«, entgegnete er lächelnd. Der Held vom Nil übte eine magische Anziehungskraft auf die jungen Offiziere aus. Drinkwater erinnerte sich an ihr kurzes Zusammentreffen in Syrakus. Damals hatte er diesen Enthusiasmus in der ganzen versammelten Flotte gespürt. Was für ein Unterschied zu dem Geist der hier Versammelten! Drinkwater seufzte. Aber der Skandal mit Lady Hamilton, der dem Sieg von Abukir folgte, hatte danach viele Gleichgestellte verächtlich auf Nelson herabblicken lassen.

Drinkwater war die Lust an seinem Papierkram vergangen. Er wickelte sich einen Schal um den Hals, warf den Mantel über und gesellte sich zu den Männern auf *Viragos* Deck, die den kleinen Admiral mit begeisterten Hochrufen empfingen.

Das Linienschiff *St. George* hatte an den Seiten drei gelbe Streifen und führte am Vormast eine blaue Flagge. Zwei weitere Kriegsschiffe folgten ihm. Kaum waren die Anker gefallen, begannen die Geschütze den Ehrensalut für Parkers Flagge zu schießen, die auf der mit 64 Kanonen bestückten *Ardent* wehte, weil sein eigentliches Flaggschiff noch nicht angekommen war. Parker wohnte immer noch sehr bequem im Wrestler's Inn. Diese Tatsache mußte sich bei Nelson sehr schnell herumgesprochen haben, denn sein Boot setzte sich bald zum Anlegesteg in Bewegung. Später ging das Gerücht um, daß sich Parker geweigert hätte, schon bei ihrem ersten Zusammentreffen den Flotteneinsatz zu besprechen; aber ansonsten wäre der Oberkommandierende sehr herzlich gewesen.

Obwohl Nelson anscheinend Kopf und Herz an Emma Hamilton verloren hatte, konnte *er* Liebe und Pflicht trennen. Schnell wurde in der Flotte bekannt, daß seine Kritik an Parker offen, pornographisch und ätzend gewesen war. Nelsons Abneigung verbreitete sich wie ein Buschfeuer, überall hörte man obszöne Witze, natürlich besonders unter den einfachen Matrosen, die im kalten Wind warteten und in ihren zugigen Geschützdecks zitterten, während Sir Hyde Parker es sich am warmen Kaminfeuer seines Schlafzimmers gutgehen ließ.

Die letzten Vorbereitungen für das Auslaufen der Flotte waren beendet. Nahezu achthundert Mann des 49. Infanterieregmiments mit einer Kompanie Jäger hatten sich unter dem Kommando von Oberst Stewart eingeschifft. Elf ehemalige Kapitäne aus der Ostseefahrt und alle Mitglieder des Trinity House aus Kingston-upon-Hull waren dazugestoßen; sie sollten die Schiffe durch die Gefahren der Ostsee lotsen. Am Montag, dem 9. März, traf Parkers Flaggschiff, die *London*, ein. Seine Flagge wurde um acht Uhr am nächsten Morgen mit großem Zeremoniell darauf gesetzt, aber der Admiral blieb an Land.

Später am Tag kam ein Bote der Admiralität an. Er überbrachte einen förmlichen Befehl, der Parker zum Auslaufen drängte. Der ließ sich aber nicht drängen. Seine Frau hatte für den kommenden Freitag einen Ball arrangiert, und um seine liebe Fanny nicht zu enttäuschen, verschob Parker das Auslaufen der Flotte bis nach diesem Ereignis.

An diesem Abend erhielt auch Leutnant Drinkwater eine Nachricht, die auf ein zerknülltes Stück Papier gekritzelt war:

Nathaniel!
Ich bitte dich, komm heute abend um acht an Land. Ich muß dich ganz dringend sprechen und beschwöre dich, mir diese Bitte nicht abzuschlagen. Ich werde an der Westseite der Yare-Fähre warten.
Ned.

Das Wort »dringend« war dick unterstrichen. Drinkwater blickte den Schauermann an, der ihm die Notiz überbracht hatte. Der Mann hatte es abgelehnt, die Nachricht an Mr. Quilhampton zu übergeben, deshalb stand dieser demonstrativ mißtrauisch hinter dem Zerlumpten.

»Der Mann hat darauf bestanden, daß ich es Ihnen persönlich übergebe«, erklärte er mit seinem lispelnden Norfolk-Akzent.

»Was machte der Mann für einen Eindruck?«

»Nun, ich würde sagen, es war ein Dienstbote, Sir, sicher kein Gentleman wie Sie, Sir. Obwohl er freigiebig mit Ihrem Geld war...«

Die Anspielung war deutlich. Drinkwater griff in die Tasche und gab dem Mann ein paar Münzen, dann entließ er ihn.

»Mr. Q, halten Sie bitte in einer Stunde mein Boot klar.«

»Aye, aye, Sir!«

»Mr. Quilhampton, kein Wort über diesen Zwischenfall – zu niemandem!«

Er fixierte Quilhampton mit finsterem Blick. Wenn Edward innerhalb weniger Wochen so heruntergekommen war, dann mußte es nicht jeder wissen.

Ein bitterkalter Ostwind blies über das flache Land südlich der Stadt. Im Dörfchen Gorleston auf der anderen Flußseite waren ein paar Lichter zu sehen. Drinkwater stieg aus der Fähre. Die Dunkelheit hatte sich früh über das Land gesenkt. Wegen des kalten Windes hatte er sein Boot bis zum nächsten Morgen zurückgeschickt. Der Brief hatte ihn bereits eine halbe Guinee gekostet, nun sah es so aus, als käme dazu noch das Geld für eine Übernachtung. Bruderliebe schien sich als ein kostspieliger Luxus zu erweisen, als auch noch der Fährmann die Hand aufhielt; beinahe hätte er den Penny für die Überfahrt vergessen.

Langsam kletterte er das Ufer hinauf, die anderen Passagiere überholten ihn rasch. Er sah niemanden warten. Dann löste sich ein Schatten aus einem großen Busch nahe am Ufer.

»Verdammt, Ned, bist du das?«

»Pst, um Himmel willen, leise...«

»Was zum Teufel treibst du hier?«

»Ich muß dich sprechen...« Edward trat aus dem Schatten. Er trug einen dunklen Mantel, darunter leuchtete ein helles Hemd. Sein Haar war ungekämmt und wehte um sein Gesicht. Sogar in dieser Dunkelheit konnte Drinkwater seinen heruntergekommenen Zustand erkennen. Er sah wirklich aus wie ein Dienstbote.

»Worum geht es?«

»Langsam, Nat, erspare mir weitere Fragen. Ich stecke tief im

Dreck, richtig tief, bis zum Hals . . .« Edward schauderte, ob vor Kälte oder vor Angst, das war nicht zu erkennen.

»Raus damit. Ich habe nicht die ganze Nacht Zeit.« Das war zwar gelogen, aber er wollte es endlich wissen. »Geht es wieder um Geld, Edward?«

»Nein, ich habe den Rest noch bei mir. Es ist zwar nicht viel, aber . . . Nat, ich bin am Ende!«

Drinkwater fuhr herum. »Du willst doch nicht sagen, daß du die zweihundertfünfzig Pfund schon durchgebracht hast? Mehr bekommst du von mir nicht!«

»Nein, Nat, es geht nicht um Geld.«

»Worum dann, zum Teufel?«

»Kannst du mich auf dein Schiff nehmen? Mich an Bord verstecken? Bringe mich irgendwo außer Landes, ich spreche fließend französisch. Um Himmel willen, Nat, du bist meine einzige Hoffnung, ich bitte dich . . .«

Drinkwater hielt an und wandte sich seinem Bruder zu.

»Komm zur Sache, Ned!«

»Ich werde von der Polizei gesucht, wegen eines Kapitalverbrechens. Nat, wenn man mich fängt, dann . . .« Er brach ab. »Als ich hörte, daß sich die Schiffe hier sammeln, und als ich bei meiner Ankunft auch die *Virago* draußen ankern sah, da dachte ich – da hoffte ich . . .«

»Was wirft man dir vor?« fragte Drinkwater; eine eisige Hand schien sich um sein Herz zu legen, noch ehe er die Antwort hörte.

»Mord!«

Ein langes Schweigen stand zwischen den beiden Brüdern. Schließlich fragte Drinkwater: »Wie ist es passiert?«

»Ich habe dir doch von dieser Pascale erzählt?«

»Aye, das hast du.«

»Ich habe sie mit dem verdammten Marquis im Bett erwischt.«

»Wen hast du umgebracht?«

»Beide.«

»Du lieber Himmel!«

Drinkwater wich ein paar Schritte zurück. Tausend Gedanken gingen ihm durch den Kopf. Sein ausgeprägter Gerechtigkeitssinn sagte ihm, daß sein Bruder an den Galgen gehörte. Dann tauchte die Erinnerung an seine Mutter auf und die Vorstellung, was Elizabeth und die Kinder später dazu sagen würden. Er mußte eine Entscheidung treffen. Edward war schuldig und mußte seine Strafe bekommen, aber er war auch sein Bruder. Wenn er ihn deckte, wurde er zum

Mitwisser. Andererseits – wenn Edward hingerichtet wurde, war auch seine eigene Karriere ruiniert. Er fluchte mit zusammengebissenen Zähnen. In seiner Eifersucht hatte Edward einen nichtsnutzigen französischen Adligen mit seiner Hure umgebracht, und wie viele Franzosen hatte er selbst schon in seinem Leben getötet? Lettsoms Worte über die Pflicht kamen ihm wieder in den Sinn, und er fluchte abermals. Im klaren kalten Licht der englischen Justiz war der Fall eindeutig, da gab es keine Zweifel: Edward war ein Krimineller.

Drinkwater kam sich vor wie ein Ertrinkender. Was würde Elizabeth sagen, wenn er seinen Bruder dem Henker ausliefert? Oder würde sie es verstehen, wenn er Edward außer Landes schaffte? War seine Verpflichtung gegenüber dem Bruder größer als die gegenüber seiner Familie?

»Nat, ich bitte dich!«

»Es gibt keine Entschuldigung für das, was du getan hast. Du verlangst etwas Gesetzwidriges von mir.«

Ein Gedanke durchzuckte ihn, zunächst nur der Umriß eines verschwommenen Plans. Zwar konnte er seinen Bruder sehr wohl das Leben kosten, aber Edward würde sich eben einem Gottesgericht stellen müssen.

»Wieviel Geld hast du noch?«

»Vierundvierzig Pfund.«

»Gib sie mir zurück. Du brauchst kein Geld mehr.« Neds Antwort war ein Seufzer der Erleichterung. »Du wirst mich als Freiwilliger an Bord begleiten. In den Büchern führe ich dich als Edward Waters. Erzähle den Kameraden, daß du ein Bigamist bist, der ein junges Mädchen geschwängert hat, obwohl du schon verheiratet warst. Eine Geschichte dieser Art garantiert, daß sie dir Schweigen über deine Vergangenheit nicht übelnehmen. Du wirst dich mir in keiner Weise nähern oder mich ansprechen, außer wenn ich dich anrede. Und wenn du gegen die Borddisziplin verstößt, rettet dich nichts vor der neunschwänzigen Katze. Ich werde sagen, daß du mich an Land angesprochen hast, um bei uns anzuheuern. Und weil mir Leute fehlen, habe ich dich angenommen. Hast du verstanden?«

»Ja, Nat. Vielen Dank ...«

»Ich fürchte, du hast wenig Grund, mir zu danken, Ned. Gott weiß, daß ich es wahrlich nicht nur für dich tue.«

Neuntes Kapitel

Dienstag, den 10. März 1801

Pfannkuchengesicht

Drinkwater erwachte in der Morgenkühle. Zu seiner Überraschung war er abends sofort in tiefen Schlaf gefallen, aber jetzt war er hellwach und wußte sofort, daß etwas nicht in Ordnung war. Seine Gedanken kreisten um ein Problem, sein Körper war schweißnaß. Diesmal war es nicht das Fieber, es war Angstschweiß.

Es dauerte eine Minute, bis er die wirren Träume von der Realität getrennt hatte, aber dann hatte ihn das Ausmaß seiner Sorgen wieder eingeholt. Er sprang aus der Koje, warf die Decken ab und ließ sich in den alten geschnitzten Sessel fallen, den er als zusätzliche Einrichtung für *Virago* angeschafft hatte.

Eine Zeitlang starrte er blicklos in die Dunkelheit und verfluchte sich selbst. Schließlich nahm er die Ereignisse des vergangenen Abends als unabänderlich hin. Nach einigen Minuten gelang es ihm, seine Gedanken zu ordnen, und er überdachte die Schritte, die er nach Rückkehr an Bord unternommen hatte.

Als erstes hatte er ein Mietboot genommen. Die Bootsleute hatten ein hübsches Sümmchen für die nächtliche Fahrt eingestrichen, und Edward war quasi zur Einführung in seinen neuen Beruf völlig durchnäßt worden. Drinkwater hatte darauf bestanden, daß sein Bruder den Mantel am Ufer des Yare zurückließ; je heruntergekommener Ned aussah, desto glaubhafter würde seine Geschichte klingen.

Der Flüchtling ging halb erfroren, naß und abgerissen an Bord, so daß niemand auch nur auf den Gedanken kam, daß zwischen den beiden Männern eine Verbindung bestand. Das Schweigen, das zwischen ihnen herrschte, wurde als Verachtung von Drinkwaters Seite ausgelegt. Einer der Bootsleute fühlte sich sogar dazu bewogen, dem schlotternden Edward ein Stück Persenning als Schutz anzubieten. Wenn er sich richtig erinnerte, hatte er den Alten etwas knurren hören, was so klang wie: »Verfluchte Offiziere!«

Er überlegte, ob er seine Rolle vielleicht überzogen hatte. Der

Wachoffizier auf *Virago*, der seinen Kommandanten wegen der Dunkelheit nicht vor dem nächsten Morgen zurückerwartet hatte, versäumte es, das Begrüßungszeremoniell richtig abzuwickeln. Die Aufregung darüber war beträchtlich, und Drinkwater tat der Quartermaster leid, der das Boot zu spät entdeckt hatte. Trussels überschwengliche Entschuldigungen hatte Drinkwater kurz abgeschnitten: »Schon gut, Mr. Trussel. Ich bin auf einen Streich hereingefallen und froh, wieder zurück zu sein.«

Drinkwater hatte sich umgedreht und war nach achtern gegangen. Als er schon mit einem Fuß auf der Treppe zur Poop stand, hielt er plötzlich inne, als sei ihm noch etwas eingefallen.

»Ach ja, Mr. Trussel...« Er blickte zur Reling zurück, über die der tropfnasse Edward mühsam geklettert kam. Offensichtlich hatte ihn eine Welle beim Übersteigen tüchtig erwischt, sogar bei den schlechten Lichtverhältnissen sah man, daß sich um seine Füße eine Wasserlache bildete. Unsicher stand er da, vor Kälte zitternd.

»Dieser Kerl hat sich bei mir als Freiwilliger gemeldet. Er ist wohl auf der Flucht vor einem eifersüchtigen Ehemann oder so ähnlich. Sehen Sie bitte zu, daß er für die Nacht untergebracht wird. Morgen früh soll er sich beim Ersten und bei Mr. Lettsom melden!«

Trussel bestätigte den Befehl, und Drinkwater wußte, daß Edwards Empfang nicht gerade herzlich ausfallen würde. Trussel war bestimmt nicht davon begeistert, zu dieser späten Stunde für Decken und eine Hängematte sorgen zu müssen; auch Mr. Jex würde es verabscheuen, aus seiner warmen Koje gescheucht zu werden, um dem Stückmeister das Benötigte herauszugeben. Außerdem war Trussel noch immer wütend über das verpatzte Begrüßungszeremoniell und würde aus Edward den Sündenbock dafür machen. Jedenfalls hoffte Drinkwater, daß seine Bemerkungen in den Ohren Trussels und der Ankerwache überzeugender geklungen hatten als in seinen eigenen.

Jetzt suchte er nach seinem Feuerstein, um die Laterne anzuzünden; aber dann überlegte er, daß es sicherlich nicht klug war, die Ankerwache wissen zu lassen, daß er schon wach war. Der Schein der Lampe konnte durch das Skylight gesehen werden. Folglich blieb er sitzen, bis die winterliche Dämmerung ihr kaltes fahles Licht durch die Fenster warf und die Umrisse der beiden Heckgeschütze aus der Dunkelheit hervortraten. Erst dann erhob er sich und bestellte heißes Wasser. Die Seeleute waren schon beim Deckscheuern.

Nachdem er sich rasiert hatte, fühlte er sich den kommenden Ereignissen wieder besser gewachsen. Sein Plan, der Edward den

Hals und die Ehre retten sollte, mußte vorbereitet werden. Es war schon hell genug zum Schreiben.

Der Ostwind war nachts abgeflaut, der Morgen zeigte sich sonnig und klar; die scharfen Umrisse der versammelten Flotte wurden sichtbar. Ihre bunten Flaggen, Göschen, Kommandowimpel und Signalflaggen gaben dem Bild eine ländliche Jahrmarktfröhlichkeit, die den Sinn der Flotte in ihr genaues Gegenteil verkehrte. Wenn Drinkwater nicht so mit seinem Problem beschäftigt gewesen wäre, hätte er über die bittere Ironie sinniert, daß die Ostseeflotte hier farbenprächtig geschmückt, aber untätig herumlag, während für Lady Parkers Ball fieberhafte Vorbereitungen getroffen wurden. Um die *St. George* versammelte sich eine Anzahl Kapitänsboote wie Wasserkäfer; sie war das Zentrum des Unbehagens über die nachlässige Führung der Flotte. Drinkwater marschierte auf seiner kleinen Poop auf und ab und mußte mehrmals den Impuls unterdrücken, nach dem versiegelten Brief in seiner Brusttasche zu tasten. Eigentlich hätte er schon vor einer halben Stunde nach seinem Boot rufen sollen, aber eine perverse Neugier hielt ihn zurück. Er wollte sehen, wie es seinem Bruder am ersten Vormittag bei der Royal Navy erging. Edward hatte gute Gründe, den Mund zu halten, das hatte Drinkwater ihm am Abend zuvor noch einmal eingeschärft, bevor er das Mietboot rief.

»Wenn die anderen spitzkriegen, daß du der Bruder des Kommandanten bist, werden sie dir das Leben zur Hölle machen. Dann wirst du den Tag verfluchen, an dem du mich um Hilfe gebeten hast.«

Falls ihm Edward nicht geglaubt hatte, so wurde er jetzt schon eines besseren belehrt. Graham, der Bootsmannsgehilfe der Backbordwache, ließ ihn den Stock fühlen, als er ihn nach achtern zu Lettsom scheuchte, der auf der Lafette einer Kanone saß und ihn untersuchen wollte.

Drinkwater unterbrach seine Wanderung an der Reling. »Ist das der neue Mann, Mr. Lettsom?«

»Aye, Sir.« Lettsom blickte zum Kommandanten auf.

Drinkwater vermied es, Edward anzusehen, obwohl er den Blick seines Bruder auf sich spürte.

»Ich möchte nicht, daß der Bursche das Schiffsfieber einschleppt. Gott weiß, aus welchem Loch er gekrochen ist. Aber wenn er eine Koje auf *Virago* will, muß er davor in einer Hundehütte gehaust haben.«

Lettsom grinste mit so viel heimlichem Einverständnis, daß Drinkwater wußte, seine Vorstellung war gut gewesen. Mit lässiger Gleichmütigkeit setzte er seinen Marsch fort, als Lettsom Edward befahl: »Ausziehen!«

Beim Hin- und Hergehen konnte Drinkwater immer wieder einen Blick auf seinen unglücklichen Bruder werfen. Er stand zitternd und nackt an Deck, dann wurde er mit einem Schlauch abgespült. Grinsende Seeleute pumpten begeistert ganze Wasserfälle über ihn, dann mußte er sich vorbeugen, damit Lettsom ihn nach Läusen absuchen konnte.

»Nun, Mr. Lettsom?«

»Kein Tripper, keine Pocken, Sir. Die Zähne sind gut. Kein Bruch, aber etwas empfindlich am Hals. Gesunder Puls, kein Fieber. Gesund an Leib und Gliedern. Gewaschen vom Flaggenknopf bis zum Kiel und fit für den Dienst in der Königlichen Marine.«

»Sehr gut. Also, Mr. Rogers . . .« Drinkwater berührte in Erwiderung von Rogers' Gruß seinen Hut.

»Guten Morgen, Sir.«

»Ich habe einen neuen Mann für Sie. Er hat sich letzte Nacht freiwillig gemeldet, und ich weiß ja, daß Sie immer noch zu wenig Leute haben. Nur Gott allein ahnt, was ihn dazu brachte, sich freiwillig zu melden, aber ein gehörnter Ehemann oder ein zänkisches Weib treiben so manchen zum Äußersten.«

»Na, ein Schwerverbrecher wirst du schon nicht sein, was, Bursche?« fragte Rogers mit so lauter Stimme, daß Drinkwater der kalte Schweiß ausbrach.

Edward, sich seiner Nacktheit schämend, wagte nicht, die Augen zu heben. »Nein . . .«

Grahams Stock klatschte auf seinen nackten Hintern; der Bootsmannsgehilfe knurrte: »Nein, *Sir*!«

»Nein, Sir.«

Drinkwater reichte es. »Bringen Sie ihn nach vorn, Graham, er friert. Er soll seine Klamotten waschen, dann sorgen Sie dafür, daß er seine Ausrüstung vom Zahlmeister bekommt. Ach, noch etwas, Graham: Sein Haar muß geschnitten werden!«

»Aye, aye, Sir.«

Graham stieß Edward zum Mannschaftslogis, und Drinkwater kam noch eine Idee. Später überlegte er, ob er den falschen Zeitpunkt gewählt und damit die ganze Vorstellung verpatzt hatte.

»Übrigens, wie heißen Sie?«

»Waters, Sir . . . Edward Waters.«

»Gut, Waters, tun Sie Ihre Pflicht, und Sie haben nichts zu befürchten.«

Die alte Formel bekam für diesmal einen neuen Sinn. Einen Moment blickten sich die beiden Brüder in die Augen, dann nickte Drinkwater abschließend, und Graham führte »Waters« weg.

Drinkwater setzte seinen Marsch fort und merkte, daß er vor Erleichterung weiche Knie hatte. Nachdem er sich beruhigt hatte, ließ er seine Gig klarmachen.

Great Yarmouth liegt auf der schmalen Landzunge, die sich zwischen Nordsee und Yare zwängt. Letzterer fließt in südlicher Richtung, parallel zur See, und kommt aus den Broadlands. Mit einer plötzlichen Wendung ergießt er sich ins Meer, als hätte er sich spontan entschlossen, seine Unabhängigkeit doch aufzugeben. Im Lauf der Zeit hatte sich seine Mündung mehrfach verlagert, so daß die Bevölkerung einen Durchstich hatte anlegen müssen, um nicht von der Quelle ihres Reichtums, der See, abgeschnitten zu werden. Yarmouths mit Wällen umgebene Altstadt ist schachbrettartig erbaut. Die Straßen zwischen den Kais am Yare und der Uferstraße am Strand verlaufen in Nordsüdrichtung. Rechtwinklig dazu verbinden Gassen die See mit dem Fluß.

Drinkwater hatte sich hoffnungslos verlaufen, ehe er mehr zufällig den Wrestler's Inn am Marktplatz entdeckte.

Drei-, viermal ging er vorbei, ehe er sich schließlich ein Herz faßte und eintrat. Drinnen bestellte er einen Kaffee, der ihm von einem hübschen Mädchen serviert wurde. Es hatte braunes Haar und lächelte ihn an. Er entspannte sich.

»War das alles, Sir?« fragte die Kleine mit ihrem aparten Norfolkakzent.

»Nein, meine Liebe. Würden Sie mir bitte Papier, Feder und Tinte besorgen und für mich in Erfahrung bringen, ob Lady Parker in ihren Räumen ist?«

Das Mädchen nickte.

»Ja, Sir, Ihre Ladyschaft ist da, denn ihr Schneider wird in einer halben Stunde erwartet. Sie bereitet sich auf den Ball am Freitag vor.«

»Vielen Dank. Jetzt bitte das Papier.«

Das Mädchen machte einen kleinen Knicks und eilte davon. Drinkwater trank den Kaffee langsam und genußvoll. Als das Mädchen zurückkam, bat er es zu warten, während er schnell eine Notiz kritzelte, in der Leutnant Drinkwater um die Erlaubnis bat, auf ein Gespräch mit Ihrer Ladyschaft zu hoffen. Einerseits war er ärgerlich, daß er sich gegenüber einem achtzehnjährigen Mädchen so gespreizt ausdrücken mußte, andererseits hoffte er, daß sich Ihre Ladyschaft noch an ihren Retter erinnerte.

Er gab dem Mädchen den Brief und einen Schilling und sah ihm nach, wie es mit schwingenden Hüften davoneilte, sicherlich alle möglichen falschen Vermutungen im Kopf. Nach wenigen Minuten kam die Kleine zurück und teilte mit, daß Lady Parker sich freuen würde, den Herrn Leutnant sofort zu empfangen.

Ihre Ladyschaft erwartete ihn in einem extravaganten seidenen Morgenmantel, der Elizabeth im Ballsaal von Portsmouth alle Ehre gemacht hätte. Ihr offenes Gesicht wurde von einem Spitzenhäubchen umrahmt. Drinkwater bevorzugte zwar die französische Mode des offenen Haares, dennoch konnte er Lord St. Vincents Spitznamen nicht verstehen, den er Lady Parker angehängt hatte: »Pfannkuchengesicht«.

Irgendwie machte ihm ihre Unerfahrenheit seine Aufgabe leichter. Ihr neuer sozialer Status verschaffte ihr zwar überall Ehrerbietung, aber sie konnte noch nicht zwischen Ernsthaftigkeit und Schmeichelei unterscheiden. Drinkwater beugte sich galant über ihre Hand.

»Ich bin Eurer Ladyschaft außerordentlich dankbar, daß Sie mich so schnell empfangen haben.« Er hielt inne und blickte auf eine Tür, die in einen angrenzenden Raum führte, aus dem gedämpft männliche Stimmen klangen. »Ich hoffe, daß ich nicht störe ...«

»Überhaupt nicht. Danke, Annie, du kannst gehen.«

Das Mädchen zog sich zurück, und Lady Parker setzte sich an einen Tisch. Sie bewegte sich mit einer gewissen Steifheit, als müsse sie sehr auf die richtige Körperhaltung achten. Plötzlich tat sie Drinkwater leid, und er fragte sich, ob sie es wohl schon bereute, sich nicht mehr wie eine Achtzehnjährige benehmen zu dürfen.

»Würden Sie eine Tasse Schokolade mit mir trinken, Leutnant?«

Er fühlte, daß es ungeschickt gewesen wäre, das Angebot auszuschlagen; deshalb sagte er zu, obwohl er gerade Kaffee getrunken hatte.

»Bitte, nehmen Sie doch Platz.« Sie wies auf einen Stuhl am Tisch und wandte sich zu einem Tablett um, auf dem eine elegante Silberkanne und feine Porzellantassen standen.

»Darf ich Ihnen meine Glückwünsche aussprechen, Lady Parker? Bei unserem letzten Treffen habe ich Ihren Namen nicht mit Admiral Parker in Verbindung gebracht, dafür bitte ich um Vergebung.«

Sie lächelte, und Drinkwater sah, daß ihre Augen schelmisch aufleuchteten.

»Ich hatte gehofft, Sir, daß Sie in mir eine Freundin aufsuchen würden und nicht die Frau Ihres Admirals ...«

Der Stich saß. Drinkwater hätte nicht gedacht, daß sie so wortgewandt war. Es bestärkte ihn in seinem Plan.

»Nichts liegt mir ferner, Madam. Ich komme wirklich zu Ihnen, die Angelegenheit hat mit Ihrem Gatten direkt nichts zu tun. Allerdings komme ich als Bittsteller.«

»Nicht *direkt* zu tun, Mr. Drinkwater? Als *Bittsteller*? Ich will gern alles für Sie tun, was ich vermag, aber ich fürchte, ich verstehe Sie nicht richtig.«

»Lady Parker, vergeben Sie mir, ich dürfte Sie nicht in dieser Weise überfallen, aber ich bin wirklich auf Ihre Hilfe angewiesen. Die Sache ist die: Ich habe eine Nachricht, die in London abgeliefert werden muß. Sie ist teils privat und teils im öffentlichen Interesse – will sagen, sie muß geheim bleiben, ist aber politisch wichtig.«

Sie senkte ihre Tasse. Am Aufleuchten ihrer Augen erkannte Drinkwater, daß ihre natürliche Neugier geweckt war.

»Ich weiß, daß ich mich auf Ihre Verschwiegenheit verlassen kann, Madam. Ich war mit geheimdienstlichen Aktivitäten beschäftigt, was Ihnen Ihr Herr Vater bestätigen kann. Allerdings glaube ich nicht, daß Ihr Gatte davon weiß. Jedenfalls können Sie den Empfänger des Briefes nach mir fragen, wenn Sie möchten.«

Er zog den versiegelten Brief hervor und reichte ihn ihr. Sie zögerte.

»Er ist an die private Adresse von Lord Dungarth gerichtet.«

»Und die Angelegenheit ist wirklich im öffentlichen Interesse?«

»Davon bich ich überzeugt.« Er schwitzte vor Nervosität.

Endlich nahm sie den Brief. Drinkwater wollte sich gerade entspannen, als die Stimmen im Nebenraum lauter wurden. Er sah, daß ihr Blick ängstlich zur Tür eilte. Sie zögerte.

»Leutnant Drinkwater, ich hoffe, daß Ihre Angelegenheit nicht meinen Ball stört.«

»Verzeihung, Madam, aber ich verstehe nicht?«

»Gewisse Herren hier sind der Meinung, daß es im öffentlichen Interesse wäre, wenn der Ball am Freitag nicht stattfinden würde. Sie drängen Sir Hyde dazu, sofort auszulaufen, und drohen sogar, nach London zu schreiben.«

»Guter Gott, Madam, der Brief hat doch nichts mit der Flotte zu tun! Ich würde mich nicht erdreisten . . .«

Er hatte sie beschwichtigt.

»Es handelt sich um eine auswärtige Angelegenheit. Leider darf ich Ihnen keine Einzelheiten mitteilen.«

»Nein, nein, natürlich nicht. Ich soll also diesen Brief lediglich bei Seiner Lordschaft abgeben?«

»Aye, Madam. Sie würden mich Ihnen damit sehr verpflichten.«

Sie lächelte, und ihre Augen blitzten verführerisch. »Sie schulden mir keinen Dank, wenn Sie mir versprechen, zu meinem Ball zu kommen.«

»Mit dem größten Vergnügen, wenn Sie mir einen Tanz gewähren.«

»Natürlich, Leutnant.«

Er erhob sich. Die Unterhaltung im Nebenraum schien zum Streit auszuarten, und er wollte gehen, ehe sich die Tür öffnete.

»Es wäre vielleicht besser, wenn niemand von diesem Brief erführe, Eure Ladyschaft.« Er deutete auf das versiegelte Schreiben auf dem Tisch.

»Ja. Mein Schneider wird gleich kommen...« Sie griff nach ihrer Tasche und steckte den Brief hinein.

Die Tür flog krachend auf, und Drinkwater ergriff seinen Hut; ein kleiner rosiger Mann in grauem Mantel stand vor ihm und deutete kopfschüttelnd auf das andere Zimmer.

»Nein, verdammt will ich sein... Oh, Fanny, meine Liebe...« Dann bemerkte er Drinkwater. »Wer zum Teufel ist das?«

»Darf ich dir Leutnant Drinkwater vorstellen, Hyde?«

Drinkwater verbeugte sich.

»Von welchem Schiff, Sir?« Parkers Augen blickten feindselig.

»*Virago*, Mörsertender, Sir. Ich habe mir die Freiheit genommen...«

»Er hat sich gar nichts herausgenommen, Liebster. Er war es, der mich im letzten Oktober vor dem Mob auf dem Strand gerettet hat.«

Parker schien sich etwas zu entspannen. Unmutig blickte er zu dem Mann im Nebenraum zurück, dessen Identität Drinkwater noch immer verborgen blieb.

»Sehr erfreut Leutnant, wirklich. Aber nun entschuldigen Sie mich.«

»Natürlich, Sir. Ich wollte ohnehin gerade gehen.«

Aber Lady Parker hatte wieder ein Funkeln in den Augen, und Drinkwater, der für ihr schnelles Eingreifen dankbar war, vermutete, daß sie sich köstlich amüsierte.

»Der Leutnant hat unter Vater bei Kampenduin gekämpft, Hyde. Ich denke, daß du dir seinen Namen merken solltest.«

Parker warf ihm einen unfreundlichen Blick zu. Drinkwater überlegte, ob der Admiral wohl vermutete, daß er sich hinter seine Frau stecken wollte, um eine Gunst zu erbitten. Jedenfalls hegte der andere Mann offenbar diesen Verdacht, denn er erschien mißbilligend im Türrahmen. Sein Anblick schockte Drinkwater wie ein Schlag ins

Gesicht. Wenn er spürte, daß er schon bei Parker einen schlechten Eindruck gemacht hatte, so wurde nun sonnenklar, daß Nelson die Situation noch mehr verabscheute.

»Wenn Sie unbedingt Ihren Ball wollen, Sir Hyde, und Ihre Frau ihr Amüsement, dann muß die Flotte und ich hier weiter untätig warten. Aber ich sage Ihnen, Zeit ist alles. Fünf Minuten können den Unterschied zwischen Sieg und Niederlage bedeuten.«

Zehntes Kapitel

10.–11. März 1801

Verkappte Wahrheiten

Der Dienstagnachmittag begann für Drinkwater mit einem Spaziergang auf der Poop. Der Himmel hatte sich bezogen, und der Wind drehte nach Westen. Das Zusammentreffen mit Lord Nelson hatte Drinkwater betroffen und wütend gemacht. Er versuchte, sich seinen Ärger über Nelsons Unterstellung, er sei ein *amusement* Lady Parkers, durch energisches Hin- und Hermarschieren von der Seele zu arbeiten. Der Anblick des kleinen Admirals, dessen leerer Ärmel an der mit Goldlitzen verzierten Uniform festgesteckt war, der merkwürdig bewegliche Mund in seinem blassen, vorzeitig gealterten Gesicht, die Mißbilligung, die aus dem gesunden Auge strahlte, all das hatte großen Eindruck bei Drinkwater hinterlassen. Ihm war gewesen, als stünde er im dichten Kugelhagel, so körperlich hatte er Nelsons Abneigung gefühlt. Dagegen war Parkers Versicherung, daß er den Leutnant unter seine Fittiche nehmen wolle, um seiner Frau einen Gefallen zu tun, nur ein schwacher Trost.

Nelson hatte Drinkwater geschnitten, als sie beide das Gasthaus verließen, und dieser spürte den Affront wie eine frische Wunde.

Drinkwater begann, das Geheimnis von Nelsons Ausstrahlung zu verstehen. Vor zwei Jahren hatte er die erste Probe davon in Syrakus bekommen, als Nelson die müde Flotte wieder mit frischem Mut beseelte. Eine Flotte, die durch schlechtes Wetter zerzaust und vom Pech verfolgt war, der überdies der Feind entkommen war. Nelson hatte sie wieder nach Osten geführt und bei Abukir Brueys Flotte vernichtend geschlagen. Und Drinkwater war nun für ihn die Verkörperung all dessen, was er an Parker und seinen Lakaien verachtete.

Er wanderte weiter auf und ab. Er konnte die Dinge drehen und wenden wie er wollte, sein Fall sah ziemlich hoffnungslos aus. Schon begann er zu bedauern, daß er Lord Dungarth um ein eigenes Kommando angegangen hatte. Welche Hoffnungen hatte er in die alte Badewanne *Virago* gesetzt! Aber die beiden Mörser, die Tumilty so schlau auf die Fundamente praktiziert hatte, waren ja doch nur eine Farce. Bei dieser Unternehmung würde es kein Gefecht geben, nur Plackerei, wahrscheinlich schlechte Führung und ein wunderschönes *débacle,* über das ganz Europa lachen würde.

Immer noch fehlten Einsatzbefehle, ganz zu schweigen vom Befehl zum Auslaufen. Alles ging durcheinander; einige Vertraute Nelsons bildeten innerhalb der Hierarchie der Flotte schon eine verschworene Gemeinschaft, die das ganze Unternehmen zu destabilisieren drohte.

Zu der schlechten Moral der Offiziere kamen Erkältungen, fiebrige Erkrankungen, Rheumatismus. Die hochgelobte Ostseeflotte stand kurz vor dem Zerfall, und Drinkwaters Depression war ein Symptom dieses Niedergangs.

Kaum war er von Land zurückgekehrt, hatte ihm Rogers einen Mann vorgeführt, der auf das Deck gespuckt hatte. Zwar ahnte Drinkwater, daß es in einem unkontrollierten Hustenanfall passiert war, aber trotzdem ließ er die Grätings aufriggen und dem Mann ein Dutzend Schläge verpassen. Später schämte er sich dessen, obwohl er wußte, daß viele Kommandanten hierfür gleich drei Dutzend Hiebe verordnet hätten. Besorgt stellte er fest, daß ihn die letzten Tage brutalisiert hatten. Er hatte Edwards Gesicht beobachtet, als die Strafe vollzogen wurde, und plötzlich wurde ihm darüber klar, daß er den Mann nur zur Warnung für seinen Bruder hatte auspeitschen lassen. Er verfluchte die Schlechtigkeit dieser Welt, die ihm solch üble Tricks abverlangte.

Doch Leutnant Drinkwaters Selbstmitleid hielt nicht lange an. Das Gegenmittel erschien in der Person eines Fähnrichs von der *Explosion*, der eine Einladung zum Essen überbrachte. Der Gedanke an ein Gespräch mit Gleichrangigen, selbst mit einem so reizbaren Gesellen wie Martin, war ihm eine willkommene Abwechslung.

Es wurde eine erstaunlich lustige Angelegenheit. Nach ein bis zwei Glas Sherry konnte Drinkwater die »Blauen Teufel« verscheuchen. Wenn es schon ans Kämpfen ging, wollte er sich erst noch richtig amüsieren. Schon in einem Monat konnte er tot sein – natürlich nur, falls sie jemals ausliefen. Letzteres bewegte die anwesenden Offiziere am meisten. In der Flotte kursierten die wildesten Gerüchte, die von Marine- und Artillerieoffizieren begeistert weiterverbreitet wurden. Es hieß, Lord Nelson habe direkt an den Earl St. Vinsent geschrieben. Lady Parkers Ball und der Zeitverzug, den er verursachte, waren angeblich das Thema dieses Briefes. Nun warteten alle gespannt, was geschehen würde. Sowohl Parker wie Nelson konnten abgelöst werden; oder würde ein direkter Befehl zum Auslaufen ergehen?

Drinkwater wechselte einige Worte mit zwei weißhaarigen Leutnants, welche die anderen Tender kommandierten. Beide waren über sechzig Jahre alt, daher setzte er sich bald zu Tumilty und den anderen Artillerieleutnants, die eher seinem Alter entsprachen. Leutnant English mit den lustigen Augen stimmte ihm begeistert zu, als das Gespräch auf Martins Empfindlichkeit kam, und verfluchte sein Schicksal, das ihn auf dieses Schiff verschlagen hatte. Von Kapitänleutnant Peter Fyers von der *Sulphur* erfuhr er einiges über Kopenhagens Befestigungsanlagen, denn Fyers hatte im vergangenen Jahr auf einem Mörserschiff gedient, das Lord Whitworths dänischer Botschaft zugeordnet war. Kapitänleutnant Lawson ließ sich lang und breit über die skandalösen Exzesse und den perversen Zeitvertreib der verstorbenen Zarin Katharina aus und den Sadismus ihres Sohnes Paul, »den Urheber«, wie er ihn nannte, »ihres augenblicklichen Unglücks«.

»Unter den hier anwesenden Offizieren des Königs scheint es eine ganze Menge Feindseligkeiten gegenüber Königen zu geben«, bemerkte Drinkwater zu Tumilty und mußte an die Worte seines Bordarztes denken.

»Ach was«, erklärte Tumilty mit umwerfender irischer Logik, »wir sind gar keine richtigen königlichen Offiziere. Wie ich Ihnen schon erklärt habe, bekommen wir unsere Bestallung vom Generalfeldmeister. Wir sind Professionelle wie Sie selbst ja auch.« Er schwieg und nahm einen Schluck. »Wir sind Feuerwerker, die auch die Engel im Himmel unter Beschuß nehmen, wenn der Teufel eine Generalsuniform trüge. Die Wissenschaft beflügelt uns, Nathaniel, vergessen Sie die Politik. Wir sind Kämpfer, nichts weiter.«

Drinkwater war nicht sicher, ob das auf alle Artillerieoffiziere zutraf, die er in der Kajüte der *Explosion* sah. Sicherlich galt es aber für Leutnant Thomas Tumilty, dessen größter Wunsch es war, jedem, der dumm genug war, ihn zu provozieren, Bomben auf das Haupt zu werfen.

»Ich habe noch eine private Neuigkeit. Unser Freund Martin hat davon gehört, daß wir die Mörser auf die Fundamente gesetzt haben. Sollte mich gar nicht wundern, wenn er Sie darauf ansprechen würde.«

Tumiltys Augen verengten sich zu Schlitzen, und seine Backenhaare sträubten sich, als er die Luft verächtlich auspustete. Er nahm dem

Steward ein weiteres Glas vom Tablett und wandte sich schnell ab, als sich ihnen Kapitän Martin näherte.

»Nun, Mr. Drinkwater, Sie wollen wohl auch Ihre Mörser auf den Feind richten?«

»Wenn sich Gelegenheit bietet, würde ich Ihnen gern jede mögliche Unterstützung geben, Sir«, erwiderte Drinkwater diplomatisch.

»Hatten Sie nicht Befehl, die Mörser im Laderaum zu stauen?« Abscheu stand in Martins bleichem Gesicht.

»Nein, Sir«, erwiderte Drinkwater gleichmütig. »Die noch intakten Fundamente brachten mich zu der Überzeugung, daß die Mörser darauf am sichersten transportiert werden können. Erstens wird das Schiff nicht so steif, und zweitens sind sie bei Bedarf schnell verfügbar. Im Laderaum könnten sie vertrimmend wirken...«

»Schon gut, Mr. Drinkwater, dieser Punkt geht an Sie.« Fast schien es, als wollte Martin sich abwenden, da erinnerte er sich an etwas und fragte plötzlich: »Wie zum Teufel haben Sie eigentlich das Kommando über *Virago* bekommen?«

»Von der Admiralität, Sir.«

»Ich meine, wessen Einfluß verdanken Sie es?«

Drinkwater errötete vor Ärger. Er vermutete, daß Martins berufliche Enttäuschungen nicht gering waren, aber seine eigene Karriere war auch kein strahlender Aufstieg.

»Ich glaube nicht, daß ich der Protegé eines wichtigen Mannes bin, Sir«, sagte er mit eisiger Höflichkeit. »Allerdings habe ich Ihren Lordschaften einige Dienste ungewöhnlicher Art erwiesen.«

Drinkwater wußte, daß er bluffte, aber er sah, daß Martin etwas freundlicher wurde.

»Und welcher Art waren diese Dienste, Mr. Drinkwater?« Martins Ton blieb sarkastisch.

»Geheimdienst, Sir. Ich darf nicht darüber reden.«

Martins Augen weiteten sich etwas, ob wegen der Weigerung oder weil er beeindruckt war, ließ sich nicht sagen. Keinesfalls wollte Drinkwater ihm erklären, daß er diese Dienste auf dem Kutter *Kestrel* geleistet hatte, mit dem er so manchen Spion an Frankreichs Küste absetzte.

»Sie meinen Spionage, Mr. Drinkwater.« Martin machte eine Pause, als käme er zu einem Entschluß. »Für Lord Dungarths Abteilung vielleicht?«

»Vielleicht, Sir«, wich Drinkwater aus, dem die Namensnennung des Lords seine Chance nur zu verbessern schien.

Martins Wangen färbten sich zornrot. »Ich bin über die Aktivitäten

Seiner Lordschaft gut, sehr gut informiert. Man kann mich doch nicht einfach übergehen...« Er brach ab, als er merkte, daß seine Stimme zu laut geworden war und einige Gäste aufmerksam wurden. »Sind Sie gut mit Seiner Lordschaft bekannt?«

»Aye, Sir«, gab Drinkwater zur Antwort. Diese Bö hatte er wohl abgewettert. »Wir haben während des amerikanischen Krieges auf der Fregatte *Cyclops* zusammen gedient. Ich wollte nicht unhöflich zu Ihnen sein, aber ich konnte nicht wissen, ob Ihnen die Tätigkeit Seiner Lordschaft bekannt ist.«

Martin nickte. »Sie sind nicht der einzige Offizier, der mit derartigen Operationen befaßt war, Mr. Drinkwater.«

»Sicher nicht.« Der Sherry machte Drinkwater übermütig. »Und wohl auch nicht der einzige, den man enttäuscht hat.« Er sah, daß sich Martins Augen verengten. »Sie tadeln mich also nicht dafür, daß ich die Mörser aufgestellt habe, Sir?«

Einen Moment war Drinkwater nicht sicher, ob er nicht den Bogen überspannt hatte; dann erschien so etwas wie ein Lächeln auf den Lippen des Kommodore.

»Stehen Sie immer noch mit Lord Dungarth in Verbindung?«

Drinkwater nickte. Damit mochte er in Martins Augen in neuem Licht erscheinen.

»Sehr gut, Mr. Drinkwater.« Der Kommodore drehte sich um und ging weg.

Drinkwater seufzte erleichtert. Die Gegnerschaft des Flottillenchefs hätte sein Problem mit Edward nur verschlimmert. Vielleicht war Martin nun in Zukunft weniger feindselig zu ihm. Er fing einen Blick von Tumilty auf, der Ire zwinkerte frech. Drinkwater mußte sich beherrschen, um nicht laut loszulachen; aber es wäre kein freudiges Lachen gewesen, sondern eher Hysterie. Elizabeth hatte recht, er war kein Heuchler. Der Zwang zum Versteckspielen belastete ihn.

Drinkwater kam leicht betrunken auf die *Virago* zurück. Auch das Essen war überraschend gut gewesen. Drinkwater hatte erfahren, daß es von den Artillerieoffizieren finanziert worden war, die damit ihre segelnden Kameraden bei Laune halten wollten. Später, als er in seinem geschnitzten Sessel brütete und seinen Degen am Schott hängen sah, kam ihm der Gedanke, daß die Klinge nach dem Gefecht noch nicht wieder gesäubert worden war. Er schickte nach Tregembo.

Zwanzig Minuten später erschien der Quartermaster mit dem

frisch geschliffenen Degen; er schien ein Schwätzchen halten zu wollen.

»Verzeihung, Sir, haben Sie nach den Feuersteinen der Pistolen geguckt, Sir?«

»Nein, Tregembo.« Drinkwater schüttelte den Kopf, um die Wirkung des Weins zu vertreiben. »Mach das doch bitte, sicher kannst du sie abkneifen und dann noch einmal verwenden. «

»Wir haben hier reichlich Feuersteine an Bord, Sir.«

Drinkwater mußte lachen. »Ach ja, ich vergaß, daß wir ein schwimmendes Arsenal sind.«

Tregembo holte zwei neue Feuersteine und setzte sie ein, dann begann er die Messingbeschläge der Schlösser zu polieren.

»Denken Sie, daß wir bald auslaufen werden, Sir?«

»Ich hoffe, Tregembo, ich hoffe.«

»Alle sagen, daß niemand weiß, wo es hingehen soll; der Klatsch meint allerdings, daß es gegen die Russen geht.« Er machte eine Pause. »Komisch, nicht, sie waren doch '97 bei Texel unsere Verbündeten.«

»Jetzt sind sie nicht mehr unsere Allierten. Sie haben britische Seeleute eingesperrt. Was das Auslaufen angeht, so habe ich bis jetzt noch keine Befehle erhalten. Vermutlich verhandelt die Regierung noch mit den Nordischen Staaten.«

Drinkwater seufzte, als Tregembo ungläubig schniefte.

»Man sagt, daß selbst Lord Nelson keine Ahnung haben soll, was die Absichten der Flotte angeht.«

»*Man* sagt eine ganze Menge, wenn der Tag lang ist, und das meiste ist Unsinn. Tregembo, du solltest das wissen.«

»Aye, Sir«, stimmte Tregembo lässig zu, aber nur weil Drinkwater gesprochen hatte; nicht, daß er auch nur ein Wort geglaubt hätte. Während Tregembo die erste Pistole in das mit grünem Samt ausgeschlagene Kästchen legte, schwiegen beide.

»Diesen Freiwilligen, den Sie letztens an Bord brachten, Sir, könnte ich den schon mal irgendwo gesehen haben?«

Drinkwater gefror das Blut in den Adern, und der Puls klopfte wild in seinen halbbenebelten Schläfen. Daß Tregembo ihm auf die Schliche kommen würde, damit hatte er am wenigstens gerechnet. Er blickte ihn an, aber der Mann fummelte an der zweiten Pistole herum.

»Mir kam sein Gesicht bekannt vor, Sir.«

Drinkwater schimpfte sich einen Idioten. Wie hatte Corneille gesagt? »Lügner müssen ein gutes Gedächtnis haben.« Tregembo war noch in Petersfield gewesen, als Edward Elizabeth besucht hatte. Sehr wahrscheinlich hatte er ihn dort gesehen und sogar ins Haus eingelassen. Mit großer Wahrscheinlichkeit hatte er von seiner Frau erfahren, daß der Besucher der Bruder des Hausherrn war.

»Wieso das?« fragte er, um Zeit zu gewinnen.

»Ich weiß nicht. Aber ich hab' ihn schon gesehen ...«

Drinkwater blickte Tregembo mißtrauisch an. Edwards Erscheinung hatte sich doch sehr verändert. Die Kleidung und das Auftreten waren fremd, der Verlust der Haare hatte seine Selbstachtung geschmälert. Auch hatte er an Gewicht verloren, was auf die schlechte Kost und die harte Arbeit zurückzuführen war. Wahrscheinlich fragte Tregembo nur aus Neugierde. Er mochte denken, daß er Edward irgendwo gesehen hatte, vielleicht auf der Fregatte *Cyclops* oder dem Kutter *Kestrel*, jedenfalls nicht in Petersfield. Andererseits konnte er durchaus genau wissen, wer Edward wirklich war, und sich jetzt Gedanken darüber machen, warum der Mann vor dem Mast auf Drinkwaters Schiff fuhr.

Ein Gedanke durchzuckte Drinkwater: Wenn die Behörden erfuhren, was Edward getan hatte, dann mochte Tregembo der einzige sein, auf den er sich verlassen konnte. Vielleicht mit Ausnahme Quilhamptons. Aber Quilhampton hing in dieser Geschichte auch schon mit drin, denn er hatte von Edwards Botschaft erfahren.

Schwitzend merkte Drinkwater, daß er Tregembo schon viel zu lange angestarrt hatte. Er mußte ein Teilgeständnis ablegen, geschickt Wahrheit und Lüge verweben.

»Schon möglich, daß du ihn bereits gesehen hast, Tregembo. Hast du mit jemandem darüber gesprochen?«

Tregembo schüttelte den Kopf. »Nein, Sir.«

»Du erinnerst dich doch an Major Brown und unsere Einsätze mit *Kestrel*?« Tregembo nickte wieder. »Nun, Waters ist in ähnliches verwickelt. Ich weiß keine Einzelheiten.«

»Aber ich habe ihn in Petersfield gesehen. Jetzt erinnere ich mich.«

»So, ich verstehe.« Wieder überlegte Drinkwater, ob Elizabeth Edwards Verwandtschaftsgrad ausgeplaudert hatte. »Sein Besuch hat meine Frau sicher geängstigt, wie? Ohne Zweifel hatte er erwartet, mich zu Hause zu finden.« Drinkwater hielt inne; soweit stimmte alles. »Aber was du auch über diesen Mann gehört hast, Tregembo – *vergiß es*, hast du mich verstanden?«

»Aye, Sir.«

»Wenn du den Umgang mit ihm vermeiden könntest, wäre ich dir sehr dankbar.« Nach kurzem Nachdenken fügte er hinzu: »Und Lord Dungarth auch.«

»Darum ist er vorne untergebracht, Sir?«

Drinkwater nickte. »Genau.«

Tregembo grinste. »Danke, Sir. Bevor diese Reise vorbei ist, werden Sie Commander sein, denken Sie an meine Worte.«

Damit drehte er sich um und verließ die Kajüte.

Drinkwater ging früh in die Koje. Die Auswirkungen des Dinners hatten ihn müde gemacht, er sehnte sich nach Schlaf. Aber kurz nach Mitternacht hörte er, wie ihn jemand offenbar aus weiter Ferne rief.

Langsam erwachte er und sah Quilhampton mit einer Laterne in der Hand vor sich stehen.

»Sir! Sir! Bengalisches Feuer und drei Kanonenschüsse von der *London*, Sir! Es wurde von *St. George* wiederholt. Das Signal zum Ankerhieven!«

»Wie war das?«

»Bengalisches Feuer und drei Kanonenschüsse . . .«

»Das habe ich verstanden, verdammt! Was ist das für ein Signal?«

»Ankerhieven, Sir!« Quilhamptons Begeisterung wirkte zu dieser Stunde völlig deplaciert.

»Gehen Sie zurück an Deck und lesen Sie die Nachtbefehle noch einmal genau durch!«

»Aye, aye, Sir.«

Eingeschüchtert zog sich Quilhampton zurück, und Drinkwater stand auf, um sich den schlechten Geschmack aus dem Mund zu spülen. Es war nicht Quilhamptons Fehler gewesen. Keiner in der Flotte hatte Zeit gehabt, die Sondersignale des Admirals zu studieren, was nur abermals ein schlechtes Licht auf die Führung dieser Expedition warf. Drinkwater spuckte angewidert aus.

Ein respektvolles Klopfen kündigte die Rückkehr des Jungen an.

»Nun?«

»Das Signal lautet, die Hafenanker zu hieven, Sir.«

»Gerichtet an?«

»Die Schlachtschiffe mit zwei Ankern im Grund.«

»Wie viele Anker haben wir?«

»Einen, Sir.«

»*Einen*, Sir! Das Signal zum Ankerlichten wird im Morgengrauen folgen. Lassen Sie eine Stunde vorher alle Mann purren. Ihre Wache kann das Spill klar machen, die Marssegel sollen lose in den Gordings und klar zum Setzen sein, und die Zeisinge können von den Bramsegeln abgenommen werden.«

»Aye, aye, Sir.«

Drinkwater ging wieder schlafen. Es gab in der Marine ein altes Sprichwort, er hoffte nur, daß es sich bewahrheiten würde: Wenn die Marssegel dichtgeholt werden, sind alle Schulden bezahlt.

Es wußte nicht, daß ein Bote der Admiralität drei Pferde zuschanden geritten hatte, um Parker St. Vincents ausdrücklichen Befehl zum Auslaufen zu überbringen. Und auch nicht, daß Lady Parker früher als erwartet nach London zurückkehren würde.

Elftes Kapitel

11.–18. März 1801

Enttarnt

»Was für ein tolles Spektakel«, seufzte Rogers glücklich, als er die Dickschiffe beim Ankerlichten beobachtete. Die Schwierigkeiten der anderen freuten ihn immer, das war einer seiner unangenehmen Wesenszüge. Drinkwater zitterte in seinem Wachgänger vor Kälte. Er überlegte, ob er sich nach seiner Dienstzeit im Roten Meer jemals wieder an die winterlichen Temperaturen der Heimat würde gewöhnen können. Jetzt war es neun Uhr. Wie lange würden sie noch warten müssen, bis sie an der Reihe waren, Anker zu lichten und durch das St. Nicholas-Gat in See zu gehen?

Das überraschende Signal zum Auslaufen hatte einige Konfusion verursacht, da niemand wußte, in welcher Formation gesegelt werden sollte. Am nördlichen Ende der Reede waren zwei Linienschiffe miteinander unklar gekommen. Einige Fregatten und Slups waren schon elegant ausgelaufen, angeführt von der hübschen *Amazon* unter Henry Riou. Ihnen folgte südöstlich durch das Fahrwasser und um die Scorby-Sände herum der ehemalige Ostindienfahrer *Glatton*, dessen einziges Geschützdeck ausschließlich mit Karronaden bestückt war. Ihre Feuerkraft hatte einen französischen Verband so beeindruckt, daß sich alle Schiffe ergaben. *Glattons* etwas merkwürdiges Äußere wurde durch die hervorragende Seemannschaft des Mannes wettgemacht, der sie jetzt kommandierte: »Bounty«-Bligh manövrierte sein Schiff perfekt über die Reede. Drinkwater hatte Bligh schon früher getroffen, als sie bei Kampenduin kämpften.

Die *Ibis* war ebenfalls ein Veteran dieser Schlacht, sie lief zusammen mit der unvergleichlichen *Agamemnon* aus, Nelsons altem Vierundsechziger. Auf dem 98er *St. George*, der jetzt Nelsons blaue Vizeadmiralsflagge führte, wurden schon die Bramsegel gesetzt. Die Matrosen flitzten wie die Affen in die Takelung, eine Kapelle spielte auf dem Poopdeck, übers Wasser klang die Melodie von »Rule Britannia« zu ihnen. Drinkwater fühlte fast körperlich die Ausstrahlung dieses Mannes, auch wenn er persönlich seine Probleme mit ihm hatte. Sogar Rogers wurde ruhig, und Quilhamptons Augen glänzten wie die eines verliebten Mädchens.

»Jetzt kommen die alten Rösser«, ließ sich Roger schließlich hören, als *Ganges*, *Bellona* und *Polyphemus* die Reede verließen. Dann kam *Monarch*, das Flaggschiff von »Pfannkuchengesichts« Vater bei Kampenduin. Alle Schiffe setzten die Bramsegel, die Untersegel hingen klar in den Geitauen, um weggefiert werden zu können, wenn die Enge sicher passiert war.

»Die *Invincible* geht gleich nach Norden«, bemerkte Easton, der das andere Ende der Reede beobachtete, wo die Kutter und Briggs durch das Cockle-Gat ausliefen.

»Hoffentlich haben sie einen Lotsen an Bord«, meinte Drinkwater, der sich an die tückische Durchfahrt erinnerte, die er vor Jahren einmal mit der *Kestrel* bewältigt hatte.

»Auch ein paar Versorger nehmen diesen Weg«, sagte Quilhampton hoffnungsvoll.

»Ja, Mr. Q. Und jetzt achten Sie bitte weiterhin auf die Signale der *Explosion*!«

»Aye, aye, Sir!«

»Martin spielt wieder den großen Kommodore«, murmelte Rogers so laut, daß es jeder hören mußte.

Der Navigator kicherte.

»Sehen Sie dort drüben, einer hat seinen Klüverbaum abrasiert . . .«

Sie konnten nicht erkennen, welchem Schiff das passiert war, weil es von anderen verdeckt wurde; aber eines der letzten Schiffe auf Reede war die *London*, Parkers Flaggschiff.

»Der alte Bastard bekommt wohl seinen Schlickhaken nicht aus dem Grund.« Rogers machte ein lautmalerisches Geräusch mit den Lippen, und hämisches Gelächter belohnte ihn.

»Mr. Rogers, ich hoffe, daß dies der absolut letzte Witz war, den wir hier über das Schlafzimmer des Admirals hören.« Drinkwater erinnerte sich an das offene Gesicht der jungen Frau, auf die er sich so verlassen mußte. »Da wir jetzt direkt unter dem Kommando von Sir Hyde stehen, verbitte ich mir weitere Geschmacklosigkeiten.«

Drinkwater hob sein Glas ans Auge und ignorierte Rogers, der hinter seinem Rücken eine Grimasse schnitt. Quilhampton mußte lachen und verpaßte so das Ausführungssignal der *Explosion*. Drinkwater sah vor ihm die bunten Flaggen, die an der Rah emporstiegen.

»Mr. Matchett, Anker auf! Die Vorstengestagsegel setzen!«

Der Anker war schon kurzstag geholt worden, deshalb dauerte es jetzt nur wenige Minuten, um ihn auf und nieder zu hieven und dann ganz aufzuholen.

»Anker ist auf, Sir.«

»Klar bei Marssegelfallen, Mr. Rogers! Klar bei Leebrassen!« Drinkwater drehte sich zu Mr. Quilhampton um, der rot angelaufen war, weil er das Signal verpaßt hatte. »Achen Sie darauf, daß die Leebrassen klarlaufen, Mr. Q!«

»Aye, aye, Sir.« Der Junge rannte nach vorn, um sich zu rehabilitieren.

»An die Steuerbordschoten der Stagsegel, Bewcgung, Bewegung!«

Oben quietschten die Racks der Marssegel am gefetteten Mast, als die Rahen gehievt wurden. Die Segel schlugen, füllten sich knallend, fielen wieder ein und standen schließlich, nachdem die Rahen getrimmt waren. Zufrieden musterte Drinkwater die erneuerte Großrah.

»Recht so!«

»Recht so, Sir!«

Virago machte jetzt Fahrt und schloß zur *Zebra* auf, die noch immer ihren Anker hievte.

»Pinne nach Backbord!« Drinkwater blickte sich um und sah, daß die große Pinne entsprechend gelegt wurde. *Virago* begann nach Steuerbord zu drehen, ihr Bugspriet zeigte nicht länger gefährlich auf *Zebra*.

»Lassen Sie die Fockrah trimmen! Muß ich Ihnen etwa Ihr Handwerk erst beibringen?« bellte Rogers. Der gemaßregelte Unteroffizier wies die stampfenden, vor Erschöpfung zitternden Männer ein. Matchett beugte sich weit außerbords, um den Anker mit der Katt-Talje zu angeln.

»Kurs SE 1/2 S!« Drinkwater blickte nach Steuerbord und lüftete grüßend seinen Hut. An Bord der *Anne Reed* stand Tumilty und erwiderte seinen Gruß.

»Kurs SE 1/2 S liegt an, Sir« meldete Tregembo.

»Kurs SE 1/2 S«, wiederholte Easton, der Navigator.

Drinkwater unterdrückte ein Lächeln. Fast war er glücklich. Es tat gut, unterwegs zu sein und auf den eigenen Planken zu stehen. Er wollte nicht zu den Dächern und Türmen von Great Yarmouth zurückblicken. Sie würden ihn nur an Recht und Ordnung erinnern, alles Werte, die er zutiefst bewunderte, gegen die er aber doch so schwer verstoßen hatte. Die Erinnerung ließ ihn nach seinem Bruder Ausschau halten. Die Crew klarte das Deck auf und trimmte unter

Rogers' Anleitung die Segel. Er sah Ned inmitten anderer Männer beim Holen einer Ankertalje, einer Arbeit, zu der Unerfahrene eingeteilt wurden. Mr. Matchett beaufsichtigte das Manöver von den Fockrüsten aus. Die schwitzenden Kuhlgasten brachten die Flunke des Ankers hoch, und Vollmatrosen begannen damit, ihn festzulaschen.

»Sie sollten sicherheitshalber loten lassen, bis wir die Enge passiert haben, Mr. Easton. Die Tide wird uns zur Corton- Seite hin versetzen. Mir liegt sehr daran, heute nicht auf Grund zu laufen.«

»Aye, aye, Sir. Snape, setz deinen Hintern in Bewegung und lote von den Großrüsten aus!«

»Lassen Sie bitte die Fock setzen, Mr. Rogers! Und Mr. Quilhampton soll das Besansegel setzen, wenn wir bei den Scorby-Sänden an den Wind gehen.«

Drinkwater blickte auf seine Uhr: elf. Von Süden kam ein Schiff auf, und er ließ sein Erkennungssignal heraussuchen. Es war die *Edgar* unter Kapitän George Murray, der zur Flotte stieß. Drinkwater erinnerte sich an Murray, der die Fregatte *La Nymphe* befehligt hatte, damals während des Gefechts am St.-Georgs-Tag vor der Bretagne, aber nicht an den Feind herankommen konnte. Erschrocken wurde ihm klar, daß dies schon sieben Jahre her war, sein erstes Gefecht als Kommandant auf Zeit. Der eigentliche Kommandant des Kutters *Kestrel*, Leutnant Griffiths, lag damals mit einem Maleriaanfall schwitzend in der Koje.

Mittags kontrollierte Drinkwater Eastons Aufzeichnungen in der Kladde. Trotz des ganzen Durcheinanders hielt Martins kleine Flottille gut Formation. Es war klar, daß sich Martin von diesem Unternehmen die Beförderung zum Vollkapitän erhoffte.

»Welchen Kurs soll ich für die Überfahrt absetzen, Sir?« fragte Easton formell.

Drinkwater lächelte gequält. Die Flotte war der Ungewißheit wirklich müde.

»Ich habe nur Befehl, die Südspitze Norwegens anzusteuern, Mr. Easton, wie ich Ihnen schon gestern sagte.«

»Pilze, Mr. Easton«, warf Rogers fröhlich ein. »Wir sind alle kleine Pilze...«

»Pilze, Mr. Rogers?« fragte Easton verwundert.

»Aye, Pilze, Mr. Easton. Man hält uns im Dunklen und füttert uns mit Mist.«

»Aber wenn ich es Ihnen doch sage, Doktor! Ich habe recht!«

Rumgeruch hing in der Luft. Mr. Jex hatte den Arzt in die Verliese der *Virago* gelotst, wobei er als Vorwand die Überprüfung des Sauerkrauts benutzt hatte. Die plumpe Vertraulichkeit, mit der er den Chirurgen anredete, bewies, wie wenig er dessen Charakter einzuschätzen vermochte. Aber wegen seiner gelegentlichen Frivolitäten hielt Jex den Arzt für einen möglichen Verbündeten, und nach seiner Feigheit im Gefecht war Mr. Jex' Verlangen nach einem Vertrauten gestiegen. Lettsom machte kein Hehl daraus, daß er den Krieg und die kalte Maschinerie der Admiralität verabscheute. Allerdings war dies unter Schiffsärzten eine weitverbreitete Haltung und resultierte auch daraus, daß man diese wissenschaftlich ausgebildeten Männer in einer untergeordneten sozialen Stellung beließ: im Rang eines Unteroffiziers. Ihre Vorgesetzten verfügten nur zu oft über einen weit geringeren Intellekt.

Dummheit machte Mr. Jex glauben, daß die Fakten, die er in Erfahrung gebracht hatte, ihm von der Vorsehung geschenkt worden waren, um ihn zu rehabilitieren. Er nährte einen dumpfen Haß gegen Leutnant Drinkwater, hatte der ihn doch überlistet und übers Ohr gehauen. Jex hatte nicht zu hoffen gewagt, daß das Schicksal ihm geneigt sein könnte und ihm so scharfe Waffen gegen seinen Vorgesetzten in die Hand spielen würde.

Es hatte damit begonnen, daß er eines Nachts von einem ärgerlichen Mr. Trussel geweckt wurde, den ein neuer Rekrut begleitete. Jex hatte den tropfnassen Lumpen genau fühlen lassen, was er davon hielt, geweckt zu werden, um eine verlauste Wasserratte zu versorgen. Er hatte dem Ankömmling eine Laterne dicht vor das Gesicht gehalten. Zwar konnte Jex dessen Ausdruck nicht genau analysieren, aber der Mann war nicht so verschüchtert gewesen, wie er hätte sein sollen. Er war lediglich unterkühlt und zitterte vor Kälte. Außerdem trug er die Reithosen eines Gentleman.

Zwar hatte Jex Edward zu dieser Zeit noch nicht erkannt, aber er hatte ihn sich gemerkt, deshalb beobachtete er diesen Waters weiter. Rogers hatte Edward dem Feuerlöschtrupp zugeteilt, einer Gefechtsstation für Unerfahrene. Sie mußten Löschwasser durch die Schläuche pumpen, und ihr direkter Vorgesetzter war dabei der Zahlmeister.

Vielleicht wäre alles im Sande verlaufen, wenn Mr. Jex nicht in Yarmouth an Land gegangen wäre, um einzukaufen. Weil er extrem neugierig war, hatte er sich eine Zeitung geleistet, eine Extravaganz, die er sich erlauben konnte. Mit ihrer Hilfe stellte er die Verbindung her zwischen dem »Freiwilligen« und dem Mann im Blue Fox, der den Schankraum betrat, gleich nachdem Leutnant Drinkwater das Lokal verlassen hatte.

Der *Yarmouth Courier* berichtete von dem schnöden Doppelmord an einem französischen Edelmann und seiner jungen Geliebten. Das verabscheuungswürdige Verbrechen war in Newmarket geschehen, und beide waren offensichtlich mit *einem* Degenstreich getötet worden.

Jex vermutete zurecht, daß die beiden beim Liebesakt überrascht worden waren. Aber es war der letzte Absatz, der Mr. Jex' Herz höher schlagen ließ:

Ein gewisser Edward Drinkwater, früher Begleiter von Pascale Vrignaud, wird seit der Tat vermißt. Es handelt sich um einen Mann von mittlerer Größe und untersetzter Figur. Er trägt sein braunes Haar ungepudert.

Mr. Jex verdaute diese Neuigkeit, dann erinnerte er sich an den Mann im Blue Fox.

»Und ich sage Ihnen, ich habe recht«, wiederholte er.

Lettsom blickte von dem geöffneten Faß hoch. »Mit dem Sauerkraut ist alles in Ordnung. Es riecht beim Öffnen immer so faulig. Sorgen Sie dafür, daß es gegessen wird, Mr. Jex, denn Mr. Drinkwater hat recht, es beugt dem Skorbut vor.«

»Nein, Mr. Lettsom, Sie haben mir nicht zugehört. Ich meine diesen Bericht in der Zeitung.« Jex hielt Lettsom das Blatt unter die Nase. Der Arzt ergriff es ungeduldig und zog die Lampe näher heran. Als er gelesen hatte, blickte er Mr. Jex lange an. Die Schweinsäuglein des Zahlmeisters glitzerten.

»Bringen Sie etwa unseren Kommandanten mit dem verschwundenen Mann in Verbindung?«

»Richtig! Jetzt haben Sie es erfaßt! Nehmen wir doch mal an, daß der Mörder . . .«

»Nicht einmal dieses Schmierblatt hier unterstellt, daß der Verschwundene den Mord verübt hat.« Doch rechtliche Feinheiten verfingen bei Mr. Jex nicht.

»Aber nehmen wir doch mal an, daß er der Mörder war und mit dem Kommandanten verwandt ist.«

»Mr. Jex, ich wußte nicht, daß Sie eine so blühende Phantasie haben.« Lettsom machte Anstalten zu gehen, aber Jex hielt ihn zurück.

Nehmen wir weiter an, daß der Kommandant ihn im Schutze der Nacht an Bord gebracht hat . . .«

»Was wollen Sie damit sagen?« Lettsom musterte die verschlagenen Gesichtszüge des Zahlmeisters.

»Warum sonst sollte Leutnant Drinkwater seinen Bruder vor dem Mast arbeiten lassen? Ich sage Ihnen, Edward Waters ist der Mann, der wegen des Mordes in Newmarket gesucht wird.« Jex schlug klatschend mit dem Handrücken auf die Zeitung.

Lettsom schwieg einen Moment, und Jex nutzte seinen Vorteil. Der Arzt wußte nicht, daß Drinkwaters Griff in Jex' Geldbörse den Zahlmeister so verbittert hatte.

»Nun, werden Sie mir helfen?« stieß Jex nach.

»Nein, Sir, das werde ich ganz gewiß nicht!« Lettsom war indigniert; er wandte sich zum Gehen, aber wieder hielt ihn Jex zurück.

»Wenn ich recht habe und Sie mir Ihre Unterstützung versagen, machen Sie sich mitschuldig!«

»Jex, nun hören Sie mir mal genau zu«, erwiderte Lettsom. »Wenn Sie eine Verschwörung gegen den Kommandanten anzetteln, machen Sie sich der Meuterei schuldig. Dafür wird man gehängt!«

Lettsom kehrte in seine Kajüte zurück und suchte seine Flöte hervor. Er hatte seit Wochen nicht mehr gespielt und stellte gleich bedauernd fest, daß es ihm an Übung mangelte. Zuerst spielte er deshalb Tonleitern, dann ließ er eine eigene Komposition folgen. Dabei konnte er sich auf das neue Problem konzentrieren.

Mr. Lettsoms Gleichmut und seine Frivolitäten waren Schutzwälle, die er gegen die Widrigkeiten des Lebens um sich errichtet hatte. Er hatte festgestellt, daß er damit Abstand halten konnte, und außer bei seiner Frau und seinen beiden Töchtern war ihm das wichtig. Im allgemeinen fand er seine Messekameraden unerträglich dumm, seine Vorgesetzten arrogant und unfähig. Nur seine Patienten kamen in den Genuß seiner wachsenden Erfahrung. Er war als guter Chirurg bekannt, seine Erfolgsrate lag über dem Durchschnitt, außerdem trank er nicht exzessiv. Er hatte sich kaum Freunde gemacht, seine beruflichen Beziehungen waren von der Achtung vor dem Können des anderen bestimmt, aber eigentlich konnte man sich nicht leiden. Lettsoms wahre Natur kannte nur seine Familie. Seine Frau verstand seine Verzweiflung über die unzureichenden Möglichkeiten, die Quacksalberei seiner Vorgesetzten. Er glaubte, daß die Menschheit im Grunde gut war, daß alles Unheil nur von den Institutionen herrührte. Er glaubte, daß einige weise Männer die Menschheit wieder auf den richtigen Weg führen konnten und daß nur das Abweichen von dieser Tradition die selbstzerstörerischen Kräfte der französischen Revolution entfesselt hatte.

Drinkwater hatte ihn richtig eingeschätzt, Lettsom war ein Gleichmacher und ein Anhänger von Tom Paine. Ein paar weise Männer ...

Der Arzt hörte auf zu spielen. Wenn Jex die Wahrheit herausgefunden hatte, konnte Drinkwater in Schwierigkeiten kommen. Trotz ihrer politischen Differenzen bewunderte Lettsom den jüngeren Leutnant. Er sah in ihm einen Mann, der seine Befehlsgewalt nicht zum persönlichen Vorteil nutzte, sondern sie als Verantwortung sah. Sollten Jex' Beweise stimmen, dann hatte Drinkwater seine ganze Zukunft aufs Spiel gesetzt, um seinem Bruder zu helfen. Mit der Weisheit des Alters nahm Lettsom an, daß er die geheimen Gedanken des Leutnants erkannt hatte, und fühlte seine Sympathie für Drinkwater wachsen.

Er hob die Flöte wieder an den Mund und spielte ein neues Stück. Wenn der Freiwillige wirklich Drinkwaters Bruder war, dann wollte er sich nicht einmischen, und zur Hölle mit Jex. Es fiel ihm nicht schwer, Verständnis für ein Verbrechen aus Leidenschaft aufzubringen, besonders wenn die Opfer ein paar arrogante Parasiten waren, die den Fluch der Hungernden auf sich gezogen und den Frieden der Welt gestört hatten.

»Signal vom Flaggschiff, Sir.«

»Bedeutung?

»Nummer 107, Sir.«

Es gab eine kleine Pause, während Quilhampton im Signalbuch blätterte, dessen Seiten im Wind flatterten.

»Es lautet: Bleiben Sie so nahe beim Flaggschiff, wie Wetter und Umstände erlauben.«

»In Ordnung.«

Die Umstände erlaubten ihm allerdings wenig mehr, als Parkers Befehl zur Kenntnis zu nehmen. Seit den frühen Morgenstunden des 16. März hatten sie schweren Sturm aus Westsüdwest. Es schneite seit der Morgendämmerung und war sehr kalt geworden. Die großen Schiffe hatten Sturmsegel gesetzt und die Bramstengen an Deck gefiert. Gegen neun Uhr hatte der Brander *Alecto* ein Leck gemeldet und war mit dem Lugger *Rover* als Begleitung entlassen worden.

Drinkwater ließ die warme Bekleidung ausgeben, die er vorsorglich in Chatham beschafft hatte, denn Lettsom berichtete, daß die meisten Männer an Erkältungskrankheiten litten. Die Befürchtung des Kommandanten war, daß er in den dichten Schneeböen eines der anderen Schiffe rammen könnte. Die Flotte begann, jede Minute Warnschüsse abzugeben.

»Sollen wir die Segelfläche verkleinern, Sir?« fragte Easton besorgt.

Drinkwater schüttelte den Kopf. »Das Schiff liegt gut in der See, Mr. Easton. Das ist der Vorteil eines schweren Rumpfs.«

»Aye, aye, Sir.«

Virago war ein Schwerwetterschiff mit viel Auftrieb und obwohl sie heftig rollte, waren die Bewegungen weich und angenehm. Drinkwater fürchtete zu keiner Zeit um seine Masten und Spieren. Obwohl der Bugspriet ständig eintauchte, hatte er den Eindruck, daß kaum ein Kardeel über Gebühr beansprucht wurde.

»Sie reitet auf der See wie ein Kohlenschiff, Mr. Easton. Was haben Sie geloggt?«

»Sechseinhalb Knoten, Sir.«

»Ganz gut.«

»Jawohl, Sir.«

Zwei Stunden später zahlte es sich aus, daß sie nicht gerefft hatten. Zwischen zwei Schneeschauern sahen sie das Signal Nr. 89 auf der *London* auswehen.

»An Schiffe achteraus: mehr Segel setzen!«

»Sehr gut, uns betrifft das nicht. Aber ich bezweifle, daß unsere Hintermänner das Signal erkennen können.«

Eine halbe Stunde später ließ Parker ein anderes Signal setzen.

»Nummer 106, Sir: ›Halsen, die letzten und am weitesten in Lee stehenden Schiffe zuerst! Danach auf dem neuen Bug an den Wind gehen‹!«

»O mein Gott«, stöhnte Rogers, der an Deck kam, um Easton abzulösen. »Das bringt den Fuchs mitten unter die Hühner.«

»Das reicht, Mr. Rogers«, sagte Drinkwater schnell. »Jedenfalls läßt der Admiral das Manöver ausführen, wenn beim Wachwechsel ohnehin alle Mann an Deck sind.«

Bald hielt die britische Flotte von der dänischen Küste ab. Die Dunkelheit brach herein, es blieb bitterkalt, keiner wußte exakt den Standort, und noch immer gab es keine genauen Befehle für die Ostsee.

Das kalte, stürmische Wetter hielt auch am nächsten Tag an. Admiral Parker brütete über seiner Position und drehte von Zeit zu Zeit bei, um loten zu lassen.

»Ich möchte wetten, daß die Lotsen auf der *London* sich den Mund fusselig diskutieren«, lachte Rogers, als er die Wache an Trussel übergab. Es war acht Uhr morgens, und der Sturm zeigte keine Neigung abzuflauen; allerdings hatte er einen Strich gedreht. Es war noch kälter als am vorhergehenden Tag. Die Haut der Männer wurde rissig, Geschwüre entstanden durch die ständige Einwirkung des Seewassers.

»Sieh da, Mr. Rogers, ein Neuzugang, nicht wahr?« fragte Drinkwater beim Andeckkommen. Er deutete auf einen Vierundsiebziger, der aus dem Zwielicht auftauchte, sein Erkennungssignal und im Besantopp eine weiße Flagge gesetzt. Rogers hatte bis dahin noch nicht bemerkt, daß er nicht zur Flotte gehörte. Die Schiffe segelten gerefft auf nordöstlichem Kurs wie Schatten durch die Schneeschauer.

»Äh, ja... Jawohl, Sir«, meinte Rogers errötend.

»Linienschiff *Defiance*, Sir«, sprang Quilhampton eifrig ein. »Unter Konteradmiral Graves, Sir, Kapitän Richard Retalick.«

»Danke, Mr. Q.«

Quilhampton vermied es, den Ersten Offizier anzuschauen. Er wußte, daß Rogers später von ihm eine Erklärung verlangen würde, warum er ihn nicht früher informiert hatte, wenn er schon so ein verdammt cleveres Bürschchen war.

Der Vormittag verging und wurde nur durch das Pfeifen zur Rumausgabe unterbrochen. Die erschöpften Männer sahen in ihren dicken Wintermänteln erbärmlich aus. Sie hatten aufgesprungene Lippen, rotgeränderte Augen und tropfende Nasen, ihr allgemeiner Gesundheitszustand war sehr schlecht. Die einzig erlaubte Feuerstelle auf einem Pulverschiff war die Kombüse, und das bißchen Wärme, die von dort ins Schiff gelangte, wurde durch den Sturm sofort verweht. Die Offiziere hatten es kaum besser, nur konnten sie mehr Alkohol trinken und sich auf diese Weise gegen die Kälte wappnen. Mr. Jex, dessen Pflichten ihn selten an Deck führten, nützte dieses Privileg kräftig aus.

Auch Edward Drinkwater hatte eine Schwerwetterausrüstung bekommen. Es fiel ihm erstaunlich leicht, sich an das Leben im Zwischendeck zu gewöhnen. Er war ein kräftig gebauter Mann, der es vertragen konnte, ein paar Pfund abzuspecken, und hatte sich in den wenigen Tagen an Bord körperlich gut erholt. Umgänglichkeit und sein bisheriger Lebenswandel erlaubten es ihm, sich schnell mit dem neuen Leben abzufinden. Seine Beschäftigung auf dem Rennplatz und in den Gestüten hatte ihn sowohl mit den unteren Gesellschaftsschichten als auch mit dem Adel in Berührung gebracht. Er fühlte keine Reue über seine Tat, obwohl er manchmal mit Bedauern an Pascale dachte. Dann aber sah er wieder ihr leidenschaftliches Gesicht unter ihrem Liebhaber, und sein Bedauern verflog. Seine Arbeit an Bord und die Verpflichtung, seinen Bruder nicht zu komprimittieren, ließen ihm wenig Zeit, sich den Kopf über die moralischen Aspekte seiner Tat zu zerbrechen. Wenn er unter Deck gehen konnte, übermannte ihn schnell die Erschöpfung. Die Angst vor der Polizei, die ihn auf der *Virago* hatte Schutz suchen lassen, verging, als er von seinen Kameraden hörte, daß viele Kriminelle in der Marine dienten. Sie gab diese lebendig Begrabenen nicht wieder her, denn sie brauchte Mannschaften für die Schiffe, diese hölzernen Bollwerke gegen den Ansturm der Französischen Republik. Edward hatte sich blind auf seinen Bruder verlassen, und der hatte ihn nicht enttäuscht. Ein Glück, daß sein Bruder in einer solchen Position diente.

Edward war Spielernatur genug, um die vorübergehenden Unbequemlichkeiten gleichmütig hinzunehmen. Er wußte, daß sie nicht ewig dauern würden, und aus dieser Gewißheit zog er frischen Mut. Seine Messekameraden nahmen keine Notiz von dem ruhigen Mann in ihrer Mitte. Sie hatten schon ganz andere Exzentriker unter sich gehabt. Allein Mr. Jex hielt ein wachsames Auge auf ihn.

»Los, los, mehr Beeilung mit dem Faß!« Mr. Jex beaufsichtigte die drei schuftenden Männer, die das Faß aus dem Stauraum wuchteten. Sie schwitzten vor Anstrengung, denn es war schwierig, das Faß in dem rollenden und stampfenden Schiff unter Kontrolle zu halten. Mr. Jex hielt eine Laterne, um ihnen zu leuchten. Schließlich stand das Faß aufrecht da.

»Macht es auf, los, aufmachen«, befahl er ungeduldig. Einer der Männer ergriff das Stemmeisen, das ihnen Mr. Willerton ausgeliehen hatte. Es war Waters. Jex schickte die anderen mit einer Kopfbewegung fort. Die Dinge entwickelten sich besser, als Jex zu hoffen gewagt hatte. Waters grunzte, als er den Deckel hochhebelte. Jex hielt die Laterne näher heran, um die eingebrannte Nummer entziffern zu können.

»Nun mach's schon auf.« Jex schwitzte plötzlich, als ihm einfiel, daß er mit einem Mörder allein war. Er mußte sich zusammenreißen, denn die Umstände schienen ihm wieder einmal zu Hilfe zu kommen. Waters taumelte zurück, als ihm der strenge Geruch des gepökelten Schweinefleisches in die Nase stieg. Da Mr. Jex daran gewöhnt war, machte ihm das nichts aus.

»Da staunst du wohl, was? So was kennst du nicht.« Jex machte eine bedeutungsschwere Pause. »Vielleicht liegt Ihnen die Küche des ›Blue Fox‹ mehr, Mr. Drinkwater?« Jex' kleine Augen funkelten im Lampenlicht, er suchte nach einer Reaktion in Edwards Gesicht.

Aber der Zahlmeister wurde enttäuscht. Die kurze Pause hatte

Edward gewarnt, er war auf der Hut. Sein wacher Instinkt, den er als Spieler entwickelt hatte, ließ ihn erstaunt aufblicken.

»Sie irren sich, Sir«, antwortete er im ländlichen Tonfall von Middlessex, wo er seine Kindheit verbracht hatte. »Mein Name ist Waters.« Er grinste. »Leider bin ich nicht mit dem Kommandanten verwandt Mr. Jex.« Kopfschüttelnd blickte er auf den stinkenden Inhalt des Fasses nieder, als hätte er die Attacke schon wieder vergessen.

Jex war keinen Schritt weitergekommen; er wurde unsicher, Waters blickte auf, Jex starrte ihn noch immer an. Er zuckte die Schultern.

»Was den ›Blue Fox‹ angeht – so sagten Sie doch, Sir? –, diese Kneipe kenne ich nicht. Ist es eine Taverne? Wenn ich es mir leisten könnte, in einer Taverne zu wohnen, wäre ich nicht hier an Bord, Sir.«

Bisher war alles die reine Wahrheit, dachte Edward und bemühte sich um einen beiläufigen Tonfall, obwohl er innerlich über seine Demaskierung sehr erregt war.

Jex schien noch immer nicht zufrieden.

»Du bist doch ein Freiwilliger, nicht wahr?«

»Das ist richtig, Sir.«

»Weshalb hast du dich freiwillig gemeldet?«

»Weibergeschichten, Mr. Jex, Weibergeschichten.«

»Verstehe«, sagte Mr. Jex und verspürte plötzlich den Drang, diesen Mann so lange zu provozieren, bis er sich zu einer Insubordination hinreißen ließ. Dann mußte ihn sein eigener Bruder an den Grätings auspeitschen lassen.

Aber diese Absicht wurde durch das Erscheinen von Mr. Quilhampton durchkreuzt, der dem Zahlmeister die Nachricht brachte, daß Mr. Rogers ihn zu sprechen wünschte. Die Gelegenheit war vorbei. Edward wollte zukünftig noch mehr auf der Hut sein und die Angelegenheit notfalls in die eigenen Hände nehmen.

Drinkwater beobachtete die Brigg, die sich von Osten her herankämpfte; von ihrem Fockmast wehte das Admiralssignal. Sie erinnerte ihn an *Hellebore*. Auf ihrem Weg zur *London* würde sie dicht hinter dem Heck der *Virago* vorbeilaufen, um dem Admiral ihre Neuigkeiten zu übermitteln.

»Es ist die *Cruizer*, Sir, achtzehn Kanonen, gleicher Typ wie unsere alte *Hellebore*.«

»Daran dachte ich auch gerade, Mr. Trussel.«

Die beiden Männer sahen sie näher kommen und den Kommandanten drüben in die Großwanten springen; er hielt ein Sprachrohr in der

Hand. Drinkwater hatte James Brisbane schon in Yarmouth getroffen und lüftete grüßend den Hut.

»Tag, Drinkwater!« schrie Brisbane, als das Schiff vorbeiglitt. »Wir haben bei Boubjerg einen Landfall gemacht. Wir stehen rund sechzig Meilen südlich unseres Loggeortes!«

Er winkte und sprang wieder an Deck, um auch die letzten zwei Meilen zum Flaggschiff zu bewältigen.

»Bei allen Heiligen«, murmelte Drinkwater, »sechzig Meilen!« Ein voller Breitengrad. Aber es war kein Wunder, denn seit dem Verlassen von Yarmouth hatten sie weder die Sonne, den Mond oder die Sterne gesehen und beobachten können. Eigentlich überraschend, daß das Gros der Flotte noch zusammen war.

Etwas später signalisierte das Flaggschiff und feuerte zwei Kanonenschüsse ab, um die Wichtigkeit des Befehls zu unterstreichen. Die Flotte wendete und erkämpfte sich ihren Weg nach Nordwesten, weg von der Küste.

Am folgenden Tag stieß das Schlachtschiff *Elephant* zu ihnen und brachte die Nachricht mit, daß die *Invincible*, die sie zum letztenmal beim Verlassen der Reede von Yarmouth gesehen hatten, auf den Haisbro-Stränden gestrandet war. Der größte Teil ihrer Besatzung war dabei umgekommen. Als diese Nachricht in der Flotte die Runde machte, wurde Drinkwater von unheilvollen Vorahnungen übermannt. Ihr ganzes Unternehmen schien unter einem schlechten Stern zu stehen. Die private Angst um Edward und sich selbst erhöhte seine Sorgen nur noch.

Am Abend gab es erste Anzeichen einer Wetterberuhigung. Kurz nach Einbruch der Dunkelheit saß Drinkwater über seinem Journal und brachte es auf den neuesten Stand, da klopfte es.

»Herein!«

Mr. Jex trat ein. Er hatte einen roten Kopf und roch nach Rum. Allem Anschein nach hielt er eine Zeitung in der Hand.

»Was gibt's, Mr. Jex?«

Jex antwortete nicht, sondern reichte Drinkwater die Zeitung. Drinkwater beugte sich über den Artikel. Er hatte beim Lesen das Gefühl, als ob eine kalte Hand in seinen Eingeweiden wühlte. Er wurde leichenblaß, und kalter Schweiß trat auf seine Stirn. Vergeblich versuchte er, sich zu fassen. Von weit her hörte er etwas, das ihm wie die rächende Stimme des Erzengels klang.

»Ich weiß, daß der Mann, den Sie an Bord brachten, Ihr Bruder ist. Er wird wegen Mordes gesucht!«

Zwölftes Kapitel

19.–23. März 1801

Der Steinbutt

Das Schweigen in der Kajüte lastete schwer, es wurde vom Knarren der im Seegang arbeitenden Verbände noch betont. Der Ruderschaft quietschte im Koker, der zwischen den Fenstern und Heckgeschützen vor dem Spiegel der Kajüte durchführte.

Drinkwater kreuzte die Arme vor der Brust, um seine zitternden Hände unter Kontrolle zu halten. Er lehnte sich zurück, die Augen noch immer auf die Zeitung geheftet. Der Inhalt machte die Zusammenhänge klar, und ausgerechnet Jex wußte alles. Er blickte den Zahlmeister an und ärgerte sich über dessen selbstzufriedenen Ausdruck. Heiße Wut kochte in ihm hoch.

»Verdammt, Mann, Sie sind betrunken! Wofür zum Teufel halten Sie sich, daß Sie sich erlauben, derartige Behauptungen aufzustellen? Wiederholen Sie das noch einmal!«

»Waters ist Ihr Bruder ...«

»Wie in Gottes Namen kommen Sie denn darauf?«

»Ich habe Sie zusammen im ›Blue Fox‹ gesehen. Ich bin an der Kneipe geschäftlich beteiligt.«

Wieder hatte Drinkwater ein kleines Stück des Puzzles in der Hand, wie Jex hinter das Geheimnis gekommen war. Er lachte kurz und humorlos auf.

»Ach, und Sie meinen, ich stecke meinen Bruder ins Mannschaftslogis, damit er von Matchett und seinen Gehilfen mit dem Stock traktiert wird?«

»Wenn er einen Mord begangen hat ...« Jex nickte zur Zeitung hin.

Drinkwater beugte sich vor und stützte beide Hände auf den Yarmouth Courier.

»Mr. Jex«, sagte er mit gespielter Geduld, »Sie können doch unmöglich eine Verbindung herstellen wollen zwischen dem Mann, der sich in einer Taverne in Chatham als mein Bruder ausgab, dem

Mörder in Newmarket und dem Freiwilligen, der in Yarmouth an Bord kam.«

»Aber diese Namensgleichheit...«

»Purer Zufall, Mr. Jex.«

Die Augen der beiden Männer trafen sich, jeder versuchte, bei dem anderen ein Zeichen von Schwäche zu erkennen. Drinkwater sah den wachsenden Zweifel in den Zügen des Mannes; seine alkoholisch bedingte Sicherheit brach zusammen. Jex war nicht mehr in der Offensive.

Drinkwater nutzte den Vorteil. »Ich will ehrlich zu Ihnen sein, Mr. Jex, denn Ihre falschen Anschuldigungen sind sehr gefährlich und können Sie nach den Kriegsartikeln den Hals kosten.« Er machte eine Pause und sah, wie die Warnung in Jex' umnebeltes Hirn sickerte. »Ich merke, daß wir uns verstehen. Aber ich will Ihnen so viel erklären, wie mir die Vorschriften erlauben. Tatsächlich haben wir ein kleines Geheimnis an Bord.« Er blieb absichtlich sehr allgemein und sah, daß Jex aufmerksam die Stirn runzelte. »Ich brauche Ihnen sicherlich nichts über die liberalen ›Corresponding Societies of England‹ zu erzählen, Mr. Jex, jene Gesellschaften, die Mr. Chauvelin im Jahre 1791 gegründet hat, um die Revolution auch bei uns zu importieren. Er war damals französischer Botschafter, und die Gesellschaften sind noch immer sehr aktiv, sie wimmeln von französischen Spionen. Sie können sich darauf verlassen, daß eine so große Flotte wie die unsere von vielen Augen in Yarmouth beobachtet worden ist. Darunter waren mit Sicherheit auch feindlich gesinnte...«

Drinkwater lächelte innerlich. Jex war ein falscher Patriot, ein Tory der schlimmsten Art. Jemand, der ein gut gepolstertes Nest durch Protektion erwerben wollte, der über seine Privilegien eifersüchtig wachte, der den Status quo erhalten, natürlich aber seine soziale Stellung verbessern wollte. Bei Männern seiner Art war die Angst vor der Revolution stärker als die vor den Pocken.

»Mehr kann ich Ihnen nicht sagen, Mr. Jex. Aber ich habe einige Erfahrung in derartigen Angelegenheiten... Wenn Sie wollen, können Sie Quartermaster Tregembo fragen, wenn Sie schon dem Wort Ihres Kommendanten nicht vertrauen.«

Jex schwieg. Er suchte einen schwachen Punkt in dem Gewebe aus Worten, das Drinkwater um ihn gesponnen hatte. Er war sich nicht sicher, wo das Geheimnis lag, bei dem Mann im Blue Fox, dem Freiwilligen oder bei dem Mörder gleichen Namens. Der Rum hinderte ihn am klaren Denken, seine Sicherheit war geschwunden. Er hatte geglaubt, er könne Drinkwater so unter Druck setzen, daß er ihm sein Geld zurückzahlen mußte. Aber nun wurde er mit dem Zipfel eines Geheimnisses konfrontiert, das er nicht verstand, das ihm aber bedrohlich schien. Drinkwaters Autorität und die Kriegsartikel, die er gegen ihn einsetzen konnte, hatten ihn zum Verlierer gemacht.

»Ich kann nicht...«

»Mr. Jex«, sagte Drinkwater brüsk, denn das ganze Versteckspiel war ihm plötzlich zuwider, »Sie sind schwer betrunken. Ich habe Ihnen schon mehr anvertraut als ich sollte, und muß Sie jetzt an die Vertraulichkeit dieses Gesprächs erinnern. Ihre Beweggründe und auch die Art und Weise, wie Sie mir diesen Fall unterbreitet haben, mißfällt mir sehr.« Er erhob sich. »Gute Nacht, Mr. Jex.«

Der Zahlmeister wandte sich zum Gehen, da fiel *Viragos* Heck in ein tiefes Wellental. Jex strauchelte und griff hastig nach der Tischkante.

Drinkwater mußte grinsen.

»Lassen Sie sich ruhig Zeit, Mr. Jex. Aber achten Sie in Zukunft darauf, wohin Sie treten, denn wenn Waters ein Mörder sein sollte, könnten Sie sich in einer dunklen Nacht plötzlich außenbords wiederfinden. Man hört von derartigen Vorkommnissen.«

Drinkwater, der von der Feigheit des Zahlmeisters nichts wußte, hatte ein glühendes Eisen in dessen offene Wunde gestoßen. Die Möglichkeit, getötet oder verstümmelt zu werden, war ihm nie in den Sinn gekommen, als er sich um den Posten des Zahlmeisters auf *Virago* beworben hatte. Damals waren die Aussichten, daß das Schiff wieder in See stechen würde, sehr gering gewesen. Aber jetzt, nachdem er den schrecklich zugerichteten Mason in Agonie hatte sterben sehen, dachte er oft an den Tod, wenn er in seiner sargähnlichen Koje lag.

Drinkwater sah dem Zahlmeister nach, der aus der Kajüte schwankte. Er fühlte sich wie ein Fechter, der mit einer glücklichen Parade den Todesstoß abgewehrt hatte, es dann aber seinem Gegner gestattete, sich in Sicherheit zu bringen.

Er wußte nicht, ob Jex an Edward herangetreten war. Hoffentlich würden ihn Tregembos Aussagen, die er jetzt sicherlich einholte, nicht verraten. Vom Querschott blickten ihn die Porträts von Elizabeth und Charlotte Amelie gleichmütig an und brachten ihm das Ungeheuerliche seines Verhaltens erst recht zu Bewußtsein. Aber es gab keine Alternative, er mußte bei seinem Bluff bleiben. Er konnte nur auf das Antwortschreiben von Lord Dungarth warten.

Aber Edward mußte er möglichst bald an Land setzen.

Der folgende Morgen war schön und klar. Der Wind war nach Nordwesten ausgeschossen, und die Flotte segelte jetzt auf Ostkurs. Die kleinen Kanonenbriggs wurden von den Linienschiffen in Schlepp genommen. Kurz nach der Morgendämmerung sah die ganze große Flotte, die mit sechs bis sieben Knoten dahinstürmte, an der Steuerbordseite die niedrige Küstenlinie von Dänemark, zuerst als fahlen, blaugrauen Strich, dann grün mit einer weißen Begrenzung durch die Brecher. Gegen neun Uhr begann die Flotte den Leuchtturm von Skagen zu runden und auf Südwestkurs zu gehen. Das Kattegatt lag vor ihnen. Die Dänen hatten zwar das Leuchtfeuer gelöscht, aber im fahlen Sonnenschein war der Turm eine auffällige Landmarke, so daß jedes Schiff rechtzeitig auf den neuen Kurs gehen und die Rahen neu trimmen konnte. Um ein Uhr mittags befahl Parker der Fregatte *Blanche*, mehr Segel zu setzen und Nachrichten über Nicholas Vansittart einzuholen. Der hatte Harwich vierzehn Tage früher mit dem Postschiff nach Hamburg verlassen, um Graf Bernstorff, dem dänischen Minister, ein letztes Angebot zu unterbreiten.

Nach den Strapazen der letzten Tage war der Sonnenschein eine Wohltat. Alle Ersten Offiziere der Flotte setzten Wäschewaschen auf den Dienstplan, und schon bald wehten Hemden und Hosen in der Takelage. Der Anblick der feindlichen Küste ließ die Männer grinsen und Witze reißen. Die Offiziere studierten die gleichförmige Linie so eifrig durch ihre Ferngläser, als könnten sie daraus ihr ferneres Schicksal ablesen.

Das Zusammengehörigkeitsgefühl, das den britischen Seemann so beflügeln konnte, hatte bis jetzt in Parkers Flotte gefehlt. Aber es schien nicht tot, sondern nur verschüttet zu sein, und dieser schöne Tag lockte es wieder hervor. Seine Wiederbelebung wurde von Nelson selbst gefördert, der größten Wert auf die Moral seiner Leute legte. Als der Wind am Nachmittag stark abflaute, ließ Nelson sein Boot zu Wasser bringen, und eine interessierte Flotte beobachtete, wie er sich zur *London* pullen ließ. Einer seiner Matrosen hatte einen riesigen Steinbutt gefangen und ihn dem einarmigen Admiral geschenkt.

In seiner charakteristischen Spontaneität überbrachte Nelson den Fisch seinem Vorgesetzten. Das brach das Eis zwischen den beiden Männern. Als die Geschichte die Runde in der Flotte machte, verbreitet durch den heimlichen Telegrafen, der für die Übermittlung solcher Nachrichten zuständig war, dichtete Lettsom:

»Nelson denkt: Werd' ich auch dünner,
kriegt Sir Hyde den Fisch zum Dinner.

Er kann ihn braten oder dämpfen,
ich aber darf dann endlich kämpfen.«

Mr. Jex teilte die allgemeine Euphorie keineswegs, als sie Skagen passierten. Er hatte schlecht geschlafen und war mit einem riesigen Kater aufgewacht. Sein Kopf schmerzte. Er hatte die guten Argumente vergessen, die ihm Leutnant Drinkwater am Vorabend hätten ausliefern sollen, er wußte nur, daß er wieder einmal übers Ohr gehauen worden war. Für Jex war das gleichbedeutend mit Schande.

Bald nach dem Wachwechsel um acht Uhr, als alle Neugierigen zum Leuchtturm Skagen hinüberstarrten, machte sich Jex an Tregembo heran und bot ihm ein Stück Kautabak an.

»Danke, Sir«, sagte dieser und blickte den Zahlmeister mißtrauisch an.

»Sie sind doch Tregembo, nicht wahr?«

»Aye, Sir.« Tregembo biß ein großes Stück ab und begann genüßlich zu kauen.

»Sie kennen Leutnant Drinkwater schon eine ganze Weile, Tregembo?« Der Quartermaster nickte. »Wie lange?«

»Das erste Mal bin ich mit ihm auf der Fregatte *Cyclops* gefahren. Er war Fähnrich im Krieg gegen Amerika, unter Kapitän Hope.«

»Seitdem waren Sie immer mit ihm zusammen?«

»Nein, Sir. Das nächste Mal habe ich ihn auf dem Kutter *Kestrel* getroffen, wir waren da mit Spezialaufträgen eingesetzt.«

»Mit Spezialaufträgen, so, so?«

»Aye, Sir, sehr geheim. An der französischen Küste vor Ausbruch dieses Krieges, Sir.« Der Mann aus Cornwall machte ein verschlagenes Gesicht. »Ich stehe jetzt bei Mr. Drinkwater in Diensten, Sir . . .«

»Ach, natürlich. Dann werden Sie mir doch bestimmt sagen können, ob Mr. Drinkwater einen Bruder hat?«

Tregembo betrachtete den fetten, ungetreuen Unteroffizier und erinnerte sich an Drinkwaters Auskünfte über Waters und an das, was er in Petersfield erfahren hatte. Er ließ den Priem über die Zunge rollen und erwiderte langsam: »Einen Bruder? Nein, Sir, der Leutnant hat keinen Bruder.«

»Sind Sie sicher?«

»Ich bin jetzt seit neun Jahren immer mit ihm zusammen und hab' nie gehört, daß er einen Bruder hätte.«

»Und diese Spezialeinsätze . . .«

»Aye, Sir. Wir dienten auch auf der *Hellebore*, einer Brigg, unter dem Befehl Lord Nelsons.«

Tregembo erinnerte sich an Drinkwaters Anweisungen. Jetzt, da er wußte, worauf Jex hinauswollte, war er weniger mitteilsam.

»Unter Lord Nelsons Kommando, so so ... Offensichtlich ist Mr. Drinkwater bei den hohen Herren gut angeschrieben, wie?«

»Aye, Sir, er ist auch mit Lord Dungarth gut bekannt.« Tregembo war stolz auf Drinkwaters Verbindungen zu einem Peer.

Jex schien beeindruckt. »Dann überrascht es eigentlich, daß er bisher erst Leutnant ist, Tregembo.«

»Jawohl, Sir, das ist wirklich eine riesige Sauerei – Verzeihung. Aber das ist eine lange Geschichte, Sir. Mr. Drinkwater hatte auf *Cyclops* einen Zusammenstoß mit einem Schwulen, und dieser Bastard hat ihm einen Strich durch die Karriere gemacht...« Ein Lächeln flog über Tregembos Gesicht. »Er dachte, er hätte ihn kleingekriegt, aber schließlich ist er in einem Hospital am Kap verrottet, Sir.« Er beugte sich vor, seine Kiefer mahlten den Priem, während er sprach. »Niemand legt den Leutnant rein, Sir, jedenfalls nicht auf Dauer!«

»Der verdammte Wind legt immer noch zu, Sir, die Wetteraussichten gefallen mir ganz und gar nicht.«

Rogers hielt seinen Hut fest, während er nach Luv starrte; sein Ölmantel flatterte heftig. Weiße Schaumfetzen wurden über das Deck geweht, das schwache Licht des Kompaßhauses beleuchtete sie. Beide Offiziere erstarrten, als *Virago* in den Wind zurückdrehte und heftig an ihrer Ankertrosse riß.

»Lassen Sie noch eine zweite Trosse stecken, Sam«, brüllte Drinkwater Rogers ins Ohr. »Dann haben wir mehr Spielraum.«

Das gute Wetter hatte nicht einmal einen Tag angehalten. Kaum war die Flotte in der Vingabucht vor Anker gegangen, als der launische Wind rückgedreht und aufgefrischt hatte. Jetzt, gegen Mitternacht, wehte er mit voller Sturmstärke aus Westsüdwest. Er hielt sie vor der Leeküste fest und bedrohte sie mit Strandung am schwedischen Festland.

Drinkwater beobachtete die grauen und schwarzen Schatten der Männer, die über Deck huschten. Gut, daß er ihnen warme Sachen beschafft hatte. In dieser Nacht würde niemand viel Schlaf bekommen, aber wenigstens nicht übermäßig frieren. Die zweite Ankertrosse war zur Hälfte gesteckt, als sie die erste Rakete sahen. Das erinnerte sie daran, daß in der heulenden Dunkelheit, außerhalb ihres Sichtkreises, andere Männer genau wie sie schufteten. Der Bogen aus funkelnden Sternen verbreitete ein unheilvolles blaues

Licht, das die Untermasten und Spieren der *Virago* geisterhaft beleuchtete, ehe es erlosch.

»Da ist jemand in Not«, rief Easton.

»Achten Sie darauf, daß wir es nicht sind, Mr. Easton. Bringen Sie ein Lot aus und kontrollieren Sie, ob wir vertreiben!«

Plötzlich schrie vorn eine unbekannte Stimme: »Achtung an Steuerbord! An Steuerbord!«

Drinkwater blickte auf und sah eine Pyramide aus Masten und Spieren auf sie zukommen, mit dem fahlen Schein eines halbgesetzten Marssegels über der dunklen Masse eines riesigen Rumpfes.

»Ankertrossen kappen!« brüllte er mit aller Kraft. Vorn reagierte ein gewitzter Mann schnell und holte eine Axt aus dem Kabelgatt. Drinkwater sah, daß er verstanden worden war, und brüllte weitere Befehle.

»Klar zum Setzen des Vorstengestagsegels! Hoch damit! Die Schoten an Steuerbord holen!«

Einen Augenblick herrschte bange Ungewißheit, dann rasierte ihnen der Fremde mit einem splitternden Knirschen den Bugspriet ab. Es war ein riesiges Linienschiff, Geschrei und hektisches Durcheinander herrschten an Deck.

»Bei Gott, es ist die verfluchte *London*!« brüllte Rogers, der den Umriß einer dunklen Flagge in ihrem Großmasttopp gesehen hatte. Drinkwater nahm nur die drei fahlen Streifen der Geschützdecks wahr und stellte fest, daß *Virago* durch den Zusammenstoß nach Backbord herumgedrückt wurde. Es gab weiteres Geschrei, ein Flaggleutnant rief sie arrogant durch seine Flüstertüte an: Was zum Teufel sie da täten?

»Wir haben versucht, vor Anker zu bleiben, du Holzkopf!« antwortete Rogers barsch.

Viragos Bugsprietstumpf war von den Großrüsten der *London* klar gekommen. Die letzten Kardeele der Ankertrosse wurden gekappt.

»Wir sind in Fahrt, Mr. Easton. Lassen Sie ständig loten!«

Easton ließ sich eine Laterne zu den Großrüsten bringen. Quilhampton kam nach achtern geeilt, um zu melden, daß das Vorstengestagsegel gesetzt war.

»Es steht immer noch back, Sir.«

»Über das Segel!«

»Aye, aye, Sir.«

Virago war durch die *London* aus dem Wind gedreht worden, jetzt mußte sie Luv machen, um den Untiefen in Lee zu entgehen.

»Den Besan setzen, Rogers! Hoch mit dem Besansegel, sonst fällt sie zu stark ab!«

Rogers rief nach Männern, und Drinkwater sprang in die Kuhl hinab. Er wünschte sich jetzt auf den Kutter *Kestrel*, der so hoch am Wind laufen konnte. *Viragos* plumpe, aber seetüchtige Linien wurden nun zu einer tödlichen Gefahr.

»Mr. Matchett! Können wir einen Klüver setzen, oder ist der Bugspriet zu weit abrasiert?«

»Ich denke, daß ich vorn noch etwas setzen kann.«

»Sorgen Sie dafür!« bellte Drinkwater. »Achtung, Leute! Helft mir, die Stagsegel setzen!«

Er löste die Zeisinge des Kreuzstagsegels, und nachdem ihm zwei Männer zu Hilfe gekommen waren, sprang er nach vorne an das Großstengestagsegel. Seine Hände waren weich und empfindlich geworden, aber er kämpfte mit den gefrorenen Knoten, bis weitere Männer, die erkannten, was er vorhatte, ihm beisprangen.

»An die Fallen, Jungs! Hievt, hievt! Auf geht's, Beeilung, Beeilung! Jetzt segeln wir uns frei wie eine Yacht!« Er wandte sich um. »Lassen Sie das Großmarssegel belegt, Graham, sie läuft mit dieser Besegelung einen Strich höher am Wind!«

»Aye, aye, Sir.«

»Käpt'n! Käpt'n, Sir!«

»Hier, Tregembo!«

»Der Navigator sagt, daß wir gleich aufsitzen!«

»Verdammt!«

Er eilte zu Easton. Der beugte sich weit außenbords, schimmernd im Lampenlicht, denn ein Brecher hatte ihn durchnäßt. Drinkwater packte ihn an der Schulter.

Easton blickte von der Lotleine auf und schüttelte den Kopf.

»Ich glaube, wir sitzen gleich fest, Sir.«

»Scheiße!« Drinkwater zwang sich zur Ruhe und spähte über die Seite. Der schwache Lichtschein zeigte die kochende See einmal zehn Fuß unter ihnen, dann wieder fast oben an den Rüsteisen. Aber die Luftblasen der brechenden Wellenkämme trieben achteraus: *Virago* machte Fahrt voraus! Er rief sich die Karte ins Gedächtnis: Am Südende der Bucht lag eine Untiefe. Er klopfte Easton auf die Schulter.

»Weitermachen, Mr. Easton!«

Damit sprang er binnenbords und eilte auf die Poop.

»Voll und bei!«

An Steuerbord stieg eine weitere blaue Rakete in die Höhe, in ihrem Schein sah Drinkwater, daß der Schneefall aufgehört hatte. Schon konnte er die dunklen Schatten der anderen Schiffe erkennen.

Sie taumelten klatschend in die Wellen, hier und da sah man ein helles Segel leuchten. Einige versuchten also, sich nach Luv zu kämpfen, andere blieben vor Anker liegen. Er erinnerte sich an den Rat, den er Quilhampton gegeben hatte. Jetzt hatte er zwar einen Anker verloren, aber sein Schiff noch nicht gerettet. Einen Augenblick später wurden sie wieder von einer Schneebö eingehüllt. Er blickte zum Masttoppwimpel empor. *Virago* lief so mindestens einen Strich höher als sonst mit den Rahsegeln, Matchett hatte erfolgreich einen Klüver am Stumpf des Bugspriets gesetzt. Drinkwater überlegte, wieviel Abdrift nach Lee sie wohl haben mochten, und blickte nach achtern aufs Kielwasser; aber es war nichts zu erkennen.

Was war wohl aus *London* geworden, und wie mochte der alte Parker die Nacht überstehen? Vielleicht war »Pfannkuchengesicht« am Morgen schon Witwe. Parker wäre nicht der erste Admiral gewesen, der mit seinem Schiff unterging. Drinkwater wußte nicht, ob Admiral Totty den Verlust der *Invincible* überlebt hatte, aber Balchen war mit der *Victory* vor fünfzig Jahren bei den Casquets verlorengegangen und Shovell am Strand der Scillies nach dem Schiffbruch seiner *Association* gestorben. Doch der arme Parker mochte auch ganz unrühmlich als Gefangener der Schweden enden.

»Was für eine Nacht, Sir!« Rogers trat neben ihn. Er hatte seinen Hut verloren, das Haar klebte ihm am Kopf.

»Das kann man wohl sagen, Sam.«

»Wir haben alles an Schratsegeln gesetzt, was wir haben. Sie scheint ganz gut damit zu laufen.«

»Hoffen wir's«, erwiderte Drinkwater gepreßt. »Wenn wir die Ecke runden können, haben wir gewonnen.«

»Der alte Willerton ist vorn außenbords geturnt.«

»Warum zum Teufel?«

»Um nachzusehen, ob unsere ›Dame‹ noch an ihrem Platz ist.«

»Und ist sie?« fragte Drinkwater gespannt.

»Ja!«

Rogers lachte, und Drinkwater fühlte sich seltsam erleichtert; dann schalt er sich einen Narren.

»Lassen Sie ›Besanschot an‹ pfeifen, Sam, die armen Teufel haben den Rum verdient.«

Virago kniff am Kap vorbei, und die Morgendämmerung sah die Männer durchnäßt, unterkühlt und mit rotgeränderten Augen nach achtern und beiden Seiten Ausschau haltend. Von den achtundfünfzig Schiffen, die in der Vingabucht geankert hatten, befanden sich nur achtunddreißig in ihrer Begleitung. Langsam kämpften sie sich nach Luv, gelegentlich kam man sich gefährlich nahe, wenn eine Wende gefahren wurde: graue Schatten, die in schweren grauen Seen stampften. Eine neue Gefahr war hinzugekommen: Eisschollen.

Viele der fehlenden Schiffe waren kleinere Einheiten, besonders Kanonenbriggs; aber die meisten Mörserschiffe hatten es geschafft; auch die *Anne Reed* kam an Backbord auf. Nachdem sie freien Seeraum erreicht hatten, gingen sie auf Südkurs.

Am nächsten Tag drehte der Wind etwas, und bei einem Glasen der ersten Wache frischte er aus Südwest wieder auf. Zwei Stunden später folgte *Virago* den anderen Schiffen auf die Reede von Skälderviken und ankerte im Schutz des Kullen. Drinkwater brach über seiner Koje zusammen, aber schon um vier Uhr am nächsten Morgen wurde er wieder geweckt. Der Wind war zu Sturmstärke angewachsen. Sogar in Lee des Landes klatschte *Viragos* plumper Vorsteven heftig in die steilen Seen. Spritzwasser flog über Deck, schnitt Unvorsichtigen ins Gesicht und verschlimmerte die bittere Kälte, wenn es im Wind verdunstete. Regen und Schneeschauer erhöhten noch die Unannehmlichkeiten. Wieder ließ Drinkwater eine zweite Ankertrosse anstecken. Und bei Tageslicht konnten sie keinen neuen Bugspriet riggen, statt dessen mußten die müden Münner in die Takelage und die Bramstengen streichen. Die schweren Unterrahen wurden weggefiert und an der Reling festgelascht.

Nachdem sie sich bis zur Erschöpfung verausgabt hatten, ließ der Wind nach. Den ganzen Nachmittag flaute er ab, und gleich nach Mitternacht wurde auf der *St. George* von Nelson das Nachtsignal zum Ankerlichten gegeben. Nelson, der scharf auf den Kampf war, wollte Parkers Abwesenheit nutzen, aber seine Pläne wurden durchkreuzt. Noch bevor die Flotte unterwegs war, frischte der Wind wieder auf, und die mühsam eingehievten Ankertrossen mußten wieder gefiert werden.

Um sieben Uhr am nächsten Morgen wurde wieder Signal gegeben, und diesmal blieb das Wetter beständig. Anderthalb Stunden später kämpften sich die Reste der britischen Flotte aus der Bucht von Skälderviken und hielten auf den Sund von Kopenhagen zu.

Gegen Mittag hatte sich der Sturm ausgeweht. *London* stieß zu ihnen, auch einige andere Schiffe tauchten wieder auf. Das Flaggschiff hatte auf einer nicht in den Karten verzeichneten Untiefe auf Grund gesessen. *Russel* war es beim Versuch, die Kanonenbrigg *Tickler* abzuschleppen, ebenso ergangen. Doch beide waren wieder flottgekommen. Die Kanonenbrigg *Blazer* hatte weniger Glück gehabt, sie war vor Varberg von den Schweden aufgebracht worden.

Die Flotte lag beigedreht, um das Ergebnis von Vansittarts Bemühungen zu erfahren. Kurz vor Einbruch der Dunkelheit wurde die *Blanche*, von Süden kommend, gesichtet. Ihre Neuigkeiten wurden fieberhaft erwartet, denn die Männer hatten das nutzlose Zögern gründlich satt.

Dreizehntes Kapitel

25.–28. März 1801

Furchtsame Berater

Es gibt viele Ebenen, auf denen sich ein Mann Sorgen machen kann. Drinkwater bildete da keine Ausnahme. Im Mittelpunkt seiner Überlegungen stand bei Tag und Nacht sein Schiff und dessen Erscheinungsbild in der Flotte. Auf einer tieferen Ebene nährte er die Befürchtung, daß die Expedition zu spät kommen würde. In den zwei Tagen seit der Rückkehr von *Blanche* hatten besorgniserregende Gerüchte die Runde gemacht. Vansittarts Bedingungen waren von Graf Bernstorff zurückgewiesen worden. Vansittart und Drummond, dem britischen Botschafter, waren die Pässe zugestellt worden. Briten, die in Dänemark ansässig waren, wurden des Landes verwiesen. Die Schweden, die schon ihre erste Prise, nämlich die *Blazer*, erobert hatten, trafen in Karlskrona beängstigende Vorbereitungen. Noch schlimmer war, daß die Russen sich bereits durch das Eis vor Reval arbeiteten.

Aber es war die zaudernde Haltung ihres Admirals, die die Briten am meisten irritierte. Jede Stunde, die der Oberkommandierende länger wartete, raubte ihnen mehr vom Überraschungsmoment. Jede Stunde, die die Flotte untätig verbrachte, vermehrte die Latrinengerüchte. Vansittart hatte Parker offiziell angewiesen, mit den Feindseligkeiten zu beginnen, aber im gleichen Atemzug hatte er ihn vor den beachtlichen Vorbereitungen der Dänen gewarnt. Drummond hatte das bestätigt und Parker bei einem Angriff eine blutige Nase prophezeit.

Nach dem ersten gemeinsamen Kriegsrat hatte Parker bei folgenden Zusammenkünften Nelson und Admiral Graves nicht mehr hinzugezogen. Statt dessen beriet er sich mit den Lotsen von Trinity House aus Hull, die genauso zögerten wie der Admiral. Sie informierten ihn, daß sie sich nur im Sund auskannten, für die Navigation durch den Großen Belt aber keinerlei Verantwortung übernehmen konnten. Nelson, der in den Russen die größte Gefahr sah und mit einem

Auseinanderfallen der Allianz rechnete, wenn sie besiegt waren, hatte sich erboten, mit einer Teilstreitmacht durch den Großen Belt direkt nach Reval zu segeln. Er hatte seine Vorschläge schriftlich unterbreitet. Doch der Flaggkapitän kam mit versteinertem Gesicht aus Parkers Kajüte. Parker hatte Nelsons Vorschläge Punkt für Punkt abgelehnt.

Diese Geschichte verbreitete sich wie ein Lauffeuer in der Flotte. Zusammen mit den Berichten der *Blanche*-Crew über die Vorbereitungen der Dänen festigte sie das Gefühl, daß sie zu spät gekommen waren.

Leutnant Drinkwater wurde von all diesen Sorgen bedrückt, als er am bitterkalten Morgen des 26. März auf *Viragos* Poop stand. Er studierte im Glas ein großes Boot, das die rote dänische Flagge und einen weißen Parlamentärswimpel gesetzt hatte. Langsam wurde es durch die zweiundfünfzig ankernden Kriegsschiffe gepullt.

In der großen Achterkajüte der *London* hatte ein selbstsicherer junger Offizier mittlerweile Parker im Auftrag von Gouverneur Stricker in Helsingör wissen lassen, wenn seine Kanonen nicht besser wären als seine Feder, solle er lieber gleich nach England zurückkehren. Auf der Feste Kronborg stünden zweihundert schwere Geschütze mit dreitausend Soldaten bereit. Parker, der an die klaren Gewässer Westindiens gewöhnt war, fürchtete die dunklen Nächte und die Eisfelder. Sein Zögern war für den jungen dänischen Offizier nicht zu übersehen, und die besorgten Mienen der britischen Offiziere ließen ihn vermuten, daß sein Stab die Bedenken des Admirals teilte.

Drinkwater wanderte unruhig auf der Poop hin und her. Die Wache schoß sinnlos Leinen zum wiederholten Male auf oder kratzte lustlos den Rost von der Bereitschaftsmunition, die auf der hinteren Mörserluke aufgestapelt lag. Mürrisches Gemurmel klang herüber, ein Symptom für die Stimmung in der ganzen Flotte.

Vor zwei Tagen, nach der Zusammenkunft mit Parker, waren Vansittart und Drummond mit dem Lugger *Kite* nach Hause gesandt worden. Drinkwater hatte die Gelegenheit benutzt, um einen Brief an Lord Dungarth zu schicken. Gegenstand des Briefes war die Sorge, die ihn in jeder freien Minute peinigte. Seit der Unterredung mit Jex hatte sich Drinkwater bemüht, eine akzeptable Lösung zu finden, aber die ständigen Verzögerungen hatten es ihm bisher unmöglich gemacht, Edward an Land zu setzen. Die letzten Tage waren ein Alptraum gewesen, der durch das schlechte Wetter, die bittere Kälte und die Sorge um die Zukunft der Flotte nur noch verstärkt wurde.

Zum ersten Mal seit Monaten hatte Drinkwater wieder seinen Alptraum: die schreckliche Erscheinung einer weißgekleideten Frau, die sich mit klirrenden Ketten über seinen hilflosen Körper beugte. Mit der Unlogik von Träumen schien sie höher und höher über ihm emporzuwachsen, ohne dabei kleiner zu werden. Ihr Medusenhaupt verwandelte sich dabei in ein Gesicht, das er kannte. Er erwachte schweißgebadet und zitternd, sein Herz klopfte heftig. Von einem unbewußten Trieb gelenkt, war er an seine Seekiste gestolpert, hatte die Laterne angezündet und auf dem Tisch ein zusammengerolltes Bild aus der Kiste ausgebreitet. Die Ölfarbe war zwar schon etwas brüchig, aber das lenkte bei der schwachen Beleuchtung nicht von dem Gesicht ab; es war das Gesicht aus seinem Traum. Das Porträt war größer als die beiden Bilder am Schott und zeigte eine junge Frau mit rotbraunem Haar, das sich auf ihrem Kopf türmte, Perlen waren nachlässig in die Frisur eingeflochten. Ihre weißen Schultern waren nackt und die Brüste kaum unter einem Hauch von Spitzen verborgen. Die grauen Augen schienen ihn aus dem Bild starr anzublicken. Drinkwater zitterte, diesmal nicht vor Kälte, sondern wie jemand, der einen anderen über sein Grab gehen fühlt. Die schöne Hortense Montholon war von ihm in den letzten Friedenstagen an den Strand Frankreichs gesetzt worden. Monatelang hatte sie ihrem Geliebten Santhonax in Paris Informationen geschickt, die sie, als Emigrantin getarnt, in England gesammelt hatte. Sie war von Dungarth nach Frankreich zurückgebracht worden. Dort hatte sie Santhonax geheiratet, der nach seiner Gefangennahme bei Kampenduin geflohen war.

Drinkwater hatte das Gemälde seit der Eroberung der französischen Fregatte *Antigone* im Roten Meer in seinem Besitz. Dieses Schiff war von Santhonax befehligt worden. Drinkwater hatte das Bild aus dem hölzernen Rahmen geschnitten und auf dem Boden seiner Seekiste aufbewahrt, wo es seine Frau nicht finden würde. Er war ziemlich sicher, daß Elizabeth die Faszination nicht verstand, die das Bild auf ihn ausübte. Für Drinkwater zeigte es mehr als nur eine schöne Frau; das Gesicht der Hortense Santhonax war das wahre Gesicht des Feindes. Nicht die flachsblonden Dänen, sondern sie verkörperte die vernichtende Kraft, die ganz Europa verschlingen wollte.

Er sah es nicht objektiv, denn die freiheitlichen Gedanken der Französischen Revolution waren längst verblichen. Selbst die eingefleischten Republikaner in Amerika hatten sich von den anarchistischen Franzosen zurückgezogen. Ihm fielen Lord Dungarths Worte in der Nacht ein, als sie Hortense am Strand von Criel an Land gesetzt hatten: »Neun Zehntel der Menschheit läßt sich durch eine Mischung aus Eigennutz und Apathie leiten. Nur ein Zehntel ist machthungrig, und vor diesem Zehntel weiß sich ein vorsichtiges Volk zu schützen. Aber in Frankreich hat dieses Zehntel die Oberhand.«

Zitternd in der Dunkelheit stehend, hatte Drinkwater eine Vision. Ihre Auseinandersetzung mit den Dänen, welche Gründe sie auch haben mochte, war nur ein Ableger des Krebsgeschwürs, das ganz Europa in den Strudel seiner verderblichen Philosophie ziehen wollte. Er stand an der Grenze zwischen Mäßigung und Exzeß, und seine spartanische Lebensführung hatte ihn mit einer tiefen Abneigung gegen jede Übertreibung erfüllt.

Wildes Klopfen ließ ihn das Bild zusammenrollen.

»Was gibt's?«

»Der Admiral gibt Signal zum Ankerlichten, Sir.« Es war Quilhamptons Stimme. »Der Wind weht frisch aus Westen, Sir, es ist acht Glasen in der Mittelwache.«

»In Ordnung. Purren Sie alle Mann. Ich komme gleich an Deck.«

Der folgende Tag wurde ein Desaster. Bei zunehmendem Wind, der es den kleinen Schiffen schwer gemacht hatte, ankerauf zu gehen, kreuzte die Flotte bei Sonnenaufgang, angeführt von der *Edgar*, nach Westen, immer entlang der flachen, monotonen Küste von Seeland. *Edgars* Kapitän George Murray hatte kürzlich das Fahrwasser des Großen Belts vermessen, und Parker hatte sich endlich für diesen Weg entschieden. Allerdings blieb der Oberkommandierende nicht lange bei seiner Entscheidung. Im Kielwasser der *Edgar*, etwas zum Land hin versetzt, kreuzten die kleineren Schiffe mühevoll auf. Vor *Virago* liefen die Mörserschiffe, hinter ihr die anderen Tender. Um elf Uhr, als Drinkwater gerade die Karte studierte, dem monotonen Aussingen des Lotgasten lauschte und ab und zu einen Blick in das alte Notizbuch warf, das er vor Jahren aus Blackmores Nachlaß geerbt hatte, lief *Zebra* auf dem Seelandriff auf.

Alarmiert von den Rufen des Ausgucks, sah Drinkwater, wie *Zebras* Fockbramstenge über Bord ging. Er ließ sofort wenden. Kurze Zeit später wurde auf *Edgar Viragos* Erkennungssignal gesetzt, zusammen mit dem Befehl, *Zebra* Beistand zu leisten. Drinkwater hatte seine Boote ausgesetzt und sie mit zwei Reservespieren versehen, mit deren Hilfe ein Warpanker ausgebracht werden konnte.

Er sah Rogers davonrudern und mußte selbst untätig zurückbleiben. Kurz vor Anbruch der Dunkelheit hatten die vereinten Bemühungen Erfolg: *Zebra* kam vom Riff frei.

Während Drinkwater den Nachmittag vor Anker verbracht hatte, war Parker von irgend jemandem darüber aufgeklärt worden, daß im Großen Belt noch viele gefährliche Untiefen auf die Flotte lauerten.

Durch die Strandung der *Zebra* verunsichert, widerrief Parker seine Befehle und ließ die Flotte auf den Ankerplatz bei Nakke zurücksegeln.

Virago, die die *Zebra* immer noch begleitete, ließ gegen Mitternacht ihren Anker fallen. Am folgenden frostigen, aber sonnigen Vormittag sah Drinkwater zu, wie Quilhampton mit seiner Gang den Leuten der *Zebra* beim Riggen einer neuen Fockbramstenge half.

Auf ihrem eigenen Schiff legte Mr. Matchett letzte Hand an die Laschings des neuen Bugspriets. Über dem Rest der Besatzung hing eine Wolke der Depression.

Schließlich sah Drinkwater, daß das dänische Boot von der *London* absetzte. Am Nachmittag wurde ihm berichtet, daß Murray, Nelson und Graves sowie andere Offiziere das Flaggschiff besuchten; weiter passierte nichts.

Um vier Uhr erwachte Drinkwater. Später konnte er nicht erklären, wieso, aber er hatte die Lösung für das Problem Edward gefunden. Längerer Aufschub war nicht angezeigt. Er ließ Quilhampton und Rogers rufen.

»Mr. Rogers, lassen Sie bitte das Langboot eine Stunde vor Sonnenaufgang klar machen. Rüsten Sie es mit einer Kiste Schiffszwieback und einem Wasserfäßchen aus, sowie mit Mast und Segel. Stellen Sie eine sechsköpfige Mannschaft ab, mit Tregembo als Anführer. Mr. Quilhampton wird das Boot befehligen, ich werde es begleiten. Für den unwahrscheinlichen Fall, daß während meiner Abwesenheit das Signal zum Ankerlichten kommt, übernehmen Sie hier an Bord das Kommando. Ich gebe Ihnen das schriftlich, bevor ich abfahre.«

»In Ordnung, Sir. Darf ich fragen . . .«

»Nein, Sie dürfen nicht.«

Rogers drehte sich beleidigt auf dem Absatz um. Drinkwater rief ihn zurück.

»Ich möchte keine Spekulationen über diesen Vorgang, Sam, halten Sie sich bitte daran.«

»Aye, aye, Sir.«

Drinkwater hob die Augenbrauen und starrte Quilhampton bedeutungsvoll an. »Für Sie gilt dasselbe, Mr. Q.«

»Jawohl, Sir.«

»Gut. Lassen Sie jetzt den Freiwilligen Waters holen, und stellen Sie eine Wache vor meiner Kajüte auf, damit wir nicht gestört werden.«

Rogers öffnete den Mund zum Protest, überlegte es sich dann aber anders und trabte aus der Kajüte. Drinkwater wartete auf Edward. Er untersuchte ein Leinwandbündel, das er unter den mißtrauischen Augen Mr. Jex' in seine Kajüte geschafft hatte. Ein Klopfen und Mr. Quilhamptons Kopf im Türspalt.

»Waters ist da, Sir.«

»Soll reinkommen.«

Edward betrat die Kajüte und stand ungelenk, aber neugierig herum. Ein plötzlicher Gedanke durchzuckte Drinkwater: Noch ein oder zwei Monate, und er hätte aus Edward einen Seemann machen können. Er war schon jetzt schlank und fit. Aber es war seine Haltung, die Drinkwater am meisten verblüffte. Vor vier Monaten hatten sie sich als Ebenbürtige gegenübergestanden, nun zeigte Edward das Verhalten eines sozial Tiefergestellten.

»Wie geht es dir?« fragte er brüsk.

»Ganz gut . . . Sir.«

»Wie bist du behandelt worden?«

»Wie alle deine Seeleute«, sagte Edward mit einer Spur Bitterkeit. »Ich habe keine Beschwerden.«

Drinkwater verkniff sich eine scharfe Erwiderung und goß zwei Gläser Rotwein ein. Er gab eins davon Edward und ging zur Tür.

»Mr. Q., lassen Sie bitte eine Schüssel heißes Wasser aus der Kombüse holen!«

»Heißes Wasser, Sir?« Er sah Drinkwaters Augen ungehalten aufblitzen. »Äh, jawohl, Sir.«

»Setz dich, Ned, setz dich.«

Drinkwater schloß die Tür. »Dein Leben wird sich ändern. Ob zum Besseren, kann ich nicht vorhersehen. Aber hör dir aufmerksam an, was ich zu sagen habe.« Er machte eine Pause, um seine Gedanken zu ordnen.

»Jex, der Purser, hat dich erkannt. Er hat einen Zeitungsbericht über den Mord gelesen, außerdem hat er dich im ›Blue Fox‹ gesehen. Wußtest du das?«

Edward nickte. »Ich hatte bisher keine Ahnung, wie er darauf kam, aber er hat sich an mich herangemacht.«

»Du hast doch nicht . . .«

»Gestanden? Guter Gott, nein! Ich habe mich dumm gestellt, wie es jeder Seemann in Gegenwart eines Offiziers tut.« Ein kleines Lächeln huschte über Edwards Gesicht. »Was wirst du gegen Mr. Jex unternehmen?«

Drinkwater seufzte. »Ich habe geblufft, Ned. Ich habe abgestritten, daß du mein Bruder bist, habe gesagt, daß die Namensgleichheit purer Zufall und die ganze Affäre ein Geheimnis hat, das ihn nichts angeht.«

Jetzt kamen Quilhampton und ein Steward mit dem heißen Wasser. Beide platzten förmlich vor Neugier. In wenigen Minuten würde jeder an Bord wissen, daß der Freiwillige Waters Wein mit dem Kommandanten trank. Aber Nathaniel kümmerte das nicht mehr. Wahrscheinlich war sein lässiges Verhalten für den beabsichtigten Zweck nur nützlich.

Edward platzte los, kaum daß die beiden die Kajüte verlassen hatten: »Was zum Teufel meinst du mit Geheimnis?«

»Verdammt, Ned, ich habe für dich gelogen, meine Karriere riskiert, meine Position als Kommandant schamlos ausgenutzt, vielleicht mein ganzes Leben verpfuscht, nur aus brüderlicher Liebe! Du glaubst wohl nicht, daß Jex es mir abgenommen hätte, wenn ich alles einfach nur abgestritten hätte. Mr. Jex zählt nicht gerade zu meinen loyalsten Offizieren. Er sucht nur einen Vorwand, um mir eins auszuwischen. Er ist zwar nicht so dumm, mit den Kriegsartikeln in Konflikt zu kommen, aber auch nicht schlau genug, um meine Lügen zu durchschauen. Vielleicht kommt er mit der Zeit dahinter, dann wird seine Rachsucht nur noch wachsen. Aber dann wirst du nicht mehr an Bord sein.«

Edward schüttelte den Kopf. »Ich verstehe nicht...«

»Mein Rasierzeug liegt dort drüben«, Drinkwater zeigte auf eine zusammengewickelte Rolle, »du kannst dich rasieren, während ich rede. Ich habe von Yarmouth aus an Lord Dungarth geschrieben, dem ich vor einigen Jahren bei geheimdienstlichen Einsätzen unterstellt war. Er ist ein Agentenführer, und wenn einer dir helfen kann, dann er.«

»Was hast du ihm enthüllt?« fragte Edward, während er sich einseifte.

»Nur daß ein Bekannter, der seinem Land dienen will, mich um Hilfe gebeten hat. Außerdem spricht dieser Mann fließend französisch und könnte in den Baltischen Staaten für unsere Sache von großem Wert sein. Seine Lordschaft ist klug genug, daraus eigene Schlüsse zu ziehen.«

»Besonders wenn er Zeitung liest«, murmelte Edward; die Klinge raspelte über seine gebräunten Wangen. Er spülte sie ab und wandte sich um.

»Also werde ich seine Marionette. Ich muß springen, wenn Seine Lordschaft an der Strippe zieht, nicht wahr?«

»Du hast kein Recht zur Bitterkeit, Edward«, unterbrach ihn Drinkwater scharf. »Ich denke, daß du das dem Tanz unter dem Galgen vorziehst.«

Gewaltsam unterdrückte er seinen Ärger und goß Wein nach.

»Ich bringe dich an die dänische Küste. Du kannst dir ein Pferd kaufen und dich nach Hamburg durchschlagen. Das Postschiff aus Harwich läuft dort alle vierzehn Tage ein. Als die *Kite* nach England zurücksegelte, hatte sie Post an Bord, darunter auch meinen Brief an Lord Dungarth, in dem steht, daß die besagte Person in Hamburg auf Befehle wartet. Sie wird sich dem Kapitän des Postschiffes unter dem Namen Waters vorstellen.«

»Du glaubst, daß das Postgeheimnis gewährleistet ist?«

»Der zweite Brief ist kaum belastend, und den ersten schickte ich durch besonderen Boten. Um genau zu sein, mit der Ehefrau des Oberkommandierenden.«

»Guter Gott!«

»Ich habe getan, was ich konnte, Ned. Jetzt muß ich dich an Land setzen.« Beinahe hätte er gesagt: »Muß dich endlich loswerden«, aber er beherrschte sich.

»Ja, natürlich. Wie lange muß ich in Hamburg warten?«

»Ich würde sagen, etwa zwei Monate ... Erkundige dich jedesmal auf dem Postschiff.«

»Danach hat mich dieser Lord Dungarth aufgegeben, genauso wie du.« Die Brüder blickten sich in die Augen.

»Das ist richtig, Ned«, sagte Drinkwater ruhig, »und es würde mir verdammt leid tun.«

Edward zuckte mit den Schultern. »Ich brauche Geld.«

Drinkwater nickte und griff in seinen Schrank.

»Du kannst das Geld wiederhaben, das ich dir in Yarmouth abgenommen habe, zuzüglich zwanzig Sovereigns von mir. Ich hoffe, daß du eines Tages in der Lage sein wirst, mir die Schulden zurückzuzahlen ... Was die Kleider angeht, so wird das hier genügen.«

Er drehte den Leinwandsack um, und Hemden, Hosen, Schuhe und ein zerknitterter blauer Mantel fielen heraus.

»Von einem Toten?«

»Ja, er hieß Mason.«

»Wie es scheint, hast du an alles gedacht.«

Drinkwater überhörte den sarkastischen Unterton.

»Nimm auch seinen Degen und die Pistole. Ich habe den Feuerstein erneuert, und hier ist eine Schachtel mit Reservefeuerstein, Pulver und Kugeln für ein halbes Dutzend Schüsse.«

Er sah zu, wie Edward sich ein Hemd aussuchte und die Schuhe anprobierte; alles paßte einigermaßen.

»Wenn du vorsichtig wirtschaftest, hast du genug Geld, um ein Pferd zu kaufen und während der Reise einkehren zu können. Es wird das beste sein, wenn du nur französisch sprichst. Wenn du in Hamburg bist, mußt du dich auf dein Glück verlassen.«

»Glück«, erwiderte Edward ironisch und zog Masons Mantel an, »davon werde ich eine ganze Menge brauchen... Wenn es mich im Stich läßt, wie schon so oft, kann ich mir ja immer noch eine Kugel in den Kopf jagen, nicht wahr, Nathaniel?«

Er drehte sich um und sah, daß sein Bruder gegangen war; graues Dämmerlicht füllte die Kajüte.

Drinkwater blickte achteraus, wo der dunkle Schatten der *Virago* von den ersten Sonnenstrahlen beleuchtet wurde. Ein schneidender Wind blies ihnen ins Gesicht, das Boot lief mit dichtgeholten Schoten nach Südosten durch die ankernden Schiffe. Der einzige Vorteil, den die vielen Verzögerungen der letzten Tage mit sich brachte, war, daß sich niemand um ein Boot kümmerte, das über den Ankerplatz kreuzte. Es waren zu viele Boote gekommen und wieder gegangen.

Die Bootsmannschaft war dick vermummt. Neben ihm im Heck saß Edward und blickte auf die näherkommende Küste. Er übersah die neugierigen Blicke seiner ehemaligen Kameraden. Eine Hand lag auf der Reling, die andere umfaßte den Seesack mit Degen und Dreispitz.

Die Brüder schwiegen. Es hatte keinen formellen Abschied gegeben, Drinkwater war erst in die Kajüte zurückgekehrt, als das Boot bereitlag. Edwards Undankbarkeit schmerzte Nathaniel, er konnte die Beweggründe seines Bruders nicht verstehen. Edward begriff nicht, daß Drinkwater alles für ihn riskiert hatte. Ein Spieler, der von seiner Gewitztheit lebte und gewohnt war, nur sich selbst verantwortlich zu sein, geriet immer in Versuchung, für seine Fehler einen Sündenbock zu suchen.

Quilhampton fuhr eine Wende in Richtung See. Es wurde immer heller, die niedrige Küste von Seeland war nun klar zu erkennen. Nach einer halben Stunde wendeten sie wieder und hielten nun auf die Dächer und Türme von Gilleleje zu.

Drinkwater stieß Quilhampton an und deutete auf das Dorf. Quilhampton nickte. Vierzig Minuten später bargen sie die Segel und holten die Riemen hervor. Sie liefen an einer ziemlich geschützten Stelle auf den Sandstrand.

Drinkwater ging mit Edward den Strand hinauf. Keiner sagte ein Wort. Im Dorf krähte ein Hahn, und aufsteigender Rauch verriet, daß das Leben erwachte. Ein Mann kam aus einem Abtritt und blickte erstaunt zu ihnen hin.

»Jetzt muß ich mich wohl verabschieden«, meinte Edward schließlich, seine Stimme war bar jeder Emotion.

»Adieu«, erwiderte Nathaniel flach und formell. Edward warf den Seesack über die Schulter und hielt ihn mit beiden Fäusten fest, das ersparte ihm einen Händedruck. Er nickte seinem Bruder zu und marschierte los. Drinkwater blickte ihm nach. Der Mann aus dem Klo tauchte wieder in der Tür eines hübschen Holzhauses auf, neben sich eine blonde Frau, die einen blauen Schal um die Schultern geworfen hatte. Sie blickten dem Fremden entgegen. Edward machte keinen Versuch, sich zu verbergen, ging auf sie zu und lüftete den Hut. Die Frau versteckte sich hinter dem Rücken des Mannes, kam aber nach einigen Minuten wieder hervor. Edward schien sich den Dänen verständlich machen zu können. Von Zeit zu Zeit blickten beide in Richtung Drinkwaters. Edward drehte sich nicht um, und nach einigen Augenblicken kehrte Nathaniel an Bord zurück.

Der Wind, der *Viragos* Langboot so schnell zurückgebracht hatte, stand für die Flotte ungünstig. Sie konnte nicht in den Sund einlaufen. Aber der Tag verging besser, als die Unken in den Offiziersmessen vermutet hatten. Gegen zehn Uhr vormittags ließ der Oberkommandierende von verschiedenen Schiffen Boote rufen. In den folgenden Stunden wieselten sie über die grauen, unruhigen Wellen und verteilten Befehle.

Es war noch immer bitterkalt. Dem unnatürlich frühen Frühlingseinbruch war wieder der Winter gefolgt. In England erfroren die gelben Osterglocken, die in der Wärme der ersten Märztage erblüht waren: ein Omen aus dem Norden, dem die Frauen zu Hause viel Bedeutung beimaßen. Sie warteten ungeduldig auf eine Nachricht von der Ostseeflotte.

Ein frischer Wind zog durch die Flotte. Die Linienschiffe holten die schwerfälligen Flachbodenschiffe längsseits, die sie so eifrig von England herübergeschleppt hatten, und setzten 24-Pfünder auf sie ab. Colonel Stewarts Abteilung vom 49. Regiment improvisierte Gewehrdrill an den Finknetzen. Seine Scharfschützen behaupteten, sie seien so fit, daß sie dem Zar das rechte Auge ausschießen könnten. Sogar die Mörserschiffe wurden aktiviert, ihre Artillerieabteilungen kamen an Bord.

Mr. Tumiltys rundes lächelndes Gesicht blickte über die Seite, und dann schüttelte der rothaarige Ire begeistert Drinkwaters Hand.

»Ich möchte bloß wissen, warum ihr Seeleute keine Aktion im Geheimen durchführen könnt. Mittlerweile hat uns ganz Dänemark an der Küste auf und ab kreuzen sehen.«

Drinkwater grinste und dachte an seine eigene kleine Geheimunternehmung, die erst vor knapp zwei Stunden beendet worden war.

»Freut mich, Sie zu sehen, Mr. Tumilty. Aber was steckt hinter diesem plötzlichen Trubel?«

»Das wissen Sie nicht? Admiral Parker hat sich endlich dafür entschieden, Lord Nelson seinen Willen zu lassen. Die Mörserschiffe stoßen zu einem Verband unter dem Befehl Seiner Lordschaft, dieses Reval oder auch Kopenhagen gehören uns, mein Freund!«

»Wir bleiben also bei Nelson?«

»Aye, Nathaniel. Man erzählt sich, daß er dem armen alten Admiral so lange eingeheizt hat, bis der nur noch seine Ruhe wollte.« Tumilty schauderte und rieb sich die Hände. »Guter Gott, ist das kalt! Ein Mann, der zur See fährt, um ein Vermögen zu verdienen, muß anschließend in die Hölle, um es gemütlich zu haben...«

»Mr. Tumilty, melden Sie sich bei Mr. Jex und lassen Sie sich von ihm einen Wintermantel und Ihren Männern Schaffelljacken geben. Wir sollten noch genug davon haben.«

»Das ist verdammt anständig von Ihnen, Nat, sehr anständig. Bald wird es hier heißer zugehen als auf den höllischen Grillpfannen, wenn wir die beiden großen Kessel anwärmen, die noch unter den Luken träumen!« Er rieb sich wieder die Hände, aber diesmal in Vorfreude.

»Verzeihung, Sir, eine Nachricht vom Admiral...«

Drinkwater nahm das Päckchen von Quilhampton entgegen. Er sah ein Boot davonrudern, das er wegen Tumiltys Ankunft nicht hatte kommen sehen.

Er überflog die Befehle: »Die in dieser Liste aufgeführten Schiffe...« Drinkwaters Blick überflog die Liste, ganz unten stand *Virago*, »... bilden für einen Sondereinsatz ein Geschwader unter meinem direkten Befehl. Sie haben ihre Hauptanker sowie die Reserveanker klarzuhalten, so daß sie jederzeit sofort ankern können... Die Kommandanten haben sich insbesondere das Signal Nr. 14 einzuprägen – ›Ankern Sie über das Heck!‹«

Die Befehle trugen die krakelige Unterschrift der linken Hand des Admirals.

»Mr. Rogers!«

»Sir?«

»Der Vizeadmiral wechselt heute auf die *Elephant*.«

»Warum zum Teufel?«

»Sie hat weniger Tiefgang als die *St. George*. Weisen Sie bitte die Wachoffiziere an, auf die Signale der *Elephant* zu achten. Wir bilden ein Geschwader unter Nelsons Kommando.«

Die plötzlichen Aktivitäten in der Flotte und die Befreiung von Edward hatten Drinkwaters Depressionen vertrieben. Er fühlte sich merkwürdig erleichtert, ein Gefühl, das Tumilty offenbar teilte, denn er grinste so breit, daß seine Mundwinkel beinahe die Ohrläppchen erreichten.

»Das wird ein hübsches Tänzchen geben, Mr. Rogers! Wir werden diesen Spitzbuben schon aufspielen, ein schönes *basso profundo* mit einem gelegentlichen *crescendo*, das wird ihnen Beine machen.«

»Wollen hoffen, daß es nicht zu spät ist, Mr. Tumilty«, erwiderte Rogers, der Drinkwater seine Geheimniskrämerei um Waters noch nicht vergeben hatte.

»Verzeihung, Sir, aber Mr. Trussel schickt mich mit weiteren Befehlen, Sir.«

»Danke, Tregembo.«

Drinkwater nahm das Päckchen und brach das Siegel auf. »Darf ich etwas sagen, Sir?«

»Was gibt's?«

»Es hat sich an Bord herumgesprochen, daß der Mann, den wir an Land gesetzt haben, ein Spion war, Sir.« Drinkwater blickte Tregembo an, sie verstanden einander. »Mr. Jex hat sich vor ein paar Tagen an mich herangemacht, Sir. Es hat ihn zwei Scheiben Kautabak gekostet, um herauszubekommen, daß Sie keinen Bruder haben, Sir.«

»Danke.«

»Nun möchte ich mich um Ihren Degen und die Pistolen kümmern, Sir.«

»Die sind in Ordnung, Tregembo, ich habe sie seither nicht benutzt.«

»Ich sehe trotzdem nach.«

Drinkwater beugte sich über seine neuen Befehle. Die Mörserschiffe wurden unter den Befehl von Kapitän Murray auf der *Edgar* gestellt und sollten gegen die Feste Kronburg eingesetzt werden. An die Befehle war ein Zettel von Martin geheftet, der Drinkwater mitteilte, daß sich *Zebra* bei der Grundberührung den Kiel angebrochen hatte; vielleicht ergebe sich daraus die Möglichkeit, daß er Drinkwater einen Gefallen erweisen könne. Drinkwater standen Martins Hintergedanken dabei klar vor Augen. Er überlegte, was der Kommodore wohl sagen würde, wenn er erführe, daß der Leutnant, den er gerade wegen Lord Dungarth hofierte, kürzlich einen Mörder seiner gerechten Strafe entzogen hatte.

Am späten Nachmittag wurde die Brigg *Cruizer* nach Kronburg geschickt, um zu erkunden, was Gouverneur Stricker unternehmen würde, wenn die Briten in den Sund einliefen.

Es war allen klar, auch dem dänischen Befehlshaber, daß Parker immer noch zauderte.

Am folgenden Morgen – es war Samstag, der 28. März – drehte der Wind nach Westen, und es wurde wärmer. Die Sonne schien, die Anker wurden gelichtet. Alle Segel bis zu den Royals wurden gesetzt, um die Einfahrt in den Sund zu erzwingen. Aber der Wind flaute ab, und der Strom stand genau gegenan. Brisbane von der *Cruizer* hatte Parker inzwischen mitgeteilt, daß Stricker ihn schlicht ausgelacht habe. Parker konnte es nicht riskieren, daß seine ungefügen Linienschiffe unter die schweren Kanonen der Festung trieben, deshalb ließ er wieder ankern.

In *Viragos* Kajüte wurde an diesem Abend die Frage diskutiert, wie lange es wohl dauern würde, bis der Ankerring im Rohring durchgescheuert war.

[illegible]

[illegible]

[illegible] immer noch [illegible]

[illegible]

[illegible]

TEIL DREI

LORD NELSON

Es wird heiß zugehen. Dieser Tag kann für jeden von uns jederzeit der letzte werden. Aber merkt euch: Ich möchte unter keinen Umständen woanders sein.

Nelson vor Kopenhagen, 2. April 1801

Vierzehntes Kapitel

29.–30. März 1801

Im Sund

»Zwei Signalschüsse vom Flaggschiff, Sir.«

»Gut. Wie spät ist es?«

»Kurz vor Mitternacht, Sir. Der West frischt ein wenig auf.«

Drinkwater warf sich in den Wintermantel und eilte an Deck. Er blickte zum Wimpel auf und nickte seine Zustimmung, als Rogers die Leute zum Ankerlichten einteilte.

»Lassen Sie die Marssegel dicht holen, Mr. Rogers, und halten Sie die Vorsegel klar zum Setzen! Mr. Easton!«

»Sir?«

»Steht ein Mann klar zum Loten?«

»Jawohl!«

»Sehr gut.«

»Tja, wenn wir etwas können, dann ist es, den verdammten Anker mitten in der Nacht zu hieven«, kommentierte Rogers in lautem Flüsterton.

»*Virago*, ahoi!«

»Ja?« Drinkwater ging zur Reling. Er sah einen Steuermannsgehilfen am Heck einer Gig stehen.

»Kapitän Murray möchte, daß Sie dicht unter Land in Richtung Feste Kronburg segeln, Sir. Die Mörserschiffe werden bei Sonnenaufgang mit der Beschießung beginnen.«

»Danke.« Drinkwater wandte sich um. »Können Sie die *Edgar* im Dunst erkennen?«

»Aye, aye, Sir. Sie hat gerade Laternen gesetzt.«

Drinkwater sah außerdem einen roten Lichtschein am Heck der *Edgar*. »Bengalisches Feuer, Sir, das Signal zum Ankerlichten.«

»Na dann, hiev rund!«

Viragos Marssegel füllten sich, als der Anker auf und nieder kam; das Wasser begann unter ihrem runden Bug zu gluckern. Mit äußerster Vorsicht manövrierte Drinkwater das alte Schiff südwärts in das

Kielwasser der *Edgar*. Auf beiden Seiten waren dunkle Schatten mit hellen Marssegeln zu sehen: die Mörserschiffe, die darauf brannten, den Dänen ihre feurigen Grüße zu schicken.

Kaum eine Stunde später drehte der Wind und schralte unbarmherzig.

»Marssegel fängt an zu killen, Sir!«

»Hart anbrassen, Mr. Easton!«

»Hart anbrassen, aye, aye, Sir... Nützt nichts, Sir, der Wind weht uns in die Zähne.«

Kanonendonner aus der Dunkelheit vor ihnen und zwei bengalische Feuer mit einer blauen Rakete verkündeten das Unvermeidliche.

»An die Brassen, Mr. Easton, anluven und klar zum Ankern!«

Wieder einmal fiel der Anker, wieder einmal rauschte *Viragos* Trosse aus der Klüse, und wieder einmal enterte die Mannschaft auf, um die Segel zu beschlagen, in der Gewißheit, daß sie morgen wieder Anker würden lichten müssen. Aber sie waren jetzt fast an der Stelle angekommen, von wo aus die Beschießung beginnen sollte.

Den ganzen Morgen wartete Drinkwater auf das Kommando zum Ankerlichten, denn der leichte Wind raumte. Nachmittags arbeiteten sich die restlichen Schiffe weiter ans Land heran, am Abend ankerte die ganze Flotte vier Meilen nordwestlich von Kronburg. Drinkwater studierte die Küste. Die große, dunkle Masse der Festung war nur undeutlich zu sehen, aber das Land war hier stärker bewaldet als bei Gilleleje. Die Dörfchen Hellebaek und Hornbaek waren gut zu erkennen, besonders die Kirche des letzteren leuchtete im Sonnenuntergang. Nicht nur die dänischen Dörfer wurden von der tiefstehenden Sonne angestrahlt, glitzernde Reflexe spielten auch auf den Mündungen der Kanonen in der schwedischen Festung Helsingborg, die auf der anderen Seite des Sunds lauerte.

Die Männer lagerten an Deck und beobachteten schweigend die dänische Küste; man konnte überall Fußgänger, Kutschen und Reiter sehen. Die Bevölkerung von Helsingör spähte neugierig zur britischen Flotte hinaus, denn ihre schweren Rümpfe mit dem Filigran der Masten und Spieren zeichneten sich klar vom roten Abendhimmel ab. Vielleicht ein weiteres Omen?

Drinkwater vertiefte sich wieder in das Notizbuch, das er von Mr. Blackmore, dem Navigator der *Cyclops*, geerbt hatte. Drinkwater war sein bester Schüler auf der Fregatte gewesen, deshalb hatte ihm der alte Mann die Notizbücher und seinen Sextanten hinterlassen. Sie waren peinlich genau geführt und hielten Drinkwater immer dazu an, sein eigenes Tagebuch genauso sorgfältig zu schreiben. Blackmore hatte Vermessungen angestellt und fremde Karten kopiert, besonders von der Ostsee, mit der er sehr gut vertraut war.

Drinkwater studierte die Karte des Sunds. Die Wälle von Kronburg waren sauber eingezeichnet, zusammen mit den Reichweiten der Batterien. Sie betrugen nicht mehr als anderthalb Meilen. Der Sund war zweieinhalb Meilen breit, die Flotte konnte also nicht dem Feuer *beider* Festungen entgehen; es blieb ihr nur die Wahl zwischen Helsingborg oder Kronburg.

Drinkwater machte sich auch mit den Stromverhältnissen vertraut. Der Strom lief gewöhnlich in nördlicher Richtung, wie sie schon zu ihrem Leidwesen hatten feststellen müssen, konnte aber vom Wind und einem leichten Gezeiteneinfluß überlagert und verändert werden. In der Mitte des Sunds lag eine Untiefe, die der Flotte aber keine Sorgen machen sollte. Es waren die Kanonen von Kronburg, welche die Zerstörungen anrichten würden.

Drinkwater ging vor dem Schlafengehen noch einmal hinauf. Es war bitterkalt, eine dünne Schicht Cirruswolken war aufgezogen. Trussel stand an Deck. »Alles ruhig, Mr. Trussel?«

»Aye, Sir, wie ein Grab.«

»Der Mond geht um 02.15 Uhr auf, und der Almanach sagt eine Mondfinsternis voraus.«

»Ach, dann sollte ich besser den Leuten Bescheid sagen. Es gibt noch viele, die an Zauberei und ähnliches glauben.«

»Wie Sie meinen, Mr. Trussel.«

Drinkwater mußte an seinen Alptraum von Hortense Santhonax denken und fragte sich, ob das nicht auch so etwas wie Hexerei gewesen war. Es gab Zeiten, in denen sich ein einsamer Mann wie unter einem Fluch fühlen konnte. Er dachte auch an Edward; wo der wohl in dieser Nacht stecken mochte?

Trussel holte ihn in die Wirklichkeit zurück.

»Um ehrlich zu sein, Mr. Drinkwater, ich würde an jedes Omen glauben, wenn es endlich Fortschritte versprechen würde. So kann es doch nicht weitergehen, oder was meinen Sie?«

»Aye, Mr. Trussel. Die Dänen haben uns voll unter Kontrolle.«

»Und zweifellos ein schlechtes Bild von uns nach all diesem Hin und Her. Ich habe noch nie so viele Boote kommen und gehen sehen, nicht mal damals, als die Grand Fleet in St. Helen's lag. Ihr kleiner Ausflug letztens ist völlig unbemerkt geblieben.«

Trussel war an dem Punkt angekommen, auf den er hingearbeitet hatte.

Drinkwater lächelte. »Richtig, Mr. Trussel. Das war auch der Sinn.«

»Der Sinn, Sir...?« hakte Trussel nach.

»Na, Sie kennen doch die Gerüchte, wonach der Mann, den ich in Yarmouth an Bord brachte, ein Spion war.«

»Aye, Sir, das erzählt der Bordklatsch. Doch dem glaube ich nicht alles.«

»Diesmal hat er aber recht, Mr. Trussel. Gute Nacht!«

Mr. Jex lag wach in seiner sargähnlichen Koje und fühlte sich aufs höchste beunruhigt. Das fruchtlose Hin und Her der letzten Woche, die Fron mit Ankergeschirr und Segeln hatten ihn kaum gestört, da er bei solchen Manövern keine besonderen Aufgaben hatte. Zwar hatte ihn das rauhe Wetter seekrank gemacht und an seine Kammer gefesselt. Dabei hatte er aber wenigstens seinen Steward herumkommandieren können, einen jämmerlich eingeschüchterten Mann, den niemand mochte. Aber Jex hatte die Seekrankheit schließlich überwunden, und die langen Liegezeiten vor Anker hatten seinen inneren Aufruhr besänftigt.

Es ging Jex genauso wie dem Oberkommandierenden, er wollte einfach nicht an der Feste Kronburg vorbei: doch während Parker nur extrem vorsichtig war, war Jex schlicht feige. Es fiel ihm sehr schwer, sich auf die langen Zahlenreihen zu konzentrieren, selbst wenn sie am Ende einen Vermögenszuwachs für Hector Jex ergaben. Die Verluste, die Drinkwater ihm verursacht hatte, waren bereits ausgeglichen. Aber seine Vorstellung wurde ständig durch Bilder abgelenkt, in denen verstümmelte Körper eine Rolle spielten, blutige Decks voll schrecklich zugerichteter Leiber und die Wanne des Chirurgen, angefüllt mit amputierten Armen und Beinen. Leutnant Rogers' blutrünstige Geschichten waren immer sehr anschaulich, und die anderen Offiziere verspotteten Jex nach wie vor wegen seiner Feigheit. Rogers fehlte es ganz an Takt oder Mitgefühl, er rieb gern Salz in die offene Wunde des Zahlmeisters, so daß dessen Haß auf den Ersten Offizier bald größer war als der auf den Kommandanten.

Was Drinkwater anging, so fühlte Jex, daß er wieder einmal ausmanövriert worden war. Die ostentative Ausschiffung Waters' schien die Andeutungen Drinkwaters über den Freiwilligen zu bestätigen. Jex konnte jetzt nur noch später nachforschen, ob in Newmarket wirklich ein Doppelmord geschehen war und wenn ja, unter welchen Umständen. Er hatte nur einen Wunsch: lange genug zu leben, um dem arroganten Drinkwater einen Fehler nachweisen zu können. Aber seine Furcht vor einem schnellen Ende wuchs. Sogar jetzt, als er ein Deck unter der Ankerwache lag, welche die Mondfinsternis bewunderte, sah er sich selbst tot, zerrissen von einer Kanonenkugel, die Gedärme aus dem Bauch quellend.

Drinkwater stand in der Sonne und blickte über Deck. Er hatte alles getan, was möglich war, um *Virago* in eine Position zu bringen, von der aus er den Mörserschiffen jede gewünschte Hilfe leisten konnte, ohne selbst in den Feuerbereich der Kanonen von Kronburg zu geraten.

Er musterte die Masten der Mörserschiffe und das dahinter liegende Ziel. Sie waren in einer Reihe knapp außerhalb der Reichweite der Kanonen vor Anker gegangen und bereiteten sich auf die Beschießung vor.

Drinkwater hatte schon beim Abschied von Edward dänischen Boden betreten, sich aber noch keine Gedanken über das Land des Gegners gemacht. Er sah es als eine Anzahl von Landmarken, die man peilen konnte, als eine flache Küste mit gefährlichen Untiefen, bewohnt von einer Bevölkerung, die vor ihrer Ankunft gewarnt war. Erst jetzt erkannte er, wie fremd alles aussah. Bei Tagesanbruch hatten sie Anker gelichtet und die befohlenen Positionen eingenommen. Die Feste Kronburg erhob sich vor ihnen, fremdartig für britische Augen, die an die Zinnen der Normannen gewöhnt waren. Die roten Ziegelmauern, spitzen Türme und die Kuppeln mit hellen grünen Kupferdächern, das alles machte einen phantastischen Eindruck, fast märchenhaft-unwirklich; Sir Hyde Parkers Befürchtungen schienen ganz unbegründet gewesen zu sein.

Aber als sie um sechs Uhr morgens die Anker fallen ließen, wurde drüben die dänische Flagge gesetzt. Das weiße Kreuz auf rotem Grund wehte steif in der nordwestlichen Brise aus, die so günstig für die Durchquerung des Sunds gewesen war. Die Flagge schien zu züngeln, als käme sie aus dem Maul eines Drachens.

Die Crew hatte ihr Frühstück auf Gefechtsstationen eingenommen. Lettsom war an Deck gekommen, um sich die Flotte anzusehen, und Easton erklärte ihm die Landmarken.

»Das ist die Stadt Helsingör, Mr. Lettsom, wir nennen sie Elsinnore. Die Festung heißt Kronburg oder in manchen Karten auch Kronenburg.«

»Dann ist das Hamlets Schloß, nicht wahr, Mr. Drinkwater?«

»Ich glaube schon, Mr. Lettsom.«

»Man hat mir etwas von einer Finsternis erzählt, die Ihnen heute nacht zu schaffen machte.«

»Es war nur der Mond, der sich verfinsterte, glücklicherweise nicht wir.«

»Wirklich, Sir?« Lettsom machte eine kurze Pause. »›Der feuchte Stern, des Einfluß waltet in dem Reich Neptuns, krankt an Verfinsterung bis zum jüngsten Tag...‹ Aus Hamlet, meine Herren, erster Akt.«

»Ich möchte wahrlich nicht bis zum jüngsten Tag hier vor Anker liegen, Doktor«, fiel Rogers ein.

Lettsom ignorierte den Ersten und zitierte noch etwas Hamlet: »›Doch seht, der Morgen, angetan mit Purpur, betritt den Tau des hohen Hügels dort...‹«

»Aber hier gibt's keine hohen Hügel, was nur beweist, daß Shakespeare nicht wußte, wie Dänemark aussieht.«

»Das ist wahr, Sir, trotzdem gibt es so etwas wie dichterische Freiheit. Aber hier kommt jemand, zwar nicht der Morgen, doch immerhin Mr. Jex.«

Die versammelten Offiziere lachten und zogen so über den Zahlmeister her, daß Drinkwater sie mäßigen mußte.

»Gentlemen, wir sollten unsere Aufmerksamkeit wieder der Flotte zuwenden.«

»Mr. Drinkwater, Sie haben meine Muse verscheucht«, grinste Lettsom. »Ich ziehe mich jetzt ins Lazarett zurück und werde dort schmollen wie weiland Achilles im Zelt.«

Arzt und Zahlmeister waren sofort vergessen, als Nelsons Geschwader Anker lichtete, um in den Sund nach Kopenhagen einzulaufen. Es war ein erhebendes Schauspiel für die Männer, die nur darauf warteten, auch ihren Teil beizutragen. Der Wind wehte stetig aus Nordnordwest. *Monarch* lief an der Spitze, und sie sahen die Toppgasten aufentern, um die Bramsegel auszuschütteln.

»Signal von *London*, Sir: ›Mörsergeschwader – Feuer frei!‹«

»Danke, Mr. Easton. Mr. Rogers, schicken Sie die Besatzungen in die Boote, damit wir notfalls schnell Hilfe leisten können. Mr. Tumilty, würden Sie uns die Beschießung aus Ihrer Sicht erklären?«

»Mit größtem Vergnügen. Achten Sie auf die *Zebra*, ich hörte, daß sie kürzlich aufgelaufen ist. Sicherlich ist sie stark gebaut, aber wenn Bobbie Lawson seine Mörser überlädt, könnte sie Probleme bekommen.«

»Ist Hauptmann Lawson denn dafür bekannt, daß er seine Mörser überlädt?«

»Der will die fünf Guineen gewinnen, die ich gewettet habe. Ich habe behauptet, daß er es nicht schafft, eine halbe Stunde lang jede

Minute eine Salve abzufeuern. Das könnte ihn etwas unvorsichtig machen ...«

Drinkwater lachte, dann feuerte das erste Schiff.

»Das war die *Explosion*«, sagte Tumilty scharf, plötzlich ganz konzentriert. Der Abschuß rollte übers Wasser, *Explosions* Deck war im Rauch verschwunden.

»Sie macht ihrem Namen wirklich Ehre.«

»Alle werden Schußbahn und Einschlag beobachten, bevor sie selbst feuern«, informierte Tumilty. Auch sie folgten der Bahn des Geschosses bis zum höchsten Punkt, aber dann wurden sie von den Kanonen von Kronburg abgelenkt, die das Feuer eröffneten. Einen Moment verschwand *Monarchs* Rumpf hinter Wasserkaskaden, dann hüllte sie sich in den Qualm ihrer eigenen Breitseite. Die anderen Schiffe fielen ein. Es war 06.45 Uhr morgens.

In der nächsten Stunde erbebte die Luft unter dem Kanonendonner. Die tiefen, rollenden Breitseiten der britischen Schiffe wurden vom Geschützfeuer der Feste erwidert. In der Nähe krachten die Abschüsse der zehn- und dreizehnzölligen Mörser und hüllten Masten und Rahen der Bombarden in Pulverrauch. Von der Mörserflottille kamen keine Hilferufe, deshalb mußte *Virago* untätig bleiben; aber sie hatten wenigstens einen einzigartigen Logenplatz bei diesem Schauspiel.

»Die Schweden schießen nicht, Sir«, bemerkte Rogers. *»Monarch* nähert sich unangefochten ihrer Seite des Fahrwassers.«

Parkers Mitteldivision stand jetzt querab von ihnen. Alle Schiffe hatten die Bramsegel gesetzt, aber die Hauptsegel beschlagen gelassen, um weder die Stückmannschaften zu behindern noch das Manövrieren im Sund zu komplizieren.

»Das ist schon ein toller Anblick, Nat«, meinte Tumilty. »In solchen Augenblicken könnte man auf die Idee kommen, daß Krieg eine herrliche Sache ist.«

»Leider stimmt das, Tom. Schauen Sie nur, die *Elephant* dort, der Zweidecker mit der blauen Flagge im Vormast: Das ist Nelsons Flaggschiff. Merken Sie, wie er sein Feuer zurückhält, wie er die Dänen mit Verachtung straft? Das ist beste englische Art!«

»Wenn das englische Kriegskunst ist, dann warten Sie nur, bis Sie die irische Variante zu sehen bekommen, bei Gott!« Tumilty grinste. »Es ist nämlich nicht kalte Verachtung, die den Feind in die Flucht schlägt, sondern blinde Kampfeswut ...«

Sie mußten beide lachen.

»Da segelt die gute alte *Isis*. Prägen Sie sich das ein, Mr. Q, wahrscheinlich ist es das letzte Mal, daß Sie einen Fünfziger in der

Schlachtlinie sehen... Sicherlich ist sie nur wegen ihres geringen Tiefgangs dabei.«

Hinter den Linienschiffen segelten gestaffelt, auf der schwedischen Seite des Sunds, die kleineren Fahrzeuge. Die Kanonenbriggs und Fregatten schleppten die Flachboote. Die Slups, die Brander *Otter* und *Zephyr*, die Versorger und Kutter hielten alle nach Süden. Gedeckt wurden sie von der Nachhut unter Admiral Graves. Zurück blieben nur *Blanche* und *Edgar*, um die Mörserschiffe zu schützen. Fünfzehn Minuten vor acht Uhr hißte die achterste Wiederholungsfregatte eine bunte Kette Signalflaggen.

»*Jamaica* signalisiert, Sir: ›Wiederholung vom Flaggschiff, Mörserschiffe Feuer einstellen, zum Admiral aufschließen!‹« Mr. Quilhampton klappte das Signalbuch zu.

»Jetzt kommt die irische Variante, Mr. Tumilty«, neckte Rogers den Artillerieoffizier. »Die Briten dürfen diesmal zur Abwechslung die gejagten Hasen spielen.«

»Was Sie nicht sagen, Mr. Rogers«, erwiderte Tumilty und rief seinen Unteroffizier an die Poop, während Drinkwater und Rogers Befehle brüllten, um *Virago* in Fahrt zu setzen. Sie wurden prompt ausgeführt. Die Toppgasten enterten flink auf, um die Marssegel auszuschütteln, während die Vorschiffgasten das Ankerspill bemannten. An den Belegbänken herrschte großes Gedränge, weil Fallen geholt und Schoten belegt werden mußten.

»Nun, Hite?« fragte Tumilty und beugte sich über die Querreling. Er wartete aufmerksam auf den Bericht seines Kanoniers, der mit Schreibtafel und Uhr in der Hand herangekommen war. »Wie hat er sich gehalten?«

»Mr. Lawson stand siebenunddreißig Minuten im Gefecht, Sir, beide Mörser waren im Einsatz, und nach meiner Strichliste hat er 41 Schuß abgefeuert...«

Tumilty pfiff leise. »Da hat er seine armen Artilleristen aber höllisch angetrieben, nicht wahr, Hite?«

»Jawohl, Sir.«

»Und ich habe meine fünf Guineen verspielt. Der Teufel soll's holen!«

»Sie haben Ihre Wette verloren?« fragte Drinkwater, der nach vorne trat, um die Vorschiffgasten besser im Blick zu haben.

»Richtig.«

»Sie sehen aber trotzdem recht zufrieden aus.«

»Warum auch nicht? Sie sollten es auch sein. Schließlich werden Sie Ihren Nutzen daraus ziehen.«

»Ich? Hoch damit, Mr. Q! Etwas Beeilung mit der Ankertalje, Mr. Matchett! Kurs Südost, Mr. Easton! ... Warum sollte ich aus Ihrem Mißgeschick Nutzen ziehen?«

»Ich habe weitere fünf Guineen gewettet, daß *Zebra* für die nächste Beschießung unklar sein und *Virago* ihren Platz einnehmen wird.«

Drinkwater blickte den kleinen Iren neugierig an. Dann mußte er seine Aufmerksamkeit wieder *Virago* zuwenden, die er in die Kiellinie der Mörserflottille bringen mußte.

Sie hielten hinüber zur schwedischen Seite, denn die Kanonen von Kronburg schwiegen.

Gegen neun Uhr waren sie von den Untiefen klar, und mittags ankerten sie beim Rest der Flotte vor der Insel Hven.

»Möchte bloß wissen, welchen Schaden die Mörser angerichtet haben, Tom.«

Tumilty zuckte mit den Schultern. »Es sollte Sie nicht interessieren, was die Mörser in Kronburg oder Helsingör angerichtet haben, sondern wie *Zebra* von ihnen zugerichtet wurde.«

Fünfzehntes Kapitel

30. März – 1. April 1801

Auf der Reede von Kopenhagen

»Mann, ist das wieder kalt geworden!«

Rogers stampfte auf die Decksplanken, sein Atem dampfte. Es war zwar noch nicht ganz dunkel, aber die wärmende Sonne war längst untergegangen. Eisschollen trieben langsam vorbei. Lettsom, der die frische Luft nach einem Tag im stickigen Lazarett genoß, betrachtete sie neugierig, in seinen dicken Mantel gehüllt.

»Ich halte dieses Warten nicht länger aus, Lettsom.«

»Ich fürchte, es wird Ihnen nichts anderes übrigbleiben.«

»Stimmt«, brummte Rogers ärgerlich.

»Ich nehme an, Sie sind neugierig darauf, was die Aufklärer herausgefunden haben?«

»Natürlich. *Amazon* und *Cruizer* sind zusammen mit dem Kutter *Lark* vorausgefahren. Ihre Navigatoren kennen sich mit der Ansteuerung von Kopenhagen aus. Jemand sagte, daß sich auch Nelson bei ihnen eingeschifft haben soll, aber . . .« Resignierend zuckte er die Schultern. »Verdammt sollen sie sein! Ich nehme an, man wird uns schon rechtzeitig unterrichten, wenn *sie* wollen, daß *wir* uns erschießen lassen.«

»Wie nimmt der Kommandant die Verzögerung auf? Er scheint doch ein sehr aktiver Mensch zu sein.«

»Drinkwater? Das ist schon ein merkwürdiger Vogel. Im Jahr '99 wurde er befördert, aber durch das Chaos bei der Verwaltung verlor er die Beförderung wieder. Er hat es verdammt gelassen ertragen. Wenn ich an seiner Stelle gewesen wäre, hätte es einen höllischen Aufstand gegeben.«

»Daran zweifle ich nicht«, entgegnete Lettsom trocken. »Mir scheint, unser Mr. Drinkwater ist ein Stoiker, wenn auch ein verkappter. Was halten Sie von der Spionagegeschichte?«

Rogers zuckte die Schultern.

»Was soll man dazu sagen? Er war in solche Unternehmungen schon verwickelt, bevor der Krieg begann. Fragen Sie Tregembo, wenn Sie mehr über den Kommandanten erfahren wollen. Der verlogene alte Bussard kann Ihnen Storys erzählen, so lang wie der Großmast: von dem jungen Fähnrich, der einem Froschfresser den Bauch aufgeschlitzt hat und seitdem den Degen des Monsieurs trägt; oder von der Rückeroberung einer amerikanischen Prise, nachdem deren Besatzung das Prisenkommando überwältigt hatte. Eigentlich ist es ein Wunder, daß nicht Nat diese Expedition gegen den verrückten Zaren befehligt... Um ehrlich zu sein, Doktor, mehr als der alte Trottel Parker könnte er auch nicht falsch machen.«

»Schon richtig, Mr. Rogers. Aber mir scheint, als hätte Drinkwater diese Landung besonders verschwiegen gehandhabt.«

»Vermutlich... Nanu, was ist mit *Cruizer* los?« Rogers ergriff das Nachtglas und starrte angestrengt zum grauen Schatten der Brigg hinüber, die eine halbe Meile entfernt lag und teilweise von *Blanche* verdeckt wurde. »Sie nimmt Fahrt auf!«

Lettsom starrte in die zunehmende Dunkelheit, mußte aber zugeben, daß er nichts erkennen konnte.

»Sind Sie blind, Mann? Sie geben ja einen prima Chirurgen ab, wenn Sie nicht mal eine Brigg in Fahrt erkennen, die ihre Boote längsseits schleppt.«

»Das ist eben nicht mein Fach. Soll ich dem Kommandanten Bescheid sagen, wenn ich unter Deck gehe?«

»Dafür wäre ich Ihnen sehr verbunden.« Rogers drehte sich um. »Achtung, Back! Seht ihr nichts Ungewöhnliches an Steuerbord? Haltet bloß die Augen offen, wenn ihr nicht wollt, daß euch die Dänen in die Ohren pinkeln, während ihr da vorne pennt.«

»Aye, aye, Sir.«

Lettsom hörte Betroffenheit in der Antwort mitschwingen.

In der Kajüte erzählte er Drinkwater die Neuigkeit über *Cruizer*.

»Danke, Mr. Lettsom. Nehmen Sie Platz. Darf ich Ihnen ein Glas Wein und etwas Zwieback anbieten? Morgen früh erfahren wir bestimmt, was los ist.«

»Danke, Sir.«

»Mr. Lettsom, ich mache mir nicht allzuviel aus Versen, aber wenn Sie mir vielleicht etwas auf Ihrer Flöte vorspielen würden?«

»Mit dem größten Vergnügen, Mr. Drinkwater. Kennen Sie das Werk Lullys?«

»Nein, aber helfen Sie dem bitte ab.«

Bei Tagesanbruch hatte die Flotte in den Süden von Hven verholt. Sie ankerte nun in Sichtweite der Dächer und Türme von Kopenhagen, am nördlichen Ende der Kopenhagener Reede. Wieder tagte der Kriegsrat an Bord der *London*, zu dem auch die Artillerieoffiziere hinzugezogen wurden. Quilhampton, der Tumilty auf das Flaggschiff gebracht hatte, kam mit Neuigkeiten zurück.

»*Amazon* und *Cruizer* haben mit *Lark* zusammen die dänischen Stellungen ausgekundschaftet. Lord Nelson war mit an Bord, hat mir einer der Fähnriche auf der *London* erzählt.«

Drinkwater nickte. »Zweifellos werden wir mehr Einzelheiten erfahren, wenn Mr. Tumilty zurückkehrt. Ich danke Ihnen, Mr. Q.«

Drinkwater griff nach dem alten Notizbuch und beugte sich wieder über die Karte.

Die dänische Hauptstadt lag längs einer schmalen Durchfahrt, die von der Ostküste Seelands und der kleinen Insel Amager begrenzt wurde. Diese Wasserstraße bildete den inneren Hafen und lag mitten in der Stadt. Im Osten erweiterte sie sich zu einer großen offenen Reede, vom Sund nur durch das flache sandige Eiland Saltholm getrennt. Auf dieser Insel standen nur ein paar Hütten und sehr viel Seegras. Aber die Reede war nicht ungefährlich, denn in der Mitte lag eine große Sandbank, die sie in zwei Teile trennte. Dieser Mittelgrund wies zwei Fahrwasser auf, das westliche wurde Königskanal genannt, das östliche Hollandkanal. Letzteres lag außerhalb der Reichweite der Kanonen von Kopenhagen.

Bei einem Angriff auf Kopenhagen ergab sich folgendes Problem: Wollte man von Norden her in den Königskanal einlaufen, dann kamen die Schiffe bei ungünstigen Winden nicht mehr durch den Hollandkanal zurück. Sammelte man sich dagegen zuerst im Süden, dann konnte man bei günstigem Wind die Fahrt durch den Königskanal erzwingen.

Drinkwater wurde durch das Öffnen der Tür gestört; blitzende Goldmünzen rollten über seine Karte. Erstaunt blickte er auf. Tumiltys Gesicht war vor Kälte blau, ein großer Tropfen hing an seiner Nase, aber sein Gesicht strahlte vor Freude.

»Mein Wettgewinn, Nathaniel!«

»Und was ist mit *Zebra*, Tom?« fragte Drinkwater vorsichtig.

»Das Fundament des dreizehnzölligen Mörsers ist schwer beschädigt, außerdem ist sie leckgesprungen. Ihr Kommandant sagt zwar, es sei nichts Ernstes, aber jede Wache muß eine Stunde lang pumpen. Weitere Abschüsse der Mörser würde die Ostsee vollends in die Bilge lassen.«

»Was wird also mit *Virago*?« Drinkwater goß zwei Gläser Wein ein.

»Bis jetzt nichts Definitives, Nat. Die Admirale denken nicht mit der gleichen Geschwindigkeit wie ihre sehr ergebenen Diener. Aber es ist nur eine Frage der Zeit, bis man einsieht, daß *Virago* die Lücke füllen kann.« Er setzte das Glas an den Mund und zwinkerte.

Drinkwater erwog die Neuigkeit. »Gibt es Pläne für die Flotte?«

»Parker hat Nelsons Geschwader mit *Edgar* und *Ganges* verstärkt.«

»Dann hat er also zwölf Linienschiffe. Soll etwa Nelson den Angriff fahren?«

Tumilty nickte. »So gut wie sicher. Fremantle übernimmt die Flachboote. Es gibt ein paar zusätzliche Signale, hier, steht alles in den Befehlen.« Er warf die Papiere auf den Tisch und setzte wie im Plauderton hinzu: »*Isis* hat beim Passieren von Kronburg sieben Leute verloren, als eine ihrer alten Kanonen explodierte.« Er leerte das Glas, goß sich wieder ein und fuhr fort: »Nelson scheint gestern nachmittag unten gewesen zu sein, mit einem Kutter...«

»Der *Lark*?«

»Richtig. Gestern nacht hat Brisbane mit *Cruizer* einige Bojen im Nordteil des Hollandkanals ausgelegt. Wissen Sie, wo das ist?«

Drinkwater zeigte es ihm auf der Karte.

»Denn Nelson hat gestern beobachtet, daß die Dänen die Baken bei Dragör umgehackt haben.«

»Wo ist das?«

»Hier, am südlichen Ende des Kanals, der von Süden nach Kopenhagen führt. Wenn wir durch den Großen Belt gegangen wären, hätten wir die Kanonen von Dragör passieren müssen. Dort ist weniger Platz als im Sund.«

»So, so... Anscheinend ist das ganze Unternehmen gefährlich, weil die Bojen und Baken der Fahrwasserkennzeichnung beseitigt worden sind. Eine Kette schwimmender Batterien zieht sich vor Kopenhagens Wasserfront entlang, sie beherrschen die Ansteuerung sowohl von Süden als auch von Norden her. Davor liegt eine Untiefe...«

»Hier«, zeigte Drinkwater, »der Mittelgrund. Zwischen den Flachs um Saltholm und Kopenhagen selbst.«

»Nelson will von Süden her angreifen und auf Südwind warten, damit er sich notfalls vom Feind lösen kann. Die dänischen Stellungen sollen beeindruckend aussehen.«

»Und nichts ist betonnt...« Drinkwaters Stimme erstarb, ein wachsamer Blick kam in seine Augen; plötzlich schlug er mit der flachen Hand auf die Papiere.

»Warum habe ich nicht gleich daran gedacht? Wo ist Nelson jetzt?«

»Nelson? Bestimmt noch auf der *London* oder vielleicht auf seiner *Elephant*... Hallo, wo wollen Sie hin?«

Drinkwater riß die Tür auf und rief: »Ein Boot für mich klarmachen, sofort!«

Dann kam er zurück und griff nach Mantel, Hut und Degen. »Ich fahre zu Nelson.«

»Und was ist mit den Befehlen?« Tumilty wies auf das Paket, das ungeöffnet auf dem Schreibtisch lag.

»Überflüssig! Wir brauchen sie nicht, solange die Fahrwasser nicht betonnt sind.«

Nelsons Barkasse war gerade zur *Elephant* zurückgekehrt, als *Viragos* Boot heranschor. Die Barkasse lag noch längsseits, obwohl der Admiral schon ausgestiegen war, da legte ein kleines Boot an, ein Leutnant sprang in die Barkasse, kämpfte einen Augenblick auf einer Ducht um sein Gleichgewicht, hielt sich an einem der aufrechtstehenden Riemen fest, murmelte »Entschuldigung«, jumpte dann an ein Manntau und kletterte an der Bordwand der *Elephant* hoch.

Oben grüßte Drinkwater das Achterdeck, stellte sich dem erstaunten Wachtposten der Marineinfanterie vor und griff sich einen vorbeilaufenden Fähnrich. Ein Knäuel Offiziere verschwand gerade unter der Poop, und Drinkwater vermutete, daß sie Nelson in die Kajüte begleiteten.

»Ich muß mit Seiner Lordschaft sprechen, Bürschchen, sofort...« sagte er grollend zu dem Fähnrich.

Nelson entließ gerade die Offiziere; er rieb sich die Stirn und wünschte ihnen eine erfolgreiche Arbeit, als Drinkwater sich vorschlängelte.

»Was wollen Sie, Sir?«

Drinkwater sah sich einem großen Mann in der Uniform eines Flaggkapitäns gegenüber. Der Fähnrich hatte sich dünne gemacht.

»Verzeihung, Sir, aber ich möchte nur einen Satz an Seine Lordschaft richten.«

»Was ist los, Foley?«

»Ein Offizier, der Ihnen etwas sagen will.« Foley drehte sich halb um, und Nelson erschien in der Tür der großen Kajüte.

»Milord, nur einen Augenblick Ihrer kostbaren Zeit...«

»Sie kenne ich doch!« Nelson runzelte die Stirn.

»Ich möchte Sie bitten, mir zu gestatten, beim Auslegen der Bojen zu helfen, Sir...« Drinkwater fühlte Foleys Hand auf seinem Arm.

»Das reicht, Sir. Es ist jetzt nicht die richtige Zeit...«

»Nein, warten Sie, Foley.« Nelsons gesundes Auge glänzte, obwohl sein Gesicht vor Erschöpfung ganz grau war. »Wir wollen uns anhören, was der Leutnant zu sagen hat.«

»Im Frieden habe ich auf den Tonnenlegern des Trinity House gearbeitet...«

»Das Trinity House hat uns Lotsen mitgegeben, die Ihre Begeisterung jedoch nicht teilen, Mr. äh...?«

»Drinkwater, Milord. Sie haben nicht ganz verstanden. Diese Lotsen kommen vom Trinity House aus Hull. Sie sind mit der Technik des Bojenlegens nicht vertraut. Die Tonnenleger des Londoner Hauses sind dagegen Experten darin.«

Eine kleine Pause trat ein, dann fragte Nelson: »Wo habe ich Sie bloß schon mal gesehen, Mr. Drinkwater?«

»In Syrakus '98, Milord. Ich war Erster Offizier auf der Brigg *Hellebore*.«

»*Hellebore*?« Nelson runzelte die Stirn.

»Sie haben uns ins Rote Meer geschickt, um Admiral Blankett zu warnen, Milord.«

»Ach ja, jetzt erinnere ich mich. Und alles vergebens, was, Drinkwater?«

»Keineswegs, Sir. Wir haben ein französisches Geschwader vernichtet und eine schöne Fregatte als Prise nach Hause gebracht.«

»So, so...« Nelson lächelte wieder; der große bewegliche Mund, der sein wildes Temperament verriet, ließ erkennen, daß er noch kein alter Mann war.

»Mr. Drinkwater«, sagte er, nachdem er einen Moment nachgedacht hatte, »Ihr Angebot ehrt Sie. Auf welchem Schiff dienen Sie?«

»Ich kommandiere den Mörsertender *Virago*, Milord. Er ist mit zwei Mörsern ausgerüstet, und der Artillerieoffizier an Bord ist genauso versessen darauf, sie einzusetzen wie ich.«

Er hielt dem prüfenden Blick des Admirals stand.

»Etwa der verflixte Ire, der heute an der Konferenz teilgenommen hat?«

»Genau der, Milord.«

»Ich werde mir Ihre Vorschläge merken und Sie und Ihr Schiff bestmöglich einsetzen. Ich werde Kapitän Brisbane von *Cruizer* unterrichten, daß Sie in der Sache, die uns jetzt unter den Nägeln brennt, gut bewandert sind... Jetzt aber müssen Sie mich entschuldigen, ich bin völlig ausgepumpt... Foley, seien Sie so freundlich und zeigen Sie Mr. Drinkwater den Weg.«

»Danke, Milord.« Drinkwater zog sich zurück. Er hätte nie gedacht, daß sich ein Admiral entschuldigen oder daß ihm ein gestandener Flaggkapitän den Weg zu seinem Boot zeigen würde.

»Hoffentlich können Sie Ihre Versprechungen einlösen, Mr. Drinkwater«, bemerkte Foley.

»Daran zweifle ich nicht, Sir.«

»Die Güte des Admirals geht weit über das normale Maß hinaus«, fügte Foley mit ironischem Unterton hinzu und übergab den aufdringlichen Besucher seinem Wachoffizier. Drinkwater machte sich nichts aus der milden Zurechtweisung. Er fühlte, daß er den falschen Verdacht, der seit ihrem Zusammentreffen bei Lady Parker über ihm schwebte, endlich entkräftet hatte. Er wußte nun, was Nelsons Erfolge ausmachte. Im Gegensatz zum klassischen Grundsatz »teile und herrsche« versuchte Nelson, alle Männer zu einen und ihre Fähigkeiten auf das angestrebte Ziel zu richten. Vielleicht konnten sie die gut vorbereiteten Verteidigungsanlagen Kopenhagens wirklich nicht überwinden, aber wenn sie scheiterten, dann in Ehren.

»Meine Herren . . .« Drinkwater blickte in die Runde und sah Rogers, die versammelten Unteroffiziere, den roten Rock Tumiltys, das schmale Gesicht Quilhamptons. »Gentlemen, wir müssen unsere Kräfte teilen. Mr. Tumilty wird weiter seine Vorbereitungen treffen. Mr. Rogers hat während meiner Abwesenheit das Kommando. Die drei Wachen werden geführt von den Herren Trussel, Matchett und Willerton, die auch bei den anderen Arbeiten zur Verfügung stehen werden, soweit es ihre Zeit erlaubt. Die Herren Easton und Quilhampton werden sich mit den Materialien versehen, die hier aufgelistet sind, außerdem werden sie Bootsmannschaften zusammenstellen. Diese Crews sind gut gegen Kälte auszurüsten. Mr. Lettsom und Mr. Jex werden neben ihrem normalen Dienst die anderen Offiziere nach Kräften unterstützen. Wir alle müssen größte Anstrengungen unternehmen. Ich brauche Sie nicht auf Ihre Pflicht hinzuweisen, aber es wird wenig Schlaf und Ruhe geben, bis diese Angelegenheit erledigt ist. Ob sie günstig für uns ausgeht, hängt zum großen Teil von uns ab. Haben wir uns verstanden?«

Zustimmendes Gemurmel erklang.

»Gibt es noch Fragen?«

»Aye, Sir.« Das war Matchett, der Bootsmann.

»Ja?«

»Werden wir gemeinsam mit den Mörserschiffen kämpfen, Sir? Ich hab' so was gehört . . .«

Drinkwater warf Tumilty einen Blick zu, der aber verdrehte seine Augen unschuldsvoll zur Decke.

»Das kann ich noch nicht sicher sagen, Mr. Matchett.«

Enttäuschtes Gemurmel ging durch die kleine Versammlung.

»Ich kann nur sagen, daß ich vor knapp einer Stunde unseren Fall Admiral Nelson unterbreitet habe.«

Die Gesichter erhellten sich.

»Das ist alles, Gentlemen.«

»Sir! Verzeihung, Sir.«

»Ja, was gibt's?« Drinkwater wandtc sich Mr. Quilhampton zu.

»Bei diesen Vermessungsarbeiten, Sir, muß ich doch die Tafel halten und Notizen machen...«

»Ja und?«

»Nun, Sir, ich kann zwar mit der rechten Hand den Schreiber führen, aber mit der linken...«

Quilhampton streckte den Haken vor, der seine linke Hand ersetzte.

»Verdammt, das habe ich völlig vergessen! Bitte entschuldigen Sie, Mr. Q...« Drinkwater rieb sich die Stirn.

»Warum fragt er nicht mal Mr. Willerton, Sir? Der Zimmermann kann ihm vielleicht eine Holzklaue anpassen.«

»Probieren Sie es, Mr. Q, Mr. Mattchett hat recht. Und jetzt wieder zu den Bojen. Ich brauche so viele Netze, wie Sie auftreiben können, von knapp einem Faden Seitenlänge. Benutzen Sie Tauwerksabfälle, aber die Maschen müssen so eng sein, daß Vierundzwanzigpfundkugeln nicht durchfallen. In die Boote kommen außerdem aufgeschossene Enden dreizölliger Leine, immer zehn Faden lang; genauso viele Enden, wie ihr Netze habt. Weiterhin brauche ich die Holzlatten, die vom Auskleiden des Magazins übriggeblieben sind; Sie wissen, wo Willerton sie seit dem Auslaufen aus Chatham versteckt. Außerdem brauchen wir Bändsel, um sie überkreuz zusammenzulaschen – nein, wir wollen sie besser nageln. Dann benötige ich noch ein Dutzend kleinerer Spieren, etwa so dick wie Bootshaken, Putzstöcke der Kanonen und ähnliches, alle mit einem farbigen Stück Stoff an der Spitze. Die Wache soll gleich damit anfangen.«

»Wie viele Kugeln in jedes Netz, Sir?«

»Vier werden zu schwer sein, um sie über die Bordwand zu heben. Besser sind drei.«

»Dann können wir die Netze ein bißchen kleiner machen, Sir.«

Drinkwater nickte. »Kümmern Sie sich darum.« Er drehte sich um und ging nach achtern. »Ach, Mr. Jex...«

»Sir?«

»Mr. Jex, Mr. Tumility hat mich darauf hingewiesen, daß der Feuerlöschtrupp hervorragend funktionieren muß, wenn wir in der Schlacht sind. Er wird ständig benötigt, solange die Mörser in Betrieb sind.«

»Wann beginnt die Schlacht, Sir?« fragte Jex unsicher. »Ich dachte, die Angelegenheit sei noch nicht so eilig.«

»Sie wird es sehr bald werden ... Ach, Mr. Willerton, können Sie Mr. Quilhampton helfen? Ich weiß, daß Sie wenig Zeit haben, aber ...«

Drinkwater sah nicht, daß ihm Mr. Jex mit bleichem Gesicht ungläubig nachstarrte.

Eine halbe Stunde später meldete sich Drinkwater an Bord der *Cruizer*.

»Sehen Sie her, Drinkwater: Was wir letzte Nacht geschafft haben, ist wenig genug.« Brisbane beugte sich über ein Papier, das auf dem Tisch ausgebreitet lag. William Fothergill hatte die Umrisse der Inseln Saltholm und Amager eingezeichnet. Auf letzterer lag Kopenhagen. Ebenfalls eingezeichnet war der ungefähre Verlauf der Untiefen.

»Wir müssen die Fünf-Faden-Linie kennzeichnen, dann hat Nelsons Geschwader genug Wasser unter dem Kiel. Zu unserem Glück ist der Tidenhub hier zu vernachlässigen, obwohl starker Wind aus Süd den Wasserstand über dem Mittelgrund sinken läßt.«

»Das habe ich auch gelesen, Sir.«

»Letzte Nacht haben wir die östliche Seite des Hollandkanals ausgelotet und vier Bojen gesetzt ...«

»Was haben Sie als Bojen benutzt, Sir?«

»Wasserfässer mit drei Kugeln als Anker, warum?«

»Bei allem Respekt, Sir: Obwohl die Fässer ausreichen dürften, werden sie doch sehr schwer zu sehen sein, besonders, wenn das Wasser mit Seerauch bedeckt ist, wie es an den letzten drei Morgen der Fall war. Darf ich vorschlagen, daß als Schwimmkörper Planken oder Spieren verwendet werden, die kreuzförmig zusammengenagelt sind? In die Mitte soll ein Loch gebohrt werden, in das eine senkrechte Spiere eingesetzt wird. An den Nocks der Planken werden Tampen befestigt, die unten in einem Hahnepot zusammenlaufen, daran kann der Anker leicht befestigt werden; außerdem wird die Boje dadurch aufrecht schwimmen. Wenn an der senkrechten Spiere noch eine Flagge oder ähnliches befestigt wird, dann werden Sie die Vorteile dieser Methode bald erkennen ...«

»Verdammt guter Vorschlag, Sir«, warf Fothergill ein. »Wenn es nötig sein sollte, kann man daran sogar eine Laterne hängen.«

»Richtig.« Die Männer richteten sich lächelnd auf.

»So sei es, Mr. Drinkwater. Jetzt wird Mr. Fothergill einzeichnen, was wir bisher erreicht haben, dann wird diese Karte zu Kapitän Riou auf *Amazon* gebracht. Von nun an werden alle Vermessungsergebnisse der *Amazon* gemeldet, wo diese Karte vervollständigt wird. Wie ich hörte, haben sie da eine ganze Anzahl Fähnriche und Schreiberlinge, welche die Karte für die Flotte vervielfältigen.«

Das Treffen war zu Ende. Drinkwater trieb seine Rudergasten an, schnell zu *Virago* zurückzukehren. Sein beweglicher Geist beschäftigte sich schon mit den folgenden Stunden. Südlich von ihnen ankerte *Amazon* vor Saltholm, daneben lag die andere Brigg *Happy*, außerdem der Kutter *Fox*. Boote mit Lotgasten waren unterwegs, ihre frierenden Crews erkämpften sich einen Weg durch Eisschollen. Sie erinnerten alle daran, daß weiter im Osten das Eis aufbrach und jeder Tag die russische Flotte näher brachte. Noch bevor sie wieder auf *Virago* waren, nahm *Cruizer* Fahrt auf, um mit Lord Nelson an Bord die feindlichen Stellungen auszuspähen.

Am späten Nachmittag des 31. März stieß Drinkwater mit seinen beiden Booten von *Viragos* Bordwand ab, das Material für jeweils zwei Bojen hinter sich im Schlepp. Beide Boote waren schwer beladen. Die Kugeln in den Netzen lagen in der Bilge, Wasserfäßchen standen unter den Duchten, und jeder Ruderer stemmte seine Füße auf eine Rolle Tauwerk. Auf jeder Ducht pullten zwei Mann, zwei Reserveleute kauerten im Bug. Alle, auch die Offiziere, waren in Schafspelze gehüllt, trugen wollene Schals, Fausthandschuhe und die merkwürdigsten Kopfbedeckungen. Vor dem Ablegen hatten die Männer eine doppelte Ration Rum bekommen, und zwei kleine Rumfäßchen waren unter den Heckduchten gestaut. Mr. Jex hatte über diese Extravaganz geschimpft, war aber von Drinkwater zum Schweigen gebracht worden.

Quilhampton saß im Heck neben Drinkwater, seine neue Hand aus Eiche an der Pinne. Er konnte mit der geschnitzten Klaue auch ein Notizbuch halten.

»Für diesmal tut sie's«, hatte Quilhampton gemeint und mit einem Grinsen hinzugefügt: »Außerdem ist sie unempfindlich gegen Kälte.«

Drinkwater fühlte die harte Hand an seinem Arm, als Quilhampton einer Eisscholle auswich. Er trug Pelzhandschuhe über Seidenstrümpfen. Versuche hatten gezeigt, daß er recht gut schreiben konnte, wenn er die Handschuhe auszog und den Stift durch die Strümpfe führte.

Sie hielten auf *Amazon* zu; eine Stunde nach Sonnenuntergang erreichten sie die Fregatte und meldeten sich bei Kapitän Riou. Der war nicht viel älter als Drinkwater. Er hatte sich einen guten Ruf erworben, als er die *Guardian* rettete, nachdem sie im Südmeer einen Eisberg gerammt hatte. Seine unerschöpfliche Energie hatte ihn dazu bewogen, das Kommando über ein Linienschiff aufzugeben und Spezialaufgaben mit der Fregatte *Amazon* zu übernehmen. Er musterte Drinkwater mit hellen, intelligenten Augen, während dieser ihm seine Ideen über die Betonnung der Untiefen vortrug.

»Sie werden Brisbane mit *Cruizer* am Nordende des Mittelgrundes vor Anker finden«, erläuterte Riou. »Er hat Lichter gesetzt, damit alle Boote, die mit Vermessungen beschäftigt sind, einen festen Bezugspunkt haben. Ich habe die Navigatoren und Offiziere, die jetzt zum Loten draußen sind, angewiesen, auf der Fünf-Faden-Linie zu ankern, bis Ihre Boote mit den Bojen kommen. Wegen Ihrer besonderen Erfahrung sollten Sie selbst das Ende des Mittelgrundes feststellen und markieren. Es ist sehr wichtig, daß bis morgen früh beide Ausgänge des Kanals betonnt sind. Lord Nelson will sein Geschwader morgen nach Süden führen und die Dänen von einer Position südlich des Mittelgrundes aus angreifen.«

Viragos Boote lagen Seite an Seite in der Dunkelheit. Quilhampton überwachte die Rumausgabe, Drinkwater gab Easton letzte Befehle.

»Wir steuern zuerst nach Kompaßwest, Mr. Easton, so lange, bis Sie fünf Faden loten; dann ankern Sie und zeigen ein Licht. Ich fahre dann um Sie herum, um den Verlauf der Bank in einem Bereich von sechzig, siebzig Metern zu erkunden. Wenn ich sicher bin, daß wir die Kante der Bank gefunden haben, fahre ich Richtung Südsüdost, etwa eine Kabellänge weit weg; dann gehe ich auf Westkurs und zeige dreimal ein Licht, sobald ich auf fünf Faden geankert habe. Wenn die Peilung ergibt, daß beide Positionen in Nord-Süd-Richtung liegen, dann wird die Untiefe wahrscheinlich gerade verlaufen. Peilen Sie dagegen abweichende Werte, dann sehen wir, ob die Bank nach Osten oder Westen verläuft, und setzen an dieser Stelle eine Boje. Alles klar?«

»Völlig klar, Sir!«

»Gut. Wir werden eine Boje auslegen, damit wir eine Ausgangsposition haben. Lassen Sie Peilungen von *Cruizer* nehmen, sobald sie ausgelegt ist.«

»Aye, aye, Sir.«

»Auf geht's! Ruder an, Mr. Q!«

Die Nacht war bitterkalt, und die Lotgasten waren schnell durchnäßt. Der Wind kam weiter aus Norden, die See war zwar ruhig, aber für die schwerbeladenen Boote trotzdem gefährlich. Gefrierende Gischt flog ihnen ins Gesicht; zuerst brannte sie, dann stumpften sie ab. Die Haut wurde gefühllos, die Crew an den Riemen zu Automaten. Gerade noch in Sichtweite voneinander, pullten die beiden Boote nach Westen; der Bootskompaß zu Füßen der Offiziere wurde von einer Laterne schwach beleuchtet. Vorn sang der Lotgast die Tiefen aus, die Lotleine war auf fünf Fäden verkürzt worden, um keine Zeit mit größeren Tiefen zu vergeuden. Drinkwater massierte sich die Muskeln seines rechten Oberarms, die um so heftiger schmerzten, je länger er in diesem kalten Klima blieb. Der Schmerz aus den verhärteten Fasern strahlte auf den ganzen Brustkorb aus, und er verfluchte Edouard Santhonax, der ihm diese Wunde beigebracht hatte.

»Grund!« Der Ruf erscholl beinahe gleichzeitig auf beiden Booten. Drinkwater nickte Quilhampton zu, der steuerte das Boot um Easton herum. Er horchte auf die Meldungen des Lotgasten. Ein Klatschen zeigte an, daß Easton geankert hatte. Drinkwater ergriff den Handpeilkompaß. Er würde die abgeblendete Laterne zum genauen Ablesen benötigen, aber sie mußten jetzt ungefähr westlich von Easton sein.

»Fünf Faden, fünf, kein Grund, fünf, vier, drei, schnell abnehmend, Sir!«

»Gut, gehen Sie auf Nordkurs«, sagte er zu Quilhampton. Er starrte zum dunklen Umriß des anderen Bootes hinüber, das in den Wind gedreht hatte.

»Drei, drei, vier, drei, vier . . .«

»Steuerbord, Mr. Q.«

Die Riemen rumpelten rhythmisch, Spritzer flogen ins Boot. »Drei, drei, vier, vier, fünf . . . Kein Grund, Sir, kein Grund . . .«

Er blickte zu Easton hinüber und dann auf den Bootskompaß. Easton zeigte jetzt ein Licht, wahrscheinlich hatte er seine Notizen beendet und konnte die Laterne entbehren.

»Jetzt nach Süden, Mr. Q. Fahren Sie so dicht hinter seinem Heck vorbei, daß ich ihn anrufen kann.«

»Aye, Sir.«

»Alles klar, Mr. Easton?«

»Alles klar. Wir haben am Anker der ersten Boje festgemacht, die Boje ist gleich fertig . . .« Hammerschläge ertönten aus dem Boot.

»Zeigen Sie weiterhin das Licht, Mr. Easton. Kurs Südsüdost, Mr. Q, etwa drei, vier Minuten lang, dann wieder auf Kurs West.«

Neben ihm begann Quilhampton zu flüstern: »Eins und zwei und drei und vier ...« Er zählte die Sekunden.

Drinkwater behielt Eastons Lampe im Auge. Dann fühlte er, wie Quilhampton die Pinne legte, um auf Westkurs zu gehen. Er lauschte den Tiefenangaben.

»Kein Grund, kein Grund, kein Grund ... Kein Grund – fünf!«

»Halt Wasser überall! Laß fallen Anker!«

Ein Klatschen bestätigte Quilhamptons Kommando, die Leine surrte über das Dollbord.

»Riemen ein!«

Die Männer zogen die Riemen binnenbords und ließen die Köpfe auf die Arme sinken. Die Rücken hoben und senkten sich schweratmend nach der harten, monotonen Arbeit. Drinkwater nahm eine Peilung von Eastons Licht, es peilte Nord zu Ost, ein halb Ost.

»Lassen Sie Wasser und Zwieback ausgeben, Mr. Q.« Er hob die Stimme: »Wechselt jetzt die Plätze, Jungs, aber vorsichtig. Wenn die erste Boje liegt, gibt es eine Runde Rum! Gut gemacht, der Lotgast! Bist du sehr naß, Tregembo?«

»Bepißt von oben bis unten, Sir!« Dumpfes Gelächter klang auf.

»Geschieht dir recht. Warum meldest du dich auch freiwillig«? kommentierte eine unbekannte Stimme; sie lachten wieder.

»Wir warten jetzt auf Mr. Easton. Zeigen Sie ihm dreimal das Licht, Mr. Q.«

Quilhampton hob die Laterne dreimal hoch, Easton bestätigte; aber dann blieb das Licht des Navigators lange unverändert. Unwilliges Gemurmel erhob sich im Boot, als der Schweiß der Ruderer verdunstet war, die Kälte in die Knochen kroch und die überanspruchten Muskeln peinigte.

»Es kann doch nicht schwer sein, so eine verdammte Boje ins Wasser zu kriegen«, knurrte Drinkwater; einige Augenblicke danach erlosch das Licht. Fünf Minuten später rief Easton sie an.

»Wir trafen auf ein Boot der *Happy*, Sir. Sie wollten wissen, was wir in ihrem Sektor treiben.«

»Was haben Sie geantwortet?«

»Daß wir von *Virago* sind und Lord Nelsons Befehle ausführen. Der Bootssteurer nannte die Parole ›Westmoreland‹, ich antwortete mit ›Northumberland‹.«

»Hat ihn das beruhigt?«

»Tja, er meinte, von *Virago* hätte er zwar noch nie gehört, Sir, aber Lord Nelson käme ihm schon bekannt vor. Außerdem interessiere es ihn, wie weit die verdammte Bank nach Süden reicht ...«

»Wir freuen uns immer, wenn wir helfen können. Loten Sie um mich herum, und dann machen Sie sich auf den Weg nach Süden!«

»Glauben Sie, daß die Dänen uns angreifen?« fragte Quilhampton.

»Um ehrlich zu sein – ich weiß es nicht. Wenn die Franzosen so etwas vor Spithead versuchen sollten, würden wir sie bestimmt nicht unbelästigt lassen. Auf der anderen Seite scheinen sie einen heißen Empfang für uns vorbereitet zu haben, auf den sie sich vielleicht verlassen. Trotzdem sollten wir scharf Ausguck halten.«

»Aye, Sir.«

Sie warteten scheinbar eine Ewigkeit, bis die drei Lichtsignale Eastons zu sehen waren, dann pullten sie nach Süden. Die Männer waren steif vor Kälte und arbeiteten sich gerne warm. Nachdem sie um das Boot des Navigators herumgelotet hatten, ließen sie es achteraus; wieder klatschte das Lot ins Wasser, die Riemen knirschten leise in den Dollen. Als die Fünf-Faden-Linie gefunden war, versenkten sie das Netz mit den drei Kanonenkugeln an seiner Zehn-Faden-Leine und ankerten daran. Die Riemen wurden eingeholt und verstaut, die vier Planken und die Spiere längsseits geholt.

»Achtet darauf, daß die Löcher in den Planken übereinstimmen, bevor ihr sie zusammennagelt«, mahnte Drinkwater.

Sie holten die sperrigen Planken ins Boot und legten sie kreuzförmig, paßten die Löcher an und nagelten alles zusammen. Das war nicht ganz einfach, da die Planken federten. Schließlich waren alle Nägel eingetrieben, und zur Sicherheit wurde noch eine Lasching angebracht. Dann wurde der Hahnepot befestigt, und sie fischten nach der Ankerleine, um die Boje daran anzustecken.

»Drei Lichter, Sir?«

»Ja«, sagte Drinkwater und blickte auf den Handpeilkompaß. »Ich meine, daß die Bank leicht nach Westen biegt.«

Er klappte den Kompaß zu. »Absetzen von der Boje!« Beim Wegpullen blickte er nach achtern. Die dünne Linie der Spiere war bald verschwunden, aber der Lappen flatterte über dem Horizont, gut sichtbar vor dem helleren Himmel.

Sie arbeiteten die ganze Nacht über. Von Zeit zu Zeit gönnten sie sich auf das bewältigte Pensum zwei Finger hoch Rum. Der Trend der Untiefe nach Westen hatte nicht angehalten, Easton legte noch eine Boje an der Stelle, wo die Bank wieder nach Süden verlief.

Drinkwaters Boot war auf dem fünften Lauf nach Westen, es wurde im Osten bereits etwas heller, als er bemerkte, daß etwas nicht stimmte.

»Riemen auf!« kommandierte er, und die Männer hielten inne,

legten die Riemen waagrecht. Er beugte sich über den kleinen Kompaß im Bootsboden. Eastons Boot stand an Steuerbord achteraus, vor ihnen lag die niedrige Küste von Amager. Das Boot polterte gegen eine Eisscholle.

»Ich glaube, wir haben das Ende der Bank überlaufen, Mr. Q. Drehen Sie nach Norden und lassen Sie loten!«

»Aye, aye, Sir.«

Mit zunehmendem Licht wurde klar, daß sie ihre Entfernung zu Easton falsch eingeschätzt und den Rand der Untiefe verpaßt hatten. Nach fünfzehn Minuten Nervosität hatte Tregembo wieder Grund gefunden. Während sie sich abmühten, ihre zweite Boje ins Wasser zu bringen, kam Easton heran.

»Sie brauchen nicht um mich herum zu loten, das hier ist das Ende der Bank.«

»Gut gemacht, Sir!«

»Das gilt auch für Sie und Ihr Boot. Sie können mit Ihren Messungen zu mir an Bord kommen, Mr. Q wird Ihr Boot zurückbringen.«

»Aye, aye, Sir.«

»Die Boje ist klar, Sir.«

»Gut, gut...« Die Boote scheuerten aneinander, Easton und Quilhampton wechselten die Plätze.

»Einen Schluck, bevor wir uns trennen?«

Die Männer brachen in dünnes Beifallsgeschrei aus; im zunehmenden Licht sah Drinkwater die verfrorenen Gesichter, die eingesunkenen Augen aufleuchten. Der Wind kam immer noch frisch aus Nordwest, daher mußte es eine schwere Arbeit werden, zurück zum Schiff zu rudern. Eine große Eisscholle polterte gegen das Boot.

»Schieb sie weg, Cottrell!«

Von vorne kam keine Antwort.

»Cottrell! Hörst du nicht, Mann?«

»Verzeihung, Sir, aber Cottrell ist tot.«

»Tot?« Drinkwater stand auf und bahnte sich einen Weg nach vorne. Plötzlich merkte er, wie durchgefroren und verkrampft seine Muskeln waren. Beinahe wäre er über Bord gefallen, er konnte sich gerade noch an der Schulter eines Mannes festhalten. Es war Cottrell, er rollte zur Seite wie ein Stück Holz. Sein Gesicht war mit Eiskristallen bedeckt, seine Augen starrten Drinkwater anklagend an.

»Legt ihn auf den Boden!« Drinkwater taumelte nach achtern.

»Das geht nicht, Sir, er ist steif wie ein Brett.«

Drinkwater fluchte leise vor sich hin.

»Sollen wir ihn über Bord werfen, Sir?«

Er hatte diesen Befehl nicht von sich aus geben wollen. »Aye«, erwiderte er. »Armer, alter Jack... Aber wir haben keine andere Wahl, Jungs.«

»Er war kein übler Bursche.«

Ein Klatschen vorn, der Körper rollte ins Wasser und war verschwunden. Schweigen lastete über den Booten, bis Quilhampton fragte: »Darf ich ablegen, Sir?«

»Fahren Sie los, Mr. Q.«

»Sir!« Tregembos Flüstern war dringlich.

»Was gibt's?«

»Ich glaube, da drüben ist ein Boot.« Tregembo deutete nach Nordwesten, in die Richtung von Kopenhagen. Drinkwater wurde unruhig. Er sah eine große Launch, die nach Süden gepullt wurde und genauso britisch wie dänisch sein konnte. Seine Warnung an Mr. Quilhampton, der schon auf dem Heimweg war, fiel ihm ein. Aber wenn das fremde Boot sie bis jetzt nicht entdeckt hatte, dann würde es auch auf keinen Fall die Boje bemerken, die das wichtige Südende der Bank markierte. Vielleicht sollte er den Stofflappen abmachen lassen? Eine nackte Spiere war nur schwer zu sehen.

Er verwarf die Idee. Es war schon so schwer genug, die Bank wiederzufinden. Er traf seine Entscheidung.

»Los die Boje!«

Er ergriff die Pinne und beugte sich vor, um nach dem Kompaß zu sehen.

»Ruder an!« Er drehte das Boot nach Nordwesten, genau auf Kopenhagen zu; damit konnte ihn das andere Boot kaum noch übersehen. Aber es war entscheidend wichtig, daß den Männern in der sich nähernden Launch die Spierentonne am Südende des Mittelgrundes verdeckt blieb.

Drinkwaters Crew war jetzt müde, das Rudern gegen den Wind nach der arbeitsreichen Nacht wurde zuviel für sie. Zusätzlich behinderten sie die vielen Eisschollen.

Nach einigen Minuten stand fest, daß sie von der Launch gesehen worden waren. Drinkwater änderte den Kurs nach Nordost, quer über den Mittelgrund hinweg, um das fremde Boot von der Südspitze abzulenken. Von Zeit zu Zeit blickte er über die Schulter. Grimmig verbot er sich, an Gefangenschaft zu denken, und trieb die Männer zu immer neuen Anstrengungen an. Doch die Launch war schneller.

»Aber, Sir, das ist ja eins der verdammten Flachboote!«

»Wie?« Drinkwater drehte sich wieder um. Durchfroren und erschöpft wie er war, konnte er es nun klar erkennen.

»Boot ahoi! ›Spencer‹!«

Drinkwater suchte in seinem Gedächtnis nach der richtigen Parole, die ihm Riou genannt hatte.

»Jervis!« rief er, und dann zu den Ruderern gewandt: »Riemen auf!«

Die Männer ruhten sich aus.

Das große Boot kam näher, es wurde von vierzig Seeleuten gepullt, die ganz offensichtlich nicht die Nacht zwischen Eisschollen und nassen Lotleinen verbracht hatten.

»Welches Schiff?« Ein großer Leutnant stand im Heck.

»*Virago*, unter dem Kommando von Leutnant Drinkwater.«

»Guten Morgen, Leutnant. Mein Name ist Davies, wir sind unterwegs, um die Kanonen von Dragör auszukundschaften. Es sind reichlich Leute hier im Eis. Haben Sie uns etwa für Dänen gehalten?«

»Aye.«

»Nun ja, Sir, heute ist schließlich der erste April. Da kann ich nur sagen: Guten Morgen!«

Das große Boot drehte ab.

»Ich will verdammt sein!« knurrte Drinkwater. »Ruder an, Jungs, es wird Zeit fürs Frühstück!«

Sechzehntes Kapitel

1. April 1801

Narreteien

Die müden Ruderer gingen gerade bei *Amazonas* längsseits, als diese Fahrt aufnahm. Riou war einverstanden, daß das Boot zu *Virago* zurückkehrte, während Drinkwater die Ergebnisse mit Fothergill besprach. Bevor sie in die Achterkajüte gingen, wo Fothergill und andere erschöpfte Offiziere die Meßergebnisse auswerteten, fragte Riou: »Wie weit sind Sie nach Süden vorgestoßen, Mr. Drinkwater?«

»Ich habe die Südspitze der Bank gefunden und markiert.«

»Ausgezeichnet. Ich habe *Cruizer* zurückgerufen. Lord Nelson wird an Bord kommen, und *Happy, Lark* und *Fox* werden durch den Hollandkanal laufen.«

»Sir . . .« Ein Fähnrich unterbrach sie. »Verzeihung, Sir, aber Lord Nelsons Boot ist schon sehr nahe.«

»Entschuldigen Sie mich bitte.«

Drinkwater ging nach achtern, und Riou schritt zur Eingangspforte, um den Vizeadmiral zu begrüßen. Schnell war Drinkwater eingespannt in das Zeichnen und Kontrollieren der Meßergebnisse, die in die Masterkarte eingetragen wurden. Eine Stunde lang arbeiteten sie konzentriert, während *Amazon* sich ihren Weg nach Süden suchte. Als sie auf das Achterdeck gingen, um frische Luft zu schöpfen, blickten sie nach achtern. Ein Steuermannsgehilfe trat zu Fothergill, um ihm zu erklären, was bis jetzt passiert war.

»*Cruizer* hat wieder vor der Nordspitze des Mittelgrundes geankert, *Happy* liegt eine Meile südlich davon, und *Lark* noch eine Meile weiter im Süden.«

»Der Admiral scheint unseren Bojen nicht ganz zu trauen, wie?« grinste Fothergill erschöpft.

»Er traut wohl eher den Lotsen zu, daß sie die Tonnen übersehen.«

»Die Markierungsschiffe setzen Signale, daß die Tonnen an Steuerbord gelassen werden müssen«, ergänzte der Steuermannsgehilfe hilfreich.

Drinkwater hörte seinen Namen, er wurde von Riou gerufen.

»Sir?«

Admiral Nelson lächelte ihn an.

»Guten Morgen, Drinkwater. Ich höre, daß Sie das Ende des Mittelgrundes gefunden haben.«

Nelson überquerte das Deck, als sich das Schiff plötzlich stark überlegte. Der Vizeadmiral fiel gegen Drinkwater, der ihn auffing. Er war überrascht, wie zerbrechlich und leicht er war.

Amazon war zu dicht an das Flach von Saltholm herangefahren, um den gelegentlichen Schüssen der Dänen auszuweichen; deren Batterien lagen zwei Meilen entfernt. Nun ließ Riou mehr Segel setzen, um die Fregatte über den Mudd zu drücken, und Nelson wandte sich einer Gruppe unglücklich dreinblickender Zivilisten zu. Drinkwater hielt sie für die Lotsen aus Hull und erinnerte sich an Nelsons Bemerkung über ihre mangelnde Begeisterung.

»Jetzt erleben Sie eine praktische Demonstration der Notwendigkeit, im Fahrwasser zu bleiben, Gentlemen.« Der Admiral wandte sich wieder an Drinkwater und ignorierte Rious Bemühungen, *Amazon* wieder flottzubekommen. »Was ist also mit der Südspitze, Mr. Drinkwater?«

»Sie wurde mit einer Spierentonne markiert.«

»Gut.« Der Admiral wandte sich einer Gruppe Offiziere zu, die mit dicken Epauletten geschmückt waren. »Admiral Graves, Kapitän Dommet, Kapitän Otway, darf ich Ihnen Mr. Drinkwater vorstellen, kommandierender Leutnant auf dem Mörserschiff *Virago*.«

Drinkwater verbeugte sich steif.

»Mr. Drinkwater hat eine Spierentonne am Südende des Mittelgrundes gelegt...«

Beifälliges Gemurmel antwortete, frei von gönnerhafter Leutseligkeit.

»Reicht eine Spierenboje aus, Milord? Wenn das Geschwader sie als Markierung zum Ankern benutzen muß, dann sollte vielleicht ein auffälligeres Seezeichen verwendet werden.« Das war Konteradmiral Graves gewesen, und Kapitän Dommet pflichtete ihm bei.

Nelson wandte sich an den verbleibenden Kapitän. »Otway?«

»Richtig, Milord, das ist auch meine Meinung.«

»Verzeihung, Milord...«

»Ja, Drinkwater, was gibt's?«

»Es treiben große Eisfelder aus Südosten heran. Ich habe beobachtet, daß die Spierenbojen vom Eis nur gedreht werden, aber ich fürchte, ein größeres Objekt wie ein Boot...«

»Oh, das glaube ich nicht«, fiel Kapitän Otway ein. »Ein Boot ist ein widerstandsfähiger Schwimmkörper, der mit seinem Steven die Eisschollen ablenkt. Ein Boot, Milord, mit einem Mast und einer Flagge . . .«

»Und einer Laterne«, ergänzte Graves.

Drinkwater errötete, als Nelson diesem Vorschlag zustimmte.

»Na gut, also ein Boot. Seien Sie nicht entmutigt, Mr. Drinkwater, Ihre Anstrengungen haben Ihnen alle Ehre gemacht. Kapitän Dommet wird Ihnen Befehle ausschreiben, die Sie anweisen, Ihr Mörserschiff in die Feuerlinie zu führen, wenn wir die Dänen angreifen.«

»Danke, Milord.«

»Informieren Sie bitte Fothergill, daß er nach seiner Rückkehr auf *Cruizer* eines seiner Boote entsprechend auslegen läßt.«

Drinkwater schlief in einem Sessel der Offiziersmesse auf *Amazon*, als diese das Ende des Hollandkanals erreichte, die Spierenboje sichtete, sich dann nach Norden wandte und der *Fox* befahl, südlich der *Lark* zu ankern. Nelson hatte entschieden, daß südlich des Mittelgrundes, außerhalb der Reichweite der dänischen Batterien, genug Platz zum Ankern für das Geschwader war. Der Wind hatte wieder gedreht, und *Amazon* mußte mühsam durch den Hollandkanal zurückkreuzen, um Sir Hyde Parker Bericht zu erstatten. Diese Verzögerung erlaubte Drinkwater einige Stunden Schlaf.

Er wurde zur *Virago* zurückgepullt, zusammen mit Fothergill, der ihm eine Kopie der Karte übergab, ehe er sich zu *Cruizer* aufmachte.

»Die Ausführung entspricht nicht Ihrem Standard, Mr. Drinkwater, aber sie wird ihren Zweck erfüllen.«

Drinkwater dankte ihm und verabschiedete sich. Dann packte er das Manntau und kletterte an Bord der *Virago*, die Karte sicher in seinem Rock verborgen. »Willkommen an Bord«, begrüßte ihn Rogers.

»Danke. Wo ist Mr. Tumilty?«

»Hier, Sir.«

»Ich schulde Ihnen fünf Guineen, Tom.«

»Was soll das heißen? Oh . . . Dann bekomme ich auch von Ihnen fünf, Mr. Rogers.« Tumilty brach in fröhliches Gelächter aus.

»Alles klar, Mr. Drinkwater?«

Drinkwater beugte sich über die Reling und blickte zu Nelson in dessen Barkasse hinab. Der Admiral bot mit seinem alten Dreispitz und einem ebenso alten karierten Mantel um die schmalen Schultern einen wenig beeindruckenden Anblick.

»Wir warten auf unser Signal zum Ankerlichten, Milord.«

»Sehr gut. Bestellen Sie Ihrem irischen Teufel, er soll nur ja jeden Schuß ins Ziel bringen.«

»Aye, aye, Milord.«

Nelson nickte seinem Bootssteurer zu und hielt auf das nächste Schiff zu.

Eine Stunde später war der größte Teil der britischen Flotte nach Süden unterwegs. Nur die beiden Dreidecker *St. George* und *London*, vier Vierundsiebziger und zwei Vierundsechziger blieben bei Sir Hyde Parker auf der nördlichen Reede. Unter kleinen Segeln ging es langsam zwischen den Behelfstonnen und den Warnschiffen hindurch, und Drinkwater konnte sein Glas in Ruhe nach Westen richten. Bis jetzt war er durch anderes so in Anspruch genommen gewesen, daß er sich nicht mit dem Ziel ihrer Anstrengungen hatte befassen können: Kopenhagen! Über die niedrigen Dächer erhob sich das mächtige Schloß Amalienborg. Außerdem fielen ihm einige ungewöhnliche Türme auf, so der spitze der Erlöserkirche, der ein außenlaufendes Treppenhaus hatte. Der Turm der Börse war genauso hoch, allerdings wanden sich um ihn vier riesige Schlangen. Im Vordergrund lagen die Festung Trekroner und die Batterien bei den Lynetten und sicherten die Zufahrt zum Hafen. Zusammen mit einer Reihe Sperrschiffe, abgetakelter Linienschiffe, schwimmender Batterien, Fregatten und Kanonenboote bildeten sie eine hervorragende Verteidigungsstellung. Der Feind stand wenig mehr als zwei Meilen von ihnen entfernt, sie waren gerade außerhalb seiner Reichweite, trotzdem fiel von Zeit zu Zeit ein Schuß.

Nelson signalisierte selten. Um halb sechs teilte er *Ardent* und *Agamemnon* als Wachschiffe für die Nacht ein. Kurz nach acht Uhr schlief der Wind ein, als das letzte Schiff gerade seinen Anker auf der engen Reede warf; es war die *Cruizer*, von ihrer Aufgabe als nördliches Warnschiff entbunden.

Als *Virago* um sechs Uhr fünfzehn ankerte, gab Nelson die Parole für die Nacht bekannt.

»Sie lautet ›Winchester‹«, meldete Quilhampton.

»Sehr gut. Sagen Sie den Offizieren, daß ich sie heute abend bei mir zum Dinner erwarte. Ich vermute, daß es in dieser Nacht noch Arbeit für uns gibt.«

»Aye, aye, Sir.« Es würde kaum ein ›Dinner‹ werden, da der Kombüseofen gelöscht war; Tumilty und Trussel hatten schon mit ihren Vorbereitungen für die Schlacht begonnen, aber Jex konnte etwas improvisieren. Vor allem wollte Drinkwater seine Offiziere sprechen.

Er blickte in die Kuhl hinab. Artilleristen säuberten unter Hites Führung das Rohr des hinteren Mörsers von Rost. Er staunte, wo diese Soldaten zwischen den Decks noch Platz gefunden hatten, denn es gab wenig genug freien Raum. Sie hatten ihre Hängematten im Kabelgatt angeschlagen, und er glaubte nicht, daß sich Tumilty oder Rogers besonders viel Mühe bei ihrer Unterbringung gegeben hatten.

Um acht Uhr, als die Offiziere sich zum Essen gesetzt hatten, wurde gemeldet, daß Haubitzenbatterien von Land aus die Reede beschossen; aber das Feuer schlief bald wieder ein. Mr. Quilhampton, der vor Kälte schaudernd auf der Poop Wache ging und vom Essen ausgeschlossen war, notierte im Tagebuch mehrere Signale von *Elephant*. Die meisten gingen die Mörserschiffe nichts an. Aber das sollte nicht lange so bleiben. Während sich Mr. Tumilty gerade über die bevorstehenden Aktivitäten seiner geliebten Mörser ausließ, bekam Mr. Quilhampton seine Revanche für das ihm entgangene Abendessen.

»Verzeihung, Sir, aber ein Boot des Flaggschiffs ist längsseits. Seine Lordschaft bittet Sie, sofort an Bord zu kommen«, meldete er.

Drinkwater stand auf. »Es scheint, als ob Sie auf mich verzichten müßten. Ich empfehle Ihnen, sich auszuruhen, denn morgen wird ein heißer Tag.«

Beifall erklang, nur Mr. Jex blieb stumm, als Quilhampton hinzufügte: »Es ist außergewöhnlich kalt, Sir ...«

»Damit werde ich schon fertig, Mr. Q, danke«, erwiderte Drinkwater trocken.

Er polterte in das wartende Boot. In seiner Tasche hatte er das zerlesene Notizbuch, einen Bleistift und den Peilkompaß. Als er sich neben dem unbekannten Fähnrich zurechtgesetzt hatte, merkte er, daß Quilhampton mit seiner Warnung recht gehabt hatte. Es war wirklich schneidend kalt, und die Eisschollen waren noch zahlreicher geworden. Ein starker Strom trieb die Schollen schnell nach Norden in den Sund. Der Wind war völlig eingeschlafen. Über der Wasserfläche hingen die Fäden des nordischen Seerauchs, das Boot verschwand darin fast völlig; doch in Augenhöhe war klare Sicht.

Sie passierten das Heck der *Elephant*. Die Fenster waren hell erleuchtet, Schatten wurden dahinter sichtbar.

»Der Admiral speist mit den Kapitänen der Flotte, Sir«, erklärte der Fähnrich und brachte das Boot an den Zweidecker heran.

Drinkwater meldete sich beim Wachoffizier, der ihn in einen Vorraum begleitete. Ein paar Unteroffiziere waren dort versammelt, die meisten trugen die einfachen blauen Röcke von Navigatoren. Auch eine Gruppe Lotsen war da, sie blickten noch besorgter drein als beim letzten Zusammentreffen. Jenseits der Türen waren die Geräusche eines festlichen Mahls zu vernehmen. Ein Mann in der Uniform eines Leutnants löste sich aus der Gruppe und trat mit ausgestreckter Hand auf Drinkwater zu.

»Guten Abend. Ich bin John Quilliam, Dritter auf *Amazon*.«

»Guten Abend. Nathaniel Drinkwater, Kommandant der *Virago*.«

Sie schüttelten einander die Hände.

»Kapitän Riou war des Lobes über Sie voll.«

Drinkwater errötete. »Sehr freundlich von ihm.« Er wechselte schnell das Thema. »Ich hoffe, daß die Fregatte bei der Grundberührung nicht beschädigt wurde?«

»Sie hat wohl etwas Kupfer verloren, wird aber die Arbeit des heutigen Tages bewältigen können.« Quilliam lächelte, als im Nebenraum begeisterte Hochrufe erklangen. »Achten Sie nicht darauf, Drinkwater. Seine Lordschaft verwechselt das nicht mit den Pflichten dieser Nacht.«

»Wie sehen die aus?«

»Es gibt widerstreitende Meinungen über die Wassertiefen im Königskanal. Die Lotsen meinen, daß er auf der Seite zum Mittelgrund tiefer ist. Briarly, der Navigator, bezweifelt dies, Kapitän Hardy und Kapitän Riou sind unentschieden. Der Admiral hat zwei Boote bereitgestellt, eins für Briarly und mich, das andere für Hardy und Sie...«

»Mich?«

Quilliam lächelte, aber bevor er nähere Erklärungen geben konnte, wurden die Türen des Salons geöffnet, und die goldbetreßten Offiziere quollen heraus. Alle lächelten und schüttelten einander die Hände, sie hatten gut gegessen und erwarteten nun gelassen die morgige schmale Kost. Drinkwater erkannte Admiral Graves und Kapitän Foley, bekannt waren ihm auch »Bounty«-Bligh von der *Glatton*, Edward Riou und George Murray von der *Edgar*, aber die anderen waren ihm fremd. Hinter der Gruppe stand der kleine, einarmige Admiral. Immer noch gab er Befehle; über seiner Brust leuchtete das rote Band des Bathordens, seine Linke stützte er auf den Ellbogen eines großen Kapitäns, der sich instinktiv unter den Decksbalken duckte.

»Ach ja, Quilliam«, sagte der Lord, als er der beiden Leutnants ansichtig wurde. »Ist alles vorbereitet?«

»Aye, Milord.«

»Haben Sie Mr. Drinkwater eingewiesen?« Quilliam nickte. »Gut. Kapitän Hardy, ich habe diese beiden Offiziere für Sie ausgewählt und verlasse mich auf Sie. Sie werden die Streitfrage klären.«

»Geht in Ordnung, Milord«, grollte der große Kapitän und wandte sich an die beiden Leutnants. »Dann mal los.«

Sie bestiegen die Boote und wollten gerade ablegen, als Nelsons helle Stimme über ihnen erklang: »Sind die Riemen umwickelt?«

»Jawohl, Milord.«

»Sehr gut. Sollten die dänischen Wachboote Sie entdecken, dann müssen Sie wie die Teufel pullen.«

Die Seeleute murmelten begeistert Zustimmung.

»Viel Glück!«

Hardy, Kommandant der *St. George*, die acht Meilen nördlich ankerte, war mit seinem eigenen Boot gekommen. Ein aufgeweckter junger Fähnrich lehnte an der Pinne. Er war in einen teuren Bärenfellmantel gehüllt, den er wohl von betuchten Eltern erhalten hatte, die schon vor Wochen gewußt hatten, wohin die Flotte auslaufen würde.

»Ich habe einen Peilstock vorbereiten lassen. Das macht weniger Lärm als das Werfen des Lots, Mr. Drinkwater.«

»Aye, aye, Sir.«

Drinkwater fragte sich, wie nahe sie wohl an den Feind heranrudern würden, wenn derartige Sicherheitsmaßnahmen nötig waren. Einige Minuten vergingen schweigend, Drinkwater notierte sich die Kurse im Schein der abgeblendeten Laterne auf den Bodenbrettern.

»Der Nordstrom ist verdammt stark...«

»Ungefähr zwei Knoten, Sir.«

»Haben *Sie* die Tonne an der Südspitze ausgelegt?«

»Jawohl Sir. Aber Lord Nelson hat sie durch ein Boot ersetzen lassen.«

»Hoffentlich finden wir es in der Finsternis.«

Sie fanden es. Zunächst pullten sie eine halbe Stunde nach Osten, dann nach Westen. Schließlich loteten sie fünf Faden. Der starke Strom hatte sie versetzt, aber endlich kamen sie mit Hilfe einiger Peilungen zur *Elephant* ans Ziel.

»Darf ich vorschlagen, daß wir um das Markierungsboot herumloten? Dann können wir sicher sein, daß seine Verankerung gehalten hat und es immer noch die Südspitze der Untiefe markiert.«

Hardy grunzte seine Zustimmung. Drinkwater dirigierte den Fähnrich, und ein Seemann las am langen Peilstock die weißen und schwarzen Markierungen ab.

»Es scheint noch zu stimmen, Sir. Ich war besorgt, weil seine Verankerung nur für eine Spierentonne gedacht war. Aber ich hoffe, daß Mr. Fothergill einen richtigen Anker ausgelegt hat.«

»Kein Problem, Mr. Drinkwater. Die Zeit für gründliche Aufklärung ist selten verschwendet.«

Sie ruderten nach Westen, ließen die Südspitze der Bank hinter sich und überquerten den Königskanal, der parallel zur Küste von Amager nach Norden lief. Die Verteidigungslinie der Dänen lag vor ihnen. Das Wasser wurde schnell tiefer, von vorne erklang immer wieder die Meldung »kein Grund«, bis es schließlich auf der Seite von Amager langsam flacher wurde.

Hardy ging auf nördlichen Kurs. Vorne schob ein Mann mit einem Bootshaken die Eisschollen zur Seite; die Ruderer versuchten, im Takt zu bleiben, aber die Eisschollen machten das nahezu unmöglich.

»Das Fahrwasser scheint zwischen sechs und acht Faden tief zu sein, Sir«, meinte Drinkwater, der im Lampenlicht sein Notizbuch zu Rate gezogen hatte. Er war sich über ihre Position zwar nicht ganz im klaren, aber die Peillinie zur *Elephant* war noch sichtbar. »Der Mittelgrund scheint steil abzufallen. Auf der Amagerseite ist der Anstieg flacher.«

Hardy blickte ihm über die Schulter und nickte. »Jetzt sollten Sie die Laterne besser mit Segeltuch umwickeln. Ruhe im Boot, kein Wort mehr, Männer . . . Rudert mit kurzen Schlägen und laßt den Strom die Arbeit machen. Mr. Fancourt . . .« Hardy deutete nach Steuerbord, und der Fähnrich nickte. Drinkwater blickte auf. Seine Augen mußten sich erst an die Dunkelheit gewöhnen, aber dann sah er den Feind: dunkel, riesig und dräuend. Der südlichste Punkt der dänischen Linie war ein altes Schlachtschiff. Seine Spieren, die in den nächtlichen Himmel ragten, verrieten, daß es teilweise abgetakelt war. Es trug keine Segel mehr, aber zwei Geschützdecks waren zu erkennen. Vorn und achtern war es mit Ketten verankert.

In der Stille gab nur gelegentliches Tröpfeln Zeugnis davon, daß Hardy selbst den Peilstock schwang. Sie konnten Stimmen hören, die völlig unverständlich für sie waren, aber man entdeckte sie nicht. So dicht waren sie beim Gegner, daß sie manchmal den Eindruck hatten, das Ende ihres Peilstocks müßte den Dänen über die Reling ragen.

Wagemutig überquerte Hardy noch einmal den Kanal, und Drinkwater schrieb seine Angaben blind nieder. Er hoffte nur, daß er sie später würde entziffern können.

Schließlich war Hardy zufrieden und wandte sich an den Fähnrich. »In Ordnung, Mr. Fancourt, bringen Sie uns zum Admiral zurück.«

Auf *Elephants* Back wurden sechs Glasen geschlagen, die Wachen riefen: »Alles klar!«, als Hardys Boot wieder längsseits schor. Drinkwater folgte Hardy unter die Poop in die hellerleuchtete große Achterkajüte. Briarly und Quilliam waren vor ihnen zurückgekommen. Um die Masterkarte, die jetzt viel mehr Eintragungen enthielt als das letzte Mal, da Drinkwater sie gesehen hatte, drängten sich Nelson, Riou und Foley.

Nelson blickte auf. »Ach, Sie sind es, Hardy ... Mr. Briarly, versorgen Sie die beiden mit Brandy. Also, was haben Sie für uns, Hardy?«

Drinkwater nippte an dem Glas, das Briarly ihm gereicht hatte. Er zitterte noch vor Kälte; obwohl es in der Kajüte nicht ungewöhnlich warm war, schienen ihm die Kerzen doch nach den langen Stunden im Boot große Hitze auszustrahlen. Dankbar trank er den Brandy und bekam das Zittern langsam unter Kontrolle. Offensichtlich wurde noch immer über die Tiefen diskutiert.

»Rufen Sie die Lotsen herein«, entschied schließlich Nelson.

Die ältlichen Männer traten ein, sie hatten gegessen und getrunken und sprachen nun aufgeregt mit schwerem Yorkshire-Akzent. Drinkwater lauschte der Diskussion. Er goß sich ein zweites Glas ein, denn der Alkohol betäubte den Schmerz in seinem Arm. Schließlich beendete Nelson den Streit.

»Gentlemen, wie es scheint, sind die größeren Tiefen am Mittelgrund zu finden. Wenn das für die ganze Länge des Königskanals gilt, ist erhöhte Vorsicht geboten, da der Grund schnell und ohne Vorwarnung ansteigt. Foley, wir müssen den Befehlen eine entsprechende Warnung beifügen. Die Navigatoren müssen diesem Umstand ihr Augenmerk widmen und den Angaben der Lotgasten genau folgen. Wenn dieser Hinweis beachtet wird, sehe ich keine Gefahr für die Flotte. Mr. Drinkwaters Südspitze ist entscheidend für das glückliche Gelingen unseres Unternehmens. Gentlemen, ich wünsche Ihnen eine gute Nacht ...«

Drinkwater kehrte in einem geliehenen Boot zu *Virago* zurück. Sein Bewußtsein war durch die Anstrengungen und Lord Nelsons Brandy wie benebelt. Aber der Schmerz im Arm war fast verschwunden, ebenso die Sorge, daß Lord Nelson schlecht von ihm denken könne.

Siebzehntes Kapitel

2. April 1801, vormittags

Letzte Fehler

Bei acht Glasen der Mittelwache wurde Drinkwater geweckt. Sein Mund fühlte sich pelzig an, und er war schlecht gelaunt. Die Kälte in seiner Kajüte hatte die Schmerzen im Arm zurückgebracht, der fehlende Schlaf machte ihm zu schaffen. Rogers trat ein, er hatte gerade Trussel abgelöst. Er brachte die Neuigkeit mit, daß der Wind auf Südost umgesprungen war.

»Wie es scheint, haben wir endlich mal Glück, Sir.«

»Ja, ja. Besorgen Sie mir heißes Wasser.«

»Tregembo kümmert sich schon darum.«

»Tregembo?«

»Er hat gestern den ganzen Tag Ihre beste Uniform gebürstet und den Degen geschärft. Nachts war noch allerhand los. Die *Blanche* trieb mit ihrem Anker ab, und viele Boote kamen ihr zur Hilfe.« Rogers holte einen Flachmann aus seiner Tasche und goß einen ordentlichen Schluck ein. »Hier, trinken Sie das, Nat, dann fühlen Sie sich besser.« Er hielt ihm das Glas hin.

»Scheußlich!« Drinkwater schüttelte sich, als der pure Alkohol in seinen leeren Magen rann. »Danke, Sam.«

»Ich habe alle Mann purren und den Herd anheizen lassen, damit die Leute heißen Porridge in den Magen kriegen.«

»Sehr gut. Wie war das Dinner?«

»Schön, danke. Der alte Lettsom hat uns etwas vorgeflötet, und Manchett brachte ›Tom Bowling‹ und ein paar andere Sachen von Dibdin zu Gehör.« Er hielt inne und schien über etwas nachzudenken.

»Was gibt's?«

»Jex, Sir . . .«

»Ja?«

»Er hat sich sehr merkwürdig benommen. Beim Essen lief er plötzlich weg. Wir fanden ihn dann auf dem Bugspriet sitzen, voll wie eine Strandhaubitze; er heulte sich die Augen aus.«

»Wie spät war das? Hat die Mannschaft es gesehen?«

»Nun, einige wohl schon. Es war gegen zehn Uhr. Lettsom sorgte dafür, daß Jex in die Koje gebracht wurde, obwohl ich ihn lieber in Arrest gesteckt hätte.«

»Nein, nein. Sie sind sehr hart zu ihm, Sam.«

»Der Bursche ist ein Feigling, Sir.«

»Das ist eine schwere Anschuldigung. Haben Sie Beweise dafür?«

»Aye. Beim Gefecht mit den Luggern wurde er zwischen den Reservesegeln versteckt gefunden.«

»Warum wurde mir das nicht gemeldet?« fragte Drinkwater scharf.

Rogers schwieg einen Moment. »Ich wollte Sie damit nicht belasten.«

»Sie haben das für Ihre eigenen Zwecke ausgeschlachtet!« Drinkwater explodierte. »Jex ist ein Zahlmeister der schlimmsten Sorte, Sam, aber ich hatte ihn im Griff. Jetzt haben Sie ihn in dieses Extrem getrieben...« Drinkwater schwieg, als Tregembo eintrat. Er brachte einen großen Bottich heißes Wasser und stellte ihn ab, dann legte er Drinkwaters beste Uniform heraus, zusammen mit frischer Unterwäsche.

»Du bist schlimmer als ein altes Eheweib, Tregembo«, sagte Drinkwater, der dank des Rums langsam seine gute Laune wiederfand.

»Nun gut, Mr. Rogers«, schloß er den Fall ab, »wir wollen die Angelegenheit vergessen. Wenn er heute auf seiner Station bleibt, wollen wir kein Wort mehr darüber verlieren.«

»Aye, aye, Sir«, erwiderte Rogers hölzern und verließ die Kajüte.

Nachdem Tregembo gegangen war, zog sich Drinkwater aus und rasierte sich, dann stellte er den Bottich auf den Boden. Er tauchte soweit wie möglich ein, wusch sich gründlich und trocknete sich schnell ab. Das Baden und Wechseln der Unterwäsche diente hauptsächlich der Vermeidung von Infektionen bei einer Verwundung, vor allem aber hob es seine Moral. Als er an Deck in die Morgendämmerung hinaustrat, hatte er die arbeitsreiche Nacht vergessen.

Er wanderte auf dem Poopdeck auf und ab; gelegentlich blickte er zum Verklicker hinauf, der Wind hatte nicht gedreht. Kaum zu glauben, daß der Wind diesmal nach all den Verzögerungen, Enttäuschungen und Erschwernissen, die er ihnen beschert hatte, wie auf Bestellung aus der richtigen Richtung wehte.

Tregembo näherte sich mit beleidigtem Gesicht. »Mr. Drinkwater, Sir.«

»Ja, Tregembo?«

»Ihren Degen, Sir, Sie haben Ihren Degen vergessen!«

»Tatsächlich! Entschuldige. Und vielen Dank, daß du dich gestern darum gekümmert hast.«

Tregembo grunzte und übergab ihm die Waffe. Die Lederscheide war abgewetzt, ihre Messingbeschläge waren zerkratzt. Die Naht ging an einer Stelle auf, und die Ringe waren dort, wo sie an den Gürtelhaken befestigt waren, schon fast durchgescheuert. Er zog die Klinge halb heraus. Die gefährlich scharfe Schneide glänzte matt. Der Messingkorb war mit Dellen übersät, wo er die vielen Angriffshiebe abgewehrt hatte. Der schwere Griff, der das Gegengewicht zur Klinge bildete, lag gut in der Hand und ließ ihn an den Kampf mit dem französischen Lugger denken, in dem er einen Mann damit getötet hatte. Es war um Leben oder Tod gegangen. Plötzlich fiel ihm wieder Edward ein, und er blickte nach Nordwesten, wo die Türme Kopenhagens schon aus der Nacht auftauchten. Er sah die Linie der dänischen Schiffe, sah sogar die kleinen roten Flaggen über den Batterien flattern.

Plötzlich hatte er das Gefühl, daß etwas nicht stimmte. Es dauerte eine Weile, bis er den Grund herausfand: Das Boot, das die Südspitze des Mittelgrundes markieren sollte, war verschwunden.

Es war offensichtlich, daß Nelson gar nicht geschlafen hatte. Drinkwater erfuhr später, daß er sich zwar in seine Koje gelegt, aber weiter diktiert hatte. Er meldete den Verlust der Markierung, hörte aber, daß Nelson schon informiert worden war. Man hatte Brisbane alarmiert und ihn angewiesen, an der Stelle die *Cruizer* als Markierung zu verankern.

»Dank Ihnen und Hardy kennen wir die Peilung zur *Elephant*. Brisbane sollte also keine Schwierigkeiten haben.«

»Jawohl, Milord.«

»Nehmen Sie sich Kaffee, Drinkwater . . .«

»Danke, Milord.«

»Es sollte auch noch was zu essen da sein. Da ich sowieso bald nach den Kommandanten schicken lasse, können Sie genausogut warten. Ah, Foley . . .«

Drinkwater ließ sich nicht lange bitten. Er frühstückte und lauschte mit gespitzten Ohren auf Nelsons Unterhaltung mit den unterschiedlichsten Offizieren, Sekretären und Boten, die in endloser Prozession in die Kajüte kamen.

Um sieben Uhr hatten sich alle Kommandanten des Geschwaders auf der *Elephant* versammelt. Zwischen den blauen Röcken leuchtete grell das Scharlachrot von Oberst Stewart und Oberstleutnant Brook. Und das dunkle Grün von Hauptmann Beckwiths Uniform unterstrich die grimmige Seite des Krieges.

Unbeeindruckt vom Kriegsrat auf dem Flaggschiff barst die Flotte vor Aktivität. Drinkwater hatte nun keine andere Wahl, er mußte sich bei den Vorbereitungen zur Schlacht auf Rogers und Tumilty verlassen. Er lernte, daß es bei solch einer komplizierten Aktion, wie Nelson sie plante, für die Kommandanten genauso wichtig war, die Absichten des Admirals zu kennen. Boote schwärmten in der Flotte aus. Auf den Decks der Linienschiffe exerzierte die rotberockte Marineinfanterie unter dem Kommando ihrer Sergeanten. Steuermannsgehilfen und Leutnants manövrierten die großen Flachboote auf Station. Überall wurden die Rahen mit Ketten gesichert und die Schotts abgebaut; die Boote, die noch an Deck standen, wurden ausgesetzt und achteraus mitgeschleppt, die Decks wurden mit Sand bestreut und Enternetze geriggt. Die Offiziere blickten von Zeit zu Zeit zu den Wimpeln im Masttopp hoch, um zu sehen, ob der günstige Wind durchstand.

Nelson erläuterte seine Taktik, indem er mit der Beschreibung der gegnerischen Verteidigungslinie begann.

»Der Feind hat achtzehn Schiffe an der Westseite des Königskanals. Sie tragen ungefähr siebenhundert Kanonen, davon sollte die Hälfte Kaliber vierundzwanzig haben. Am nördlichen Ende wird die Linie vom Fort Trekroner gestützt. Außerdem sind die Batterien bei den Lynetten sehr stark und verfügen sogar über Feueressen, um glühende Kugeln verschießen zu können . . .« Die Offiziere machten sich Notizen, Nelson fuhr fort: »Das Fort Trekroner wird zusätzlich durch zwei schwere Sperrschiffe gesichert. Das Fahrwasser in den Hafen, die Werft und das Arsenal liegt hinter dem Fort und trifft nur kanpp nördlich von Trekronen auf den Königskanal. Die Einfahrt scheint durch Ketten gesperrt zu sein und liegt in Kernschußweite der Landbatterien. Andere Schiffe, ein Vierundsiebziger, eine schwere Fregatte, einige Briggs und kleinere Fahrzeuge ankern dort. Auf Amager stehen ebenfalls Batterien, sie stützen die Südflanke. Alles in allem erstreckt sich die dänische Verteidigungslinie über vier Meilen.«

Der Admiral machte eine Pause und trank einen Schluck Wasser. Drinkwater fand, daß sein Gesicht grau vor Sorge war, aber ein entschlossenes Leuchten ging von seinem gesunden Auge aus. Nelson studierte die Gesichter seiner Kommandanten, um ein Zeichen der Schwäche zu finden. Dann räusperte er sich und fuhr fort.

»Jeder von Ihnen erhält seine Befehle noch in schriftlicher Form. Sie sind so prägnant wie möglich und auf Karton geschrieben, um die

Handhabung zu erleichtern. Trotzdem will ich Ihnen jetzt den Plan in großen Zügen erläutern, damit Sie Fragen stellen können. Wie Sie schon wissen, sollen die Linienschiffe die Heckanker klarhalten. Sie ankern, sobald sie ihr jeweiliges Ziel querab haben. *Edgar* unter Mr. Briarly übernimmt die Spitze. Das Feuer kann nach Gutdünken eröffnet werden. Kapitän Riou auf *Amazon* wird mit *Blanche*, *Alchmene, Arrow* und *Dart* versuchen, Trekroner niederzukämpfen – oder entsprechend den Umständen handeln. Die Bombarden werden hinter den Linienschiffen Stellung beziehen und ihre Granaten in Werft und Arsenal werfen. Kapitän Rose von der Fregatte *Jamaica* bringt dieKanonenbriggs so in Stellung, daß sie die feindlichen Schiffe von Süden aus der Länge nach bestreichen können; damit soll der Nachschub für die schwimmenden Batterien unterbunden werden. Kapitän Imman mit *Désirée* wird ihn dabei unterstützen. Kapitän Fremantle und fünfhundert Seeleute werden zusammen mit Oberst Stewart und dem 49. Regiment mit den Flachbooten das Trekronerfort stürmen, sobald dessen Kanonen schweigen.« Nelson blickte in die Runde. »Die Forts sehen zwar für den Laien furchteinflößend aus, aber ich meine, daß ich sie mit zehn Linienschiffen niederkämpfen kann.« Zustimmendes Gemurmel erklang. »Das ist alles. Gibt es Fragen? Gut, Gentlemen, dann auf Ihre Posten – und Glück den Waffen Seiner Majestät.«

Die Kapitäne und Kapitänleutnants strömten hinaus und nahmen ihre Befehle in Empfang. Drinkwater suchte sein Boot, das in dem Gewühl an der Bordwand der *Elephant* kaum auszumachen war. Dabei spürte ihn Briarly von der *Edgar* auf.

»Einen Augenblick, Sir! Bitte unterstützen Sie mich gegen die Navigatoren und diese verdammten Lotsen. Sie diskutieren immer noch über die Einsteuerung in den Königskanal. Sie wissen, daß Fothergills Boot heute morgen verschwunden war?«

»Aye, es muß durch die Eisschollen vertrieben worden sein. Ich habe davor gewarnt ...«

Briarly nickte. »Das habe ich gehört.« Ungeduldig fuhr er fort: »Sie haben das Ohr des Admirals. Können Sie ihn nicht darauf hinweisen, daß das tiefere Wasser zwar auf der Seite des Mittelgrundes ist, der Grund dort aber so rasch ansteigt, daß der kleinste Fehler ...«

»Mr. Briarly, Seine Lordschaft hat Sie ausgewählt, damit Sie die Flotte in *Edgar* anführen. Sicherlich haben Sie es doch in der Hand, daß solche Fehler vermieden werden.« Drinkwater wurde ungeduldig, wenn er an die Vorbereitungen dachte, die auf *Virago* anstanden.

»Ich war heute in aller Frühe draußen. Wenn sich die Schiffe nach diesen auffälligen Landmarken richten . . .« Er zeigte Drinkwater die Ansteuerungshilfen für den Königskanal.

»Sind Sie da sicher?«

»Völlig!«

»Und Sie werden es so dem Admiral vortragen?«

Briarly nickte.

»Dann habe ich keinen Zweifel, daß das Ihr Tag werden wird, Mr. Briarly. Sie benötigen meine Hilfe nicht. Lassen Sie mich jetzt auf mein Schiff zurückkehren . . .«

»Morgen, Drinkwater.«

Drinkwater wandte sich um und sah Martin warten. »Guten Morgen, Sir«, grüßte er geistesabwesend. Er suchte in seinen Taschen nach dem Peilkompaß, bis ihm einfiel, daß er den im dicken Wintermantel gelassen hatte. Gern hätte er die Peilung zur *Cruizer* überprüft, um sich zu vergewissern, daß Brisbane sie an der richtigen Stelle verankert hatte.

Briarly ging, um seinen Kampf mit den Lotsen auszufechten.

»*Virago* wird in der Gefechtslinie kämpfen, Drinkwater«, sagte Martin. »Dank meiner Fürsprache.«

»Ihrer, Sir?« Drinkwater blickte erstaunt auf.

Martin nickte. »Ich habe neulich beim Admiral ein gutes Wort für Sie eingelegt.«

Drinkwater unterdrückte ein aufsässiges Lachen. »Ach so, verstehe. Äh, ich bin Ihnen zu größtem Dank verpflichtet, Sir.« Dann gewann die Bosheit, und er fügte hinzu: »Seien Sie gewiß, daß ich mit Lord Dungarth über Sie sprechen werde.«

Martin entging der Sarkasmus. »Das würde mich sehr freuen, lieber Freund, wirklich sehr freuen!«

Erst auf dem Rückweg zur *Virago* fiel Drinkwater ein, daß er nun doch keine Peilung zu *Cruizer* genommen hatte.

»Der Admiral hat gerade Nummer 14 setzen lassen, Sir«, berichtete Rogers, als Drinkwater auf *Virago* ankam.« Also: ›Klar zum Gefecht! Ankern mit einer Spring auf der Trosse, die aus der Heckpforte zu stecken ist!‹«

»Sehr gut.«

»Das Schiff ist klar zum Gefecht, Sir.«

»In Ordnung. Ich mache jetzt meine Runde. Mr. Easton, achten Sie bitte auf die Signale des Flaggschiffs. Hier«, er übergab dem Navigator seine Befehle, »studieren Sie das sorgfältig. Ich nehme an, daß wir erst nach den Linienschiffen ankerauf gehen werden.«

Drinkwater ging nach unten, Rogers folgte ihm auf den Fersen. In der großen Achterkajüte waren die Schotts abgeschlagen, so daß auch die achteren Karronaden und die langen Heckkanonen abgefeuert werden konnten. »Nur die Stückführer und die Pulveräffchen bleiben bei diesen Geschützen, Mr. Rogers. Alle anderen sollen sich an Deck zum Segeltrimmen, beim Feuerlöschtrupp oder bei Mr. Tumilty melden«, befahl Drinkwater.

»Aye, aye, Sir.«

Drinkwater blickte auf die Stelle nieder, wo so lange sein Schreibtisch gestanden hatte. Die Luke zum Magazin war geöffnet, ein Artillerist stand mit einer Muskete davor Wache.

»Mr. Trussel und der Kanonier Hite sind unten, Sir. Die Fellvorhänge sind gut angefeuchtet, zu Mr. Trussels voller Zufriedenheit.«

Zwei Männer tauchten auf und trugen eine Kiste.

»Mr. Willertons Pulverkiste, Sir; auf Leckagen untersucht und für dicht befunden.« Drinkwater erinnerte sich an Tumiltys Entschiedenheit, was diesen Punkt anging: Eine undichte Pulverkiste legte eine Spur vom Deck bis ins Magazin.

»Sehr gut.« Er nickte den Männern aufmunternd zu, ging wieder auf die Poop und von da aus in die Kuhl.

»Für die Hauptbatterie gilt dasselbe, Mr. Rogers: einstweilen nur Stückmeister und Pulverjungen.«

»Aye, aye, Sir.«

Drinkwater kletterte auf die Back, wo Matchett mit den erfahrensten Matrosen stationiert war.

»Ist der Anker klar?«

»Aye, Sir, die Spring wird gerade angesteckt.«

»Sehr gut, Mr. Matchett. Lassen Sie sie ruhig lose, wenn wir wieder ankern. Es sind vor allem die Linienschiffe, die der Admiral über Heck ankern lassen will, damit sie schnell ins Gefecht kommen. Außerdem können sie nicht beharkt werden, während sie einschwingen. Wir werden höchstwahrscheinlich über den Bug ankern.«

»Aye, aye, Sir.«

»Viel Glück, Mr. Matchett... Mr. Willerton, was zum Teufel treiben Sie da?«

Willerton erschien plötzlich beim Abtritt vorne, in einer Hand einen Topf roter Farbe. Seine unschuldigen blauen Augen leuchteten im Sonnenlicht, das jetzt durch die Wolken brach.

»Hab' meiner ›Dame‹ eine schöne rote Zunge verpaßt und rote Lippen, Sir. Jetzt kann sie den Froschfressern die Zunge rausstrecken.«

Drinkwater lächelte. »Das sind keine Froschfresser, Mr. Willerton, das sind Dänen.«

»Ist dem Dämchen völlig schnuppe, Sir.«

Drinkwater lachte laut und ging nach achtern. Dabei befahl er den Männern am Spill: »Ihr könnt den Anker kurzstag hieven, Jungs.«

An der vorderen Luke stieß er auf Leutnant Tumilty, der nicht mehr Lässigkeit zur Schau trug, sondern ernst und konzentriert war. Außerdem benahm er sich ungewöhnlich formell.

»Guten Morgen, Sir. Meine Vorbereitungen sind beendet. Wenn Sie wünschen, erläutere ich Ihnen alles.« Sie gingen durch den Raum, wo bisher *Viragos* vierzig Seeleute gewohnt hatten. Am hinteren Ende führte eine Klappe in die achteren Unterkünfte, und von dort gelangte man in das Magazin unter Drinkwaters Kajüte. Tumilty hielt ihn am Arm fest.

»Nicht weiter ohne Fellschuhe, Sir.«

»Natürlich.« Drinkwater wäre fast mit Tumilty zusammengestoßen.

»Hite und Trussel füllen die Granaten mit weißem Pulver. Hobbs steht hier Wache und kann ihnen helfen, wenn die Schlacht lange dauert...« Drinkwater nickte einem weiteren Artilleristen zu, der wegen der gefährlichen Nähe des Magazins keine Muskete trug; aber er hatte einen Gummiknüppel.

»Sobald die Granaten gefüllt sind, gelangen sie hierher.« Tumilty wandte sich nach vorn und deutete auf das schwere Gebälk unter dem achteren Dreizehnzöller. Die Balken bildeten Vertiefungen, in denen die Granaten gelagert wurden. Über seinem Kopf war eine kleine Luke geöffnet worden, durch die eine Lichtbahn fiel.

»Wir – oder besser: Rogers' Männer – hieven durch diese Luke die Granaten zum Mörser hinauf.«

»Was ist mit den Lunten?« fragte Drinkwater.

»Wie Sie sehen, sind in die Granaten während der Lagerung statt Lunten Holzpflöcke gestopft. Ich schneide die Lunten auf der Back zu. Wenn Matchett nicht mehr mit dem Anker jongliert, ist sie frei von Seeleuten, die sind dann hier mit dem Hieven der Granaten beschäftigt. Ich lasse ein ledernes Schutzkleid anbringen, um die Lunten vor Funkenflug zu schützen. Der Sergeant oder ich werden sie schneiden, mit ihrer Länge wird der Zündzeitpunkt bestimmt. Die Flugzeit und damit die Reichweite wird über die Stärke der Ladung im Mörser gesteuert. Wie ich schon ausführte, bestehen die Lunten aus einem besonderen Material, bei dem pro Minute vier Zehntel eines Zolls verbrennen. Ein Flug von tausend Yards dauert 2,56 Sekunden. Sie sehen, Nat, es handelt sich wirklich um eine Wissenschaft.«

»Das stimmt, Tom. Was ist mit dem Zehnzöller vorne?«

»Ich habe während Ihrer Abwesenheit die Männer zweimal gedrillt, alle wissen, was zu tun ist. Wir können es langsam angehen, aber dann sollten wir mehr als einen Schuß pro Minute abgeben.«

»Wie steht es mit der Feuergefahr? Die ist doch nicht unerheblich.«

»Mr. Jex' Feuerlöschtrupp ist eingewiesen. Wir halten nasse Persennige bereit, gefüllte Eimer und Wannen stehen überall an Deck und in den Mastkörben ... Ich bin sicher, so ein Spektakel haben Sie im ganzen Leben noch nicht gesehen, Nathaniel.« Tumilty hatte etwas von seiner gewohnten Lässigkeit wiedergewonnen.

»Sir! Sir!« Quilhampton stolperte über ein Bündel Tauwerk und griff haltsuchend nach Drinkwaters Arm. »Verzeihung, Sir. Mr. Rogers läßt Ihnen ausrichten, daß der Admiral Nummer 66 gesetzt hat, Sir: ›Allgemeiner Befehl zum Ankerlichten, die Schiffe in Lee zuerst!‹«

»Danke, Mr. Q. Ich komme sofort.«

Drinkwater erreichte die Poop, griff in seine Tasche und zog das Dollondglas heraus. Die Flotte war schon in Bewegung. An Backbord, gleich hinter dem Mörserschiff *Volcano*, setzte die hübsche *Agamemnon* die Marssegel. *Edgar* machte schon Fahrt, die Rahen vierkant gebraßt, die Leinwand straff voll Wind. Eine weiße Welle stand vor ihrem Bug, begeisterte Hochrufe begleiteten sie. Drinkwaters Sorgen, Schmerzen und Bedenken schwanden, sein Herzschlag wurde schneller, und das ihm schon bekannte Kribbeln an der Wirbelsäule setzte ein.

In einer Stunde mochten sie tot sein – aber, bei Gott, dieser Augenblick war es wert. Er versuchte, seine idiotische Begeisterung zu unterdrücken, und begann, auf der Poop auf und ab zu marschieren.

Signale wurden an den Rahen der *Elephant* gesetzt, und die überlasteten Signalgasten schwitzten, um Nelsons letzte Befehle zu übermitteln. Im Getümmel achtete niemand auf die Mörserschiffe.

»*Agamemnon* ist in Schwierigkeiten, Sir«, bemerkte Rogers; er wies mit dem Kopf in Richtung des Vierundsechzigers.

»Die verdammte Strömung ist zu stark für sie, sie bekommen keine Fahrt ins Schiff ...«

»Sie treibt über die Ankertrosse der *Volcano*, wenn sie nicht aufpaßt ...«

»Und über unsere auch! Fier die Trosse, Mr. Matchett, fier weg die Trosse!«

Sie sahen Männer auf *Volcanos* Back mehr Trosse stecken, während das Linienschiff von dem kleinen Mörserschiff klarzukommen trachtete; der Strom setzte es rasch nach Norden. Hilflos sahen sie zu, wie das große Schiff seinen eigenen Anker überlief, in Lee des Markierungsschiffes *Cruizer* blieb und auf der falschen Seite des Mittelgrundes wieder ankerte. In Minutenschnelle wurde ein Flachboot zu seiner Unterstützung geschickt, das Anker ausfahren konnte und ihm ermöglichen sollte, sich den Weg nach Luv zu erkämpfen.

Edgar, mit Mr. Briarly auf dem Achterdeck, lief nun ohne Schutz vorneweg. Signale von *Elephant* schickten *Polyphenus* in die Lücke, dann folgte die alte *Isis*. Drinkwater beobachtete die Schiffe voller Interesse. *Bellona* folgte *Isis* und lief dicht an *Cruizers* Bugspriet vorbei in den Königskanal ein. Drinkwater fragte sich, ob ihr Lotse später seine Markierungen und Wegepunkte im Qualm sehen konnte, wenn *Edgars* Kanonen erst *Provesteenen* eindeckten, das südlichste Schiff der dänischen Linie, um das er letzte Nacht mit Hardy gelotet hatte. Hinter *Isis* sah Drinkwater die *Désirée*, die früh in Fahrt gekommen war, nun schon wieder geankert hatte und sich mit Hilfe ihrer Ankerspring so legte, daß sie *Provesteenen* längsseits beharken konnte. Die *Russel,* ein alter Veteran von Kampenduin und Drinkwater in guter Erinnerung, lag dicht hinter *Bellona*. Die Toppgasten der *Elephant* waren in luftiger Höhe tätig, das Flaggschiff nahm seinen Platz hinter *Russel* ein. *Ardent* und Blighs *Glatton* setzten Segel.

»*Bellona* hält sich nicht im Kielwasser von *Isis*«, bemerkte Easton.

»Oh, verdammt«, murmelte Drinkwater. »Ich fürchte, sie ignorieren Briarlys Anweisungen.« *Bellona* schien einen etwas östlicheren Kurs als die vorderen Schiffe eingeschlagen zu haben. Plötzlich öffnete sich eine Lücke zwischen *Isis* und *Bellona*.

»Was zum Teufel ist das?«

»*Bellona* ist aufgelaufen!« erklärte Drinkwater grimmig. »Sie hat den verdammten Mittelgrund berührt,und, bei Gott, *Russel* folgt ihr!«

»Na prost, jetzt sitzt der Fuchs im Hühnerstall!« schimpfte Rogers.

Achtzehntes Kapitel

2. April 1801, nachmittags

Die Schlacht

Den Beobachtern auf der *Virago* entging das Drama auf dem Achterdeck der *Elephant*. Nelson übernahm dort persönlich die Navigation, als er hörte, daß die Lotsen den Navigator anwiesen, *Bellona* und *Russel* an Backbord zu lassen. Er ließ das Ruder in die andere Richtung legen, die aufgelaufenen Schiffe blieben an Steuerbord, und die totale Katastrophe war vermieden. Drinkwater, Rogers und Easton konnten nur sehen, daß die britischen Schiffe, die langsam unter Marssegeln nach Norden krochen, immer dichter von Pulverqualm eingehüllt wurden. Eine dänische Batterie nach der anderen eröffnete das Feuer. Tumilty und Lettsom hatten sich zu ihnen gesellt und beobachteten die Beschießung.

Hinter *Elephant* segelten *Glatton, Monarch, Defiance* und *Ganges*. Sie rundeten die Südspitze des Mittelgrundes, während Rious Fregatten, angeführt von *Amazon*, voraus auf die Einfahrt des Königskanals zuhielten. Roses kleine Kanonenbriggs mit ihren gefährlich klingenden Namen wie *Biter, Sparkler* und *Tickler* schüttelten ihre Marssegel aus. Fast schien es, als seien sie genauso versessen darauf wie ihre großen Kameraden, sich ins feindliche Feuer zu stürzen. Auch Fremantles Flachboote waren aktiv. Drei oder vier scharten sich um die *Agamemnon*. Sie fuhren Anker aus, andere leisteten *Bellona* und *Russel* Beistand, die unter dem Feuer der *Provesteenen* und der Haubitzbatterien auf Amager lagen.

»Siehe da, der alte Parker ist auch unterwegs.« Die Teleskope schwangen nach Norden, wo die Division des Oberkommandierenden nach Luv aufkreuzte, um an der Nordspitze des Mittelgrundes zu ankern. »Ob Parker wohl erkennen kann, daß *Bellona* und *Russel* auf Grund sitzen?« überlegte Easton.

»Falls ja, wird ihm ganz schön mulmig werden. Denn wenn zwei Schlachtschiffe in der Linie fehlen, macht es sich erheblich bemerkbar«, gab Rogers seinen Senf dazu.

»Ihr Feuerfresser werdet ihnen den Bart schon ansengen, Mr. Rogers«, warf Lettsom gelassen ein. »Hier ist der passende Vierzeiler:

Hört Albions Kanonen brüllen!
Das macht die Dänen immer blasser.
Wer aber muß sein Haupt verhüllen,
wer führte uns auf flaches Wasser?«

Rogers brach in schallendes Gelächter aus, und sogar Drinkwater, der das Gefecht aufmerksam beobachtete, konnte sich ein Lächeln nicht verkneifen. Er blickte ins Tagebuch und las Eastons letzte Eintragung: »10 Uhr Vorhut im Gefecht. Allgemeines Gefecht, nachdem die Linienschiffe ihre Stationen erreicht haben.«

Im Norden war Parker wieder vor Anker gegangen, aber vier seiner Linienschiffe kreuzten gegen Wind und Strom auf, um in die Schlacht einzugreifen.

Achteraus hatten auch *Jamaica* und die Kanonenbriggs Probleme mit Wind und Strom. Die überfüllte Reede hatte es ihnen nicht erlaubt, genug Luvraum zu gewinnen, um die Südspitze des Mittelgrunds zu runden. Allerdings, dachte Drinkwater, hätten die flachgehenden Briggs innen an *Cruizer* durchlaufen können. Doch Parkers übergroße Vorsicht hatte die Flotte infiziert.

»*Explosion* signalisiert, Sir: ›An alle Mörserschiffe – Anker auf und Gefechtslinie bilden!‹«

Der Schlachtenlärm erreichte Mr. Jex in der Ladeluke, wo er zwischen den aufgeschossenen Reservetrossen stand. Er hatte das Deck mit der Ausrede verlassen, das Seeventil überprüfen zu wollen. Über dieses Ventil wurde Seewasser durch die Pumpen an Deck befördert. Zwei Löschschläuche waren ausgelegt. Das Ventil war schon vor Stunden geöffnet worden, Jex hatte sich nur verdrücken wollen. Die Angst hatte ihn in ein zitterndes Bündel verwandelt. Er hörte fernen Kanonendonner und das Glucksen des Wassers außenbords: *Virago* fuhr in die Schlacht.

Fünf Minuten lang kauerte sich Jex verängstigt an die Bordwand, dann faßte er einen Entschluß. Mit unsicheren Beinen suchte er sich den Weg in die Rumlast.

Drinkwater peilte über seinen Handpeilkompaß zum Großmast der *Cruizer*.

»Verdammt! Wir kommen nicht klar, Mr. Easton. Können Sie die Brassen noch dichter holen?«

Easton blickte in die Höhe, dann schüttelte er den Kopf.
»Nein, Sir, die Rahen liegen schon an den Wanten an.«
Rogers trat hinzu. Drinkwater peilte wieder und fluchte leise vor sich hin.
»Voll und bei, Tregembo!« Drinkwater fühlte, wie ihm der Schweiß ausbrach. Er wandte den Blick von *Cruizer* und sah *Russels* Heck gefährlich nahe kommen.
»*Hecla* hat dieselben Schwierigkeiten, Nat«, murmelte Rogers beruhigend.
»Ein schöner Trost!« schnappte Drinkwater plötzlich wütend. Sollten sie nach all der Plackerei doch noch auf Grund laufen? Er klappte den Kompaß zu und steckte das kleine Instrument ein.
»Alle Segel setzen, Mr. Rogers, und Beeilung!«
Rogers ließ sich nicht einmal Zeit, den Befehl zu wiederholen.
»Achtung! Bramsegel setzen! Achtung, Back! Beide Klüver setzen!«
Easton sprang hinunter und schob die Kuhlgasten an die Fallen.
»Lassen Sie die Seesoldaten mit anpacken, Easton! Du da, aufentern und die Großsegel ausschütteln!«
Die lose Leinwand fiel klatschend hinunter, faßte den Wind und füllte sich. *Virago* legte sich weiter über. Hier und dort blitzte ein Messer auf, wenn ein verkinktes Ende gekappt wurde. Aber die vielen Sturmtage, das häufige Setzen und Bergen der Segel zahlten sich jetzt aus. *Virago* wurde schneller, Gischt sprühte über die Seite.
»Einen Strich abfallen!« Drinkwater konnte den Blick nicht von *Cruizer* wenden. Die Männer, die mit dem Aufschießen des Tauwerks beschäftigt waren, blickten plötzlich auf, als das Heck der Brigg dicht vor ihnen vorbeiglitt. Eine Reihe Gesichter beobachtete von drüben, wie das alte Mörserschiff in die Schlacht stürmte.
Brisbane lüftete seinen Hut. »Tallyho, Drinkwater! Waidmannsheil, und denken Sie an den Mudd!«
Wie auf Stichwort fühlte Drinkwater, daß sich das Deck unter seinen Füßen ruckartig anhob.
»Gottverdammt und zugenäht!« schrie Rogers, außer sich vor Enttäuschung. Aber schon waren sie frei, ein zaghaftes Hurrageschrei erklang. Sie hatten den Mittelgrund nur kurz gestreift.
Jetzt konnten sie abfallen und in die Schlacht eingreifen.
»Achtung, an Backbord, Sir!« Drinkwater blickte auf. *Explosion* schob sich gerade um *Cruizer* und ging vor den Wind, um ihre Station zu erreichen. Drinkwater konnte nicht anluven, ohne die Kontrolle über *Virago* zu verlieren oder eine Kollision zu fahren, andererseits

konnte er auch nicht abfallen, denn *Russel* und damit der Mittelgrund lagen dicht an seiner Steuerbordseite. Also entschloß er sich, einfach Kurs zu halten. Er hörte, daß Martin Unverständliches in seine Flüstertüte kreischte.

»Verdammt soll er sein«, murmelte er vor sich hin. Martin mußte seine Schoten fliegen lassen, um *Explosions* Fahrt zu verringern.

»Abfallen, Tregembo ... Segelfläche verkleinern!«

Achteraus brüllte Martin noch immer, während *Explosion*, gefolgt von *Volcano, Terror* und *Discovery*, die Südspitze rundete.

»Was uns bestimmt ist, wollen wir dankbar ... Jesus!« Ein Kugelhagel fegte über *Viragos* Deck. Sie hatten *Désirée* hinter sich gelassen, auch *Polyphemus* blieb an Backbord achteraus, beide über Heck verankert, quer vor der dänischen Linie. Als *Virago* die Lücke zwischen *Polyphemus* und dem nächsten Schiff – *Isis* – passierte, traf sie eine Breitseite von *Provesteenen*. Das Rigg, die Segel und der Fockmast wurden beschädigt. An Steuerbord achteraus lag *Russel* mit gesetztem Notsignal. Flachboote umschwärmten sie und brachten im Kugelhagel Trossen aus. Als *Virago* die *Bellona* passierte, erbebte die Luft unter einer starken Explosion, Schreie schollen herüber.

Neben Drinkwater lächelte Leutnant Tumilty diabolisch. »Da ist eine Kanone explodiert«, erläuterte er für alle, die es hören wollten. Doch *Bellona* erwiderte weiterhin das Feuer der Dänen, und Drinkwater blickte wieder nach vorn. So aus der Nähe sah die feindliche Stellung beeindruckend aus. Von fern hatten die abgetakelten Prähme, Linienschiffe, schwimmende Batterien, Transporter und Fregatten einen schäbigen, wenig furchteinflößenden Eindruck gemacht, verglichen mit den properen britischen Schiffen mit all ihren Segeln, Flaggen und mächtigen hölzernen Bordwänden. Aber jetzt sah das anders aus. Schon konnten *Bellona* und *Russel* nur noch wenig beitragen, obwohl beide noch auf die Dänen schossen und sich den ganzen Tag bemühten, wieder flottzukommen. Das gegnerische Feuer konzentrierte sich auf die verbleibenden Schiffe, Kanonen spuckten Feuer und Eisen, pausenlos zuckten die Mündungsblitze auf, quoll der Rauch empor, es war der furchteinflößendste Anblick, den Drinkwater je gesehen hatte.

Die Abstände zwischen den britischen Schiffen waren jetzt größer, denn *Bellona* und *Russel* fehlten in der Schlachtlinie. Kugeln jaulten über die Decks, Löcher klafften in den Segeln, gelegentlich wurden Splitter aus *Viragos* Planken gerissen.

Ein Schrei erklang, das Mörserschiff hatte den ersten Toten zu beklagen: einen vorwitzigen Artilleristen, der herumgerissen wurde und über der Luke des zehnzölligen Mörsers zusammenbrach; sein zerfetzter Kopf flog über Bord.

Die Dänen kämpften mit vollem Einsatz, sie verteidigten Haus und Hof. Ihr Feuer blieb gleichmäßig stark, von Zeit zu Zeit wurden die erschöpften Besatzungen der schwimmenden Batterien gegen frische ausgetauscht.

Viragos Bramstenge wurde weggeschossen, gerade als sie *Edgar* passierte, die sich mit der *Jutland* duellierte, einem alten abgetakelten Zweidecker. Rogers eilte nach vorne, sein Temperament erlaubte es ihm unter diesen Umständen nicht, untätig zu sein. Er begann das Durcheinander aufzuklaren. Drinkwater konzentrierte sich auf die Meldungen des Lotgasten in den Steuerbordrüsten. Hinter *Jutland* ragten die grotesken Umrisse zweier schwimmender Batterien und einer Fregatte auf, die Blighs *Glatton* beschossen. Der ehemalige Indienfahrer, der schon einmal eine ganze Flottille zur Übergabe gezwungen hatte, unterhielt mit seinen Karronaden auf diese kurze Distanz ein tödliches Feuer. Es konzentrierte sich vor allem auf seinen direkten Gegner, ein weiteres abgetakeltes Linienschiff, die *Dannebrog*. Sie war das Flaggschiff des dänischen Befehlshabers, Kommodore Olfert Fischer. An ihr kam *Virago* nicht ungeschoren vorbei, drei Männer wurden verletzt und ein weiterer getötet, als die Kugeln über Deck fegten.

»Etwas mehr nach Steuerbord, Mr. Easton! Sagen Sie Mr. Matchett Bescheid, Mr. Q, daß wir bald ankern. Wir haben unsere Station hinter dem Flaggschiff fast erreicht.«

Beide Offiziere wiederholten die Befehle.

Drinkwater studierte Nelsons *Elephant* und die Gruppe goldbetreßter Offiziere auf ihrem Achterdeck. Vor dem Flaggschiff lag die *Ganges*, dann kam eine Lücke, die auf und ab pullende Boote ausfüllten. Im Qualm kaum zu erkennen, folgten danach *Monarch* und Graves' Flagschiff, die *Defiance*. Irgendwo voraus im vollen Feuer der schweren Batterien von Trekroner mußten Rious Fregatten liegen.

»Bringen Sie das Schiff in den Wind, Mr. Easton!« *Virago* begann zu drehen.

»Sie können mit Ihren Vorbereitungen beginnen, Mr. Tumilty.«

Der Ire hatte seine Ziele schon gierig begutachtet und merkwürdige Messungen mit einem Gerät vorgenommen, das aussah wie eine Art Kompaß. Zu Drinkwaters Erstaunen zwinkerte ihm Tumilty zu.

»Jetzt, mein lieber Nathaniel, wird Ihnen klarwerden, warum wir das alles hergeschafft haben!« Wie ein Gnom hüpfte er auf das Vordeck und begann Befehle zu brüllen.

Drinkwater fühlte den Wind jetzt im Gesicht, das Großmarssegel stand back.

»Geitaue und Gordings holen! Fier auf die Fallen! Aufentern und die Segel stauen!« Rogers machte eine Pause und beobachtete, wie seine Anordnungen ausgeführt wurden. »Du da, aufentern . . . Bootsmann, geben Sie dem Mann den Stock zu schmecken und notieren Sie seinen Namen!«

Viragos Anker fiel genau in dem Augenblick, als der Lotgast fünf Faden aussang.

»Perfekt«, murmelte Drinkwater. Er war mit sich zufrieden und mußte plötzlich an Elizabeth denken.

»Wieviel Trosse sollen wir stecken, Sir?« rief Matchett von der Back.

»Eine halbe Kabellänge, Mr. Matchett«, antwortete er durch die Flüstertüte. Er fühlte, daß *Virago* herumschwang, als der Anker gegriffen hatte. Dann lag sie ruhig, die Strömung drehte den Bug etwas aus dem Wind.

»Anker hält!« meldete Easton, nachdem er die Ankerpeilungen notiert hatte.

»Gut, Mr. Easton.« Drinkwater blickte sich um. Hinter ihnen drehte *Terror* zum Ankern auf, *Explosion* und *Discovery* segelten gerade an ihnen vorbei. Von *Volcano* war nichts zu sehen; später hörte Drinkwater, daß sie Befehl erhalten hatte, im Süden zu ankern und Granaten auf die Haubitzenbatterien von Amager zu werfen.

Er zog seinen Hut vor dem vorbeisegelnden Martin, teils aus Übermut, teils um den empfindlichen Mann zu besänftigen. An der Südspitze hatte das Durcheinander, das durch die Strandung von *Bellona* und *Russel* verursacht worden war, dazu geführt, daß *Isis* vorzeitig ankern mußte, um die beiden zu decken. Als Folge davon war die Schlachtlinie zu weit auseinandergezogen, und besonders die Fregatten an ihrer Spitze wurden fürchterlich von den Kanonen des Forts beharkt. Das Fahrwasser war eine einzige Hölle aus Rauch und Feuer. Parkers drei Linienschiffe kamen nicht erkennbar gegen Wind und Strom voran, um Riou Entlastung zu bringen.

»Mr. Drinkwater, ich bin klar zum Feuern, falls Sie das Schiff etwas ruhig halten können.«

Drinkwater wandte sich wieder dem eigenen Deck zu. Rogers hatte eine Arbeitsgruppe eingeteilt, die an der Talje klarstand, mit der die Granaten hochgehievt werden sollten. Eine Gruppe Artilleristen in

Unterhemden kauerte um die Mörser, die wie riesige hohe Kessel ihre dicken Mündungen nach Steuerbord reckten, gegen den Himmel über Kopenhagen.

»Mr. Easton, lassen Sie das Kreuzmarssegel setzen und backstehen. Mr. Tumilty, Feuer frei!«

»Danke, Sir. Würden Sie bitte freundlicherweise den Aufschlag beobachten?«

Drinkwater nickte. Tumilty hüpfte auf die Back zurück und verschwand dort hinter dem ledernen Schutzkleid. Dann erschien er wieder, stellte sich neben den Sergeanten an den Dreizehnzöller und preßte die vorbereitete Lunte in die erste Granate. Die enorme Kugel hatte einen Durchmesser von über einem Fuß und war mit zehn Pfund weißem Pulver gefüllt. Tumilty hatte die Treibladung sorgfältig berechnet, die seiner Meinung nach die Granate über die feindlichen Linien ins Herz der dänischen Hauptstadt befördern würde; darauf ruhte die Kugel jetzt. Er übergab dem Sergeanten den Luntenstock und kam auf die Poop geeilt; hier zog er sein Teleskop aus der Tasche.

»*Festina lente*, Nathaniel . . . Feuer!«

Der Knall war enorm, er übertönte das Rollen der Salven; weißer Qualm waberte um sie herum.

»Aufpassen, aufpassen!« schrie Tumilty. Sein Glas hob sich zunächst und senkte sich dann wieder, während es der dünnen Linie folgte, die einen Bogen am blauen Himmel beschrieb und mit zunehmender Geschwindigkeit auf die Dächer der Stadt zuraste.

Die Artilleristen scharten sich um den Mörser und wischten ihn sorgfältig aus. Die Rohrerhöhung blieb unverändert, sie war auf fünfundvierzig Grad eingestellt.

Drinkwater blickte unverwandt zum Arsenal Kopenhagens hinüber, um die Explosion der Granate nicht zu verpassen. Aber nichts geschah.

»Zu weit«, sagte Tumilty glücklich. »Wenigstens hat die Lunte nicht vorzeitig gezündet.«

Drinkwater sah zu, wie er um den Mörser herumsprang. Auch der Zehnzöller war vorbereitet, aber Tumilty hielt ihn in Reserve, bis er mit der Treffsicherheit des achteren Mörsers zufrieden war. Die nächste Granate sah Drinkwater beim Aufschlag explodieren.

»Etwas kurz, Mr. Tumilty, scheint mir.«

Auch der dritte Schuß lag zu kurz, aber mit dem nächsten bestätigte Tumilty seinen Ruf, der beste Pyroballogist der Königlichen Artillerie zu sein. Die Explosion wurde zwar von den Wällen des

Arsenals gedämpft, aber Tumilty war vom Ergebnis so begeistert, daß er die Poop verließ, um beide Mörser von der Kuhl aus zu überwachen.

Pflichtbewußt meldeten ihm Drinkwater und Easton, so gut sie konnten, die Einschläge. Von Zeit zu Zeit machte Tumilty eine kurze Pause, um die Seitenrichtung der Mörser zu verändern, aber sonst hielt er ein gleichmäßiges Feuer aufrecht. Drinkwater sah, daß *Virago* sich zu seinen Füßen in einen aufgeregten Bienenstock verwandelt hatte. All die merkwürdigen Konstruktionen waren für diesen Augenblick gebaut worden: die seltsamen Klappen, Feuerblenden, verglasten Laternennischen, die riesigen Fundamente und schweren Stützverbände, die achteckigen Luken.

Mr. Trussel und Kanonier Hite erhielten von Tumilty ihre Befehle und füllten eifrig Flanellkartuschen. Der Artilleriesergeant schnitt auf der nun leeren Back die Lunten zurecht. In der Kuhl schufteten Artilleristen und Seeleute um die Wette beim Heranschaffen der Granaten, Lunten, Kartuschen und Wassereimer, die zum Auswischen und Kühlen der Mörser gebraucht wurden. Leutnant Tumilty koordinierte alles. Das Gesicht vor Anstrengung dunkelrot, schien er wie ein Höllengeist überall zur gleichen Zeit zu sein.

Drinkwater wandte sich wieder dem Verlauf der Schlacht zu. An den britischen Schiffen waren die Schäden unübersehbar. Einige hatten Masten verloren, andere zeigten Notsignale. Zwischen den weißen Wassersäulen der Kanoneneinschläge pullten Prähme und Beiboote umher und fuhren unbeeindruckt Warpanker aus. Mitten durch den Kugelhagel kam Brisbane mit *Cruizer* angesegelt, um Riou Entlastung zu bringen.

Von der dänischen Linie konnte Drinkwater kaum etwas erkennen. Eine der Hulken war offenbar vertrieben, andere schienen die Flaggen gestrichen zu haben; aber wenig später flatterten sie wieder im Wind. Drinkwater konnte sich keinen vernünftigen Reim darauf machen. *Terror, Explosion* und *Discovery* schleuderten ihre Granaten nach Kopenhagen hinein. Doch weder *Hecla* noch *Zebra* und *Sulphur* hatten die Südspitze runden und in die Schlacht eingreifen können.

»Feuer! Feuer!«

Der Alarmruf riß Drinkwater herum. Feuerzungen flackerten an der Backbordreling empor, doch Rogers war schon zur Stelle.

»Feuerlöschtrupp, Achtung! Schläuche nach Backbord!«

Drinkwaters Blicke suchten Jex vergeblich, aber seine Leute waren auf Posten. Sie zogen einen pulsierenden Schlauch zu den brennenden Spieren an der Reling.

»Brennende Kanonenpfropfen, Nathaniel!« rief ihm Tumilty seelenruhig zu; er hatte die Ursache schnell herausgefunden.

»Wo zum Teufel ist Mr. Jex?« rief Drinkwater wütend.

»Keine Ahnung, Sir«, erwiderte Rogers, dessen Männer die Laschings an der Reling kappten und sie über Bord hievten. Eine Kugel heulte über seinen Kopf hinweg, instinktiv duckte er sich.

»Mr. Easton! Suchen Sie Mr. Jex!«

»Aye, aye, Sir.«

Aber Easton hatte die Poop kaum verlassen, als Mr. Jex im Qualm erschien, der das Schiff von der Back bis zur Poop einhüllte. Er war total betrunken und in Hemdsärmeln.

»Ich hörte den Ruf: Feuer!« rief er, hob die Arme hoch über den Kopf und stolperte über einen Ringbolzen im Deck. »Hier bin ich, ihr Bastarde, auf meiner beschissenen Gefechtsstation. Ihr sollt alle verrotten...«

Die Männer drehten sich um und starrten den Zahlmeister an, den der Qualm eines neuen Abschusses einhüllte. Er tauchte wie ein Gespenst aus dem Rauch auf, sein Gesicht war schlaff, Tränen rannen ihm über die Wangen. Drinkwater hörte unterdrücktes Kichern von den Leuten an den Luken.

»Bastarde, ihr seid alle Bastarde...« Jex machte eine großartige Armbewegung, die alle einschloß.

»Mr. Jex!« begann Drinkwater, aber die Worte blieben ihm in der Kehle stecken, als Mr. Jex' rechter Arm abgerissen wurde und einem Toppgasten genau ins Gesicht klatschte. Der erstaunte Mann griff verblüfft nach dem abgerissenen Glied.

»Verdammt, der Zahlmeister hat mir sein verfluchtes Achtel zurückgegeben...«

Die groteske Bemerkung riß alle auf *Viragos* Deck aus ihrer Versteinerung. Jex blickte blöde seinem Arm nach, dann auf den Blutstrom, der aus dem Stumpf strömte. Er begann zu kreischen und rannte übers Deck. Rogers stieß ihn mit einem Ende der brennenden Royalrah um, die er gerade über Bord hatte werfen wollen. Jex lag mit zuckenden Beinen an Deck, sein Rücken krümmte sich, eine rote Pfütze vergrößerte sich schnell um ihn.

»Jesus Christus«, murmelte Easton in morbider Faszination.

Schließlich verstummte Jex' Kreischen. Rogers sprang von der Reling, nachdem die letzten brennenden Teile über Bord gestoßen worden waren; er deutete auf die Leiche und sprach zwei Seeleute an, die stocksteif neben der Steuerbordkarronade standen.

»Werft das verdammte *Ding* über Bord.«

Dann krachte erneut Tumiltys Mörser.

»Mr. Drinkwater, Sir! Der Oberkommandierende signalisiert, Sir!«

»Nun, Mr. Q, was denn?«

»Nummer 39, Sir: ›Gefecht abbrechen!‹«

»Gefecht abbrechen? Sind Sie sicher?« Drinkwater hob das Dollondglas ans Auge und blickte nach Norden. *Ramiles, Veteran* und *Defence* kämpften sich immer noch nach Luv. Die *London* lag vor Anker, im Großtopp wehte die blaue Flagge des Admirals. Außerdem konnte er die weißen und blauen horizontalen Streifen des Signals Nummer 3 über dem waagrechten Rot, Weiß und Blau der Nummer 9 erkennen.

»Mr. Easton, wie spät ist es?«

»Zwanzig Minuten nach eins, Sir.«

»Tragen Sie das Signal mit Uhrzeit ins Tagebuch ein, Mr. Easton ... Mr. Matchett ... Wo zum Teufel ist der Bootsmann?«

»Hier, Sir.«

»Klar zum Ankerlichten!«

»Aye, aye, Sir.«

Drinkwater blickte wieder zur *London* hin, aber es gab keinen Zweifel, es war die Nummer 39.

»Feuer einstellen, Mr. Tumilty ... Mr. Rogers, die Männer auf Stationen, wir müssen Segel setzen.« Drinkwater blickte sich nervös um. Der Abbruch des Gefechts mußte sehr schwierig werden. Die Linienschiffe brauchten nur ihre Ankertrossen zu kappen, sie lagen schon mit dem Bug nach Norden und würden bald vom Schlachtfeld verschwunden sein, aber die Mörserschiffe mußten erst die Anker hieven und dann drehen. *Virago* konnte wegen des Mittelgrundes nicht nach Backbord ausweichen. Die Drehung nach Steuerbord jedoch würde das Schiff einem fürchterlichen Beschuß aussetzen. Drinkwater schluckte. Wenn er sofort Anker lichten ließ, mochte er ein wenig Schutz hinter den Linienschiffen finden. Allerdings ging er dann zwei Gefahren ein. Erstens konnte er bei dem herrschenden Strom mit einem der Großen kollidieren, zweitens konnte ihm das übereilte Verlassen der Gefechtslinie als Feigheit ausgelegt werden.

»Warum zum Teufel wird das Feuer eingestellt?« Tumiltys purpurrotes Gesicht glühte fragend im Rauch.

»Der Oberkommandierende verlangt den Abbruch der Schlacht.«

»Warum, verdammt?«

»Tun Sie, was man Ihnen sagt, Tumilty!« bellte Drinkwater.

»Verzeihung, Sir, aber Nelson hat das Signal nur bestätigt...«

»Wie?« Drinkwater blickte in die Richtung, die ihm Quilhampton wies. *Elephant* hatte Parkers Befehl nicht wiederholt. Er blickte nach achtern, *Explosion* allerdings hatte die Nummer 39 wiederholt.

»Was zum Teufel machen wir nun?«

»Können Sie *Defiance* sehen, Mr. Q?«

Quilhampton starrte Steuerbord achteraus; schließlich ließ er das schwere Glas sinken.

»Ich bin nicht sicher, Sir, aber ich meine, daß Admiral Graves ein Signal gesetzt hat; allerdings an keiner auffälligen Stelle...«

»Nicht auffällig?« Drinkwater dachte nach und blickte dann wieder zur *Elephant* hinüber. Nelson hatte nur bestätigt, daß er Parkers Signal Nummer 39 gesehen hatte, aber für seine Schiffe nicht wiederholt. Nummer 16, das Signal für »Nahkampf«, das zu Beginn der Schlacht gesetzt worden war, wehte noch immer.

Drinkwater versuchte klar zu denken, während der Kanonendonner noch immer anhielt. Nelson wollte ganz offensichtlich dem Befehl nicht gehorchen. Aus Parkers Perspektive schien Nelson eindeutig in Schwierigkeiten zu stecken. *Bellona* und *Russel* saßen auf Grund, beide hatten weithin sichtbare Notsignale gesetzt. Am südlichen Ende lag eine Zusammenballung von Schiffen, was zusammen mit einigen Kanonenbriggs und Mörserschiffen darauf hindeutete, daß da etwas ganz scheußlich schief gelaufen war. *Agamemnon* hatte nach wiederholten Versuchen, die Südspitze zu runden, aufgegeben und ihre Boote zur Unterstützung der Flotte geschickt. *Cruizer*, das Markierungsschiff, hatte seine Position verlassen, um Riou zu unterstützen.

Parker konnte nur den Nordteil des Kanals gut einsehen. Da schlugen sich Fregatten mit befestigten Landbatterien herum, das Desaster schien unvermeidlich, die drei aufkreuzenden Linienschiffe waren nicht in der Lage, Riou zur Hilfe zu kommen.

»Der Hasenfuß Parker hat die Nerven verloren«, meinte Rogers und senkte das Glas.

»Ich glaube, daß er Nelson die Chance geben will, das Gefecht jederzeit abzubrechen, wenn er will. Bestimmt erkennt er nicht, was es für ein blutiges Chaos geben würde, wenn Nelson sich zu diesem Zeitpunkt löste...«

»Jedenfalls rührt sich Nelson nicht!« Rogers nickte in Richtung *Elephant*.

»Nein.«

Drinkwater machte eine Pause. »Sagen Sie Mr. Matchett, er soll die

Ankertrosse fieren, Sam... Mr. Tumilty, Feuer frei!« Hochrufe erklangen an Deck. Im nächsten Augenblick war die Kuhl raucherfüllt, die Mörser brüllten wieder.

»Flaggschiff an *Virago*, Nummer 214: ›Ein Leutnant beim Admiral melden!‹, Sir«, schmetterte Quilhampton beflissen.

»Gut. Sagen Sie Mr. Rogers Bescheid.«

Quilhampton machte sich auf den Weg. Hinter ihnen holte *Explosion* die Nummer 39 herunter.

Es dauerte zwanzig Minuten, bis Rogers zurückkam. Der Erste war in Hochstimmung.

»Bei Gott, Sir, Sie sollten es von dort oben sehen! Nelson sagt, es ist die heißeste Schlacht, an der er je teilgenommen hat. Die Dänen weigern sich zu kapitulieren. Erst streichen sie die Flagge, aber dann schießen sie auf die Boote, die sie entern sollen...«

»Was wollte der Admiral?« unterbrach Drinkwater.

»Oh, er hat gemerkt, daß *Viragos* Granaten gut gezielt liegen. Er möchte, daß wir ein paar Bomben ins Fort Trekroner werfen.«

»Mr. Tumilty!« schrie Drinkwater in den Pulverdampf. Er holte den Iren auf die Poop. »Seine Lordschaft möchte, daß wir unser Feuer auf Trekroner richten.«

Tumiltys Augen leuchteten auf. »Sehr schön. Ich lasse den Zehnzöller einpfündige Kartätschen schießen, das bringt sie zum Zittern, wenn sie keine Kasematten haben.«

Tumilty benötigte zehn Minuten und vier sorgfältige Schüsse, um die richtige Ladung zu finden. Das Fort Trekroner lag an der Grenze ihrer Reichweite. Sie mußten die doppelte Ladung Pulver nehmen, die sie für das Arsenal benötigt hatten, und *Virago* wurde von den Rückstößen bis zum Kiel durchgeschüttelt.

Die einpfündigen Kartätschen waren in Kästen geliefert worden; jetzt wurden immer hundert Kugeln pro Schuß in Säcken in den vorderen Mörser geladen. Drinkwater konnte die Flugbahn besser verfolgen, da sie sich während des Fluges zu einer kleinen Wolke verformten.

Eine halbe Stunde lang setzte *Virago* die Beschießung fort, dann meldete Quilhampton, daß die Parlamentärsflagge am Masttopp der *Elephant* wehte.

Das Feuer verstummte langsam, Unsicherheit machte sich in der Flotte breit.

Im Norden führte *Amazon* die Fregatten zu Parkers ankernden Schiffen. Drinkwater schloß richtig, daß Riou Nelsons Signale nicht hatte sehen können und Parkers Befehl zum Rückzug gefolgt war.

Später hörte er, daß Riou von einer Kugel in Stücke gerissen worden war, kurz nachdem er den Befehl zum Rückzug gegeben hatte.

Vereinzelt flammte das Feuer wieder auf. Die Beobachter sahen Boote beider Nationen um *Elephant* schwärmen, alle hatten weiße Flaggen gesetzt. Bei Sonnenuntergang ließ Nelson seine Schiffe Segel setzen. Ein Leutnant wurde zu den Mörserschiffen gerudert. Er brachte den Befehl, daß sie näher zum Trekronerfort verholen und in Stellung bleiben sollten, bis der Admiral weitere Befehle schickte.

»Von dort haben wir die ganze Stadt im Schußbereich«, grinste der rußgeschwärzte Tumilty.

»Ich denke«, meinte Drinkwater, sein Dollondglas zusammenschiebend, »wir sollen die Trumpfasse in seinem Spiel sein, Gentlemen!«

Neunzehntes Kapitel

2.–9. April 1801

Trumpfas

»O mein Gott!« Drinkwater blickte in das Boot hinab, das an *Viragos* Bordwand lag. Im Schein der Laterne sah er Eastons bewegungslosen Körper.

»Wo ist das andere Boot? Wo ist Quilhampton?« fragte er mit plötzlicher Besorgnis.

»Hier, Sir.« Die vertraute Stimme erklang, als der Kutter das Heck rundete. Auch darin lagen Verwundete.

»Was ist passiert?«

»*Elephant* befahl uns, eine Trosse auszubringen, Sir. Nachdem wir das erledigt hatten, wies uns Kapitän Foley an, eine dänische Prise zu besetzen . . .«

»Foley?«

»Jawohl, Sir. Lord Nelson ist auf *St. George* übergewechselt, weil *Elephant* beim Rückzug nach Norden auflief . . .«

»Weiter!«

»Nun, Sir, wir näherten uns der Prise gegen zwei Uhr, und die Bastarde eröffneten das Feuer auf uns!«

Drinkwater drehte sich um, Rogers tauchte aus der Dunkelheit auf.

»Holen Sie die Männer an Bord, Mr. Rogers. Dann bemannen Sie das Boot mit frischen Leuten und fahren mit ihnen zur *Monarch*.«

»Zur *Monarch*, Sir?«

»Ich habe Lettsom hingeschickt, sie benötigten einen Chirurgen.«

»Teufel auch!«

Drinkwater tat für die Verwundeten, was er konnte, während er auf den Arzt wartete. Es war wenig genug. Aber auch diese Nacht verging, und ein ruhiger, nebliger Morgen dämmerte über dem Königskanal.

Die Nachtstunden waren eine Tortur gewesen. Nach den vorangegangenen Anstrengungen und dem langen Gefechtstag war Drinkwater grau vor Erschöpfung. Die britischen Schiffe hatten sich nur schwer aus der Schlacht lösen können. Außer *Elephant* war auch *Defiance* aufgelaufen. *Monarch* war in der Schlacht stark beschädigt worden und hatte schwere Verluste erlitten. Sie wurde manövrierunfähig, trieb auf die Küste zu, kollidierte mit *Ganges*, wurde erneut von den Dänen beschossen und lief auf Grund. Der Anprall der *Ganges* schob die *Monarch* wieder vom Mudd, und beide Schiffe trieben in der einbrechenden Dunkelheit. Ein dänisches Schiff war mit einer fürchterlichen Explosion in Fetzen geflogen. In der Luft hing noch immer intensiver Brandgeruch.

Drinkwater hatte sein Schiff während des Abends verholt. *Virago* ankerte nun näher an der Stadt und bedrohte die Festung Trekroner mit ihren noch warmen Mörsern. Bei ihr lagen *Explosion, Terror* und *Discovery*.

Die aufgehende Sonne vertrieb die Nebelschwaden. Die meisten britischen Schiffe hatten sich um Sir Parker am Nordende des Mittelgrundes gesammelt. Schließlich kam Lettsom mit Rogers' Boot zurück, die Crew hatte geschuftet wie die Galeerensklaven. Im Süden waren *Bellona* und *Russel* freigekommen. *Bellona* hatte die Ankertrosse der *Ibis* übernommen und sich selbst freigehievt. Auch *Désirée* schien verschwunden. Näher bei ihnen saß noch immer die *Defiance* auf, aber zur Frühstückszeit war auch sie wieder flott.

Viragos Magazin wurde wieder geschlossen, die Offiziere wurden zu äußerster Vorsicht angehalten, dann ließ Drinkwater das Kombüsenfeuer wieder anzünden, damit die erschöpften Männer warmes Essen bekamen. Er selbst konnte sich nicht entspannen und blieb an Deck. Die Erregung und Anstrengung der letzten Stunden hatten ihn hellwach gemacht. Er wußte, irgendwann würde die Reaktion einsetzen, aber jetzt lief er auf seiner Poop hin und her.

Die dänische Linie bot einen spektakulären Anblick, den er nie wieder vergessen würde. Während der Schlacht hatte er von seiner Position aus nur die Feuerleeseiten der britischen Schiffe sehen und sich kein Bild über die Feuerwirkung machen können. Jetzt aber waren die Spuren der Kanonade deutlich sichtbar. Die Rümpfe der Sperrschiffe und Hulken waren völlig zerschlagen, große Löcher klafften in der Beplankung. Viele waren vertrieben und saßen vor Amager auf Grund. Auf einigen wehte noch immer die dänische Flagge. Wenn er die beiden Parteien verglich, die Dänen im Süden und die britische Flotte im Nordosten, schien Drinkwater keine Seite besser auszusehen. Die Dänen hatten immer noch den Platzvorteil, denn britische Truppen waren nicht gelandet, und auch das Trekronerfort war nicht gestürmt worden.

Dann erinnerte er sich an seine eigenen Worte in der vergangenen

Nacht. Hier lagen sie, die plumpen Mörserschiffe, hielten die Flagge Großbritanniens hoch und würden die Schlacht in einen Sieg verwandeln.

»Sir, ein Boot nähert sich. Ich glaube, mit Seiner Lordschaft.«

»Was?« Drinkwater erwachte schlagartig, als Quilhamptons bandagierter Kopf im Türspalt erschien. Er reckte sich. Kopf, Beine und vor allem der verletzte Arm schmerzten ihn unausstehlich. Er konnte nicht länger als eine halbe Stunde geschlafen haben.

»Was haben Sie gesagt – Lord Nelson?«

»Jawohl, Sir.«

Drinkwater hievte sich aus der Koje und taumelte an Deck. Die Gig des Admirals näherte sich, offenbar lief sie die ganze Reihe der Mörserschiffe entlang. Der kleine Admiral trug seinen unmöglichen karierten Mantel und saß neben dem großen Hardy. Die Mannschaft der *Virago* stand an der Reling und begrüßte Nelson mit spontanen Hochrufen. Nelson lüftete den Hut, als er querab war.

»Guten Morgen, Drinkwater.«

»Guten Morgen, Milord.«

»Ich habe schon über hundert Gefechte hinter mir, Mr. Drinkwater, aber keines war so heiß wie das gestrige. Ich war von Ihrem Verhalten sehr angetan und werde es nicht vergessen, wenn ich meinen Bericht für die Admiralität schreibe.«

»Ich bin Ihnen sehr verbunden, Milord.« Drinkwater sah, daß das Boot weiterfuhr. Neben ihm erschien Lettsom, er stank nach Blut.

»Nelson hat für seinen Ruhm einen sehr hohen Blutzoll gezahlt«, sagte der Chirurg traurig.

»Wie war es auf *Monarch*?«

»Ein Schlachthaus. Sechsundfünfzig Tote, einschließlich des Kommandanten Mosse, einhundertvierundsechzig Schwerverletzte. Man sagt, daß der Erste Offizier wahre Wunder vollbracht hat, um das Schiff zu retten. Er wird zweifellos befördert werden . . .« Lettsom brach ab, seine Bitterkeit war verständlich. Wie viele Schiffsärzte und ihre Assistenten hatten mit vergleichbarem Können gearbeitet, würden aber niemals befördert werden?

»Flachboote nähern sich, Sir.«

»Mr. Q, können Sie Ihre verdammten Meldungen nicht mal für sich behalten?«

»Aye, aye, Sir.«

Drinkwater schämte sich gleich darauf seines Ausbruchs, als er Quilhamptons trauriges Gesicht sah.

»Mr. Q, entschuldigen Sie bitte.«

Quilhamptons Miene erhellte sich augenblicklich.

»Schon vergessen, Sir.«

Drinkwater blickte zu den Flachbooten hinüber. »Lassen Sie mich wissen, was die wollen, Mr. Q.« Damit ging er nach unten und schlief auf der Stelle ein.

Er erwachte von dem Geruch nach Rauch, der über die See zog. Als er an Deck kam, fand er die Offiziere auf der Poop beisammen.

»Was ist das für eine Versammlung?«

Drinkwater war ausgesprochen schlechter Laune. Er hatte genug geschlafen, um geistig fit zu sein, aber nicht genug, um die körperliche Erschöpfung überwunden zu haben.

»Der alte Hasenfuß läßt die Prisen verbrennen«, sagte Rogers vorlaut. »Damit wir bloß nicht in den Genuß des Prisengeldes kommen. Verfaulen soll er!« In einer Flotte, die seit Wochen von Gerüchten lebte, hatte diese Nachricht in Blitzeseile die Runde gemacht. Zwar stimmte es, daß die dänischen Schiffe kaum noch einen Wert darstellten, aber ein oder zwei waren doch schöne Prisen, denen lediglich Masten und Spieren fehlten. Die *Holstein* wurde geschont und in ein Lazarettschiff umgewandelt. Man erzählte sich, daß Nelson Parker wegen der Verbrennung wütende Vorhaltungen gemacht hatte. Er hatte angeführt, der einzige Lohn der einfachen Seeleute sei das Prisengeld und das Kopfgeld.

Nelson schien unermüdlich zu sein. Er hatte den Waffenstillstand ausgehandelt und am Abend zusammen mit den früheren Feinden diniert. Obwohl der Vertrag noch nicht offiziell unterschrieben war, hatte die Flotte beschlossen, daß die Dänen geschlagen waren.

Drinkwater schloß das Gebetbuch und setzte seinen Hut wieder auf. Der Text über die Auferstehung hatte an diesem Ostersonntag hohl geklungen.

»Hüte auf!« bellte Rogers. Drinkwater trat vor, um zur Crew zu sprechen.

»Männer, ich werde heute die Kriegsartikel nicht verlesen. Ich will euch statt dessen für euren Einsatz am vergangenen Donnerstag danken.« Die Männer ließen ihn hochleben, Drinkwater begriff erst langsam, daß sie ihn meinten. Die Rufe wurden leiser.

»Aber wir haben unsere Aufgabe noch nicht beendet...« Die Männer verstummten, aufmerksam starrten sie ihn an. »Heute morgen erhielt ich die Nachricht, daß der Waffenstillstand um 12.00 Uhr endet. Wenn bis dahin keine glaubwürdige Begründung vorliegt, warum unsere Bedingungen nicht angenommen wurden, werden wir die Stadt beschießen.«

Er ging nach unten. Rogers entließ die Männer.

»Sir, Mr. Rogers läßt Ihnen ausrichten, daß zwischen dem Ufer und dem Trekronerfort reger Bootsverkehr herrscht...«

Drinkwater ging an Deck und starrte durch das Fernglas. Es gab keinen Zweifel, die Dänen verstärkten die Besatzung.

»Soviel zur immerwährenden Freundschaft mit den Dänen«, bemerkte Rogers sauer.

»Lassen Sie ein Boot klarmachen, Mr. Rogers, und übernehmen Sie in meiner Abwesenheit das Kommando.«

Das Boot konnte ihn gar nicht schnell genug zur *London* bringen. Es war wenige Minuten vor Mittag, als er sich beim Oberkommandierenden meldete. Parker erstaunte ihn damit, daß er seinen Namen kannte.

»Ach, Drinkwater – der Wachoffizier sagte mir, daß Sie Neuigkeiten betreffs Trekroner haben?« Drinkwater nickte. »Nebenbei gesagt, meine Frau schreibt mir in jedem Brief, daß ich Sie im Auge behalten soll. Ich fürchte, daß ich mich bis jetzt für Ihre Dienste noch nicht erkenntlich zeigen konnte.«

Drinkwater verbeugte sich. »Sehr gütig von Ihrer Ladyschaft, Sir.« Er wollte seine Neuigkeiten möglichst schnell loswerden. »Die Dänen verstärken die Besatzung des Trekronerforts ständig, Sir. Frische Truppen...«

»Darüber brauchen Sie sich keine Gedanken zu machen, Mr. Drinkwater. Die dänischen Unterhändler haben mich gerade verlassen. Der Waffenstillstand wird verlängert.«

Bei der Rückkehr machte sich Drinkwater Gedanken darüber, was Lady Parker wohl mit ihrer Freundlichkeit bezweckte.

Zwei Tage lang reparierten die Briten ihre Schäden. Die eroberten Prisen wurden ausgeschlachtet und die Rümpfe verbrannt. Ein Südwest trieb kalte Regenschauer über die Reede. Wieder einmal herrschte Unsicherheit. Die Seeleute saßen meist an den Riemen der Flachboote, die zwischen den Prisen und den britischen Schiffen hin und her fuhren.

Der Kutter *Fox* lief nach Süden, um die Flachs bei Dragör zu vermessen. Es ging darum, tiefes Fahrwasser für die großen Linienschiffe der ersten Kategorie zu finden. Drinkwater wollte gern helfen, aber ihm wurde befohlen, an Bord zu bleiben und seine Mörser auf Kopenhagen gerichtet zu halten.

Nelson und Oberst Stewart dinierten erneut an Land, und der Waffenstillstand wurde wieder verlängert. Es wurde bekanntgegeben, daß Post nach England abgehen würde. So setzte sich Drinkwater an seinen wieder aufgestellten Tisch und klappte das Tintenfaß auf. Er zögerte, als er ein Blatt Briefpapier zu sich heranzog. Vorher mußte er noch eine Pflicht erfüllen, die er seit der Schlacht aufgeschoben hatte. Anstelle des Briefbogens nahm er das Musterbuch und öffnete es.

Er ließ den Finger an der Namensliste der Männer entlanggleiten und hielt bei Easton an. Er vergegenwärtigte sich das Gesicht des Mannes, dann schrieb er sorgfältig die Buchstaben D.D. – für *discharged dead* – hinter den Namen. Er wiederholte dies bei dem Namen Jex, wobei er eine unchristliche Erleichterung unterdrücken mußte. Noch viermal schrieb er die zwei Buchstaben, ehe er am Ende der Kolonne wieder innehielt. Schließlich tauchte er die Feder energisch in die Tinte und setzte auch hinter den Namen »Edward Waters, Freiwilliger« die beiden Buchstaben D.D. Zuletzt streute er Sand über die Seite und schob das Buch fort.

Seine Hand zitterte leicht, als er den Brief an Elizabeth begann:

H.M. Mörserschiff Virago
Auf der Reede von Kopenhagen
Mittwoch, den 8. April 1801

Meine liebe Elizabeth,

Cruizer wird mit Depeschen in die Heimat abgehen, so habe ich die Gelegenheit, Dir mitzuteilen, daß wir am letzten Donnerstag vor Kopenhagen eine Schlacht geschlagen haben. Sie war schrecklich, aber ich bin unversehrt. Deine Gebete sind also erhört worden. Viele tapfere Männer sind gefallen, aber Du kannst Louisa sagen, daß James nur einen Kratzer abbekommen hat. Er hat sich wacker geschlagen und alle in ihn gesetzten Erwartungen erfüllt. Der Waffenstillstandsvertrag ist noch nicht unterschrieben, aber ich glaube, daß es bald geschehen wird. Du wirst sicher in den Zeitungen über Lord Nelsons große Verdienste lesen. Ich kann mich rühmen, daß Seine Lordschaft von meinen Anstrengungen Kenntnis genommen hat. Vielleicht ergibt sich daraus noch etwas Positives, obwohl ich nicht zu hoffnungsvoll sein darf, da Seine Lordschaft nicht den Oberbefehl hat. Bestelle Susan, daß Tregembo gesund und munter ist. Ich hoffe, daß Du bei guter Gesundheit bist und Dein Zustand Dir nicht zu viele Beschwerden verursacht. Küsse Charlotte Amalia von mir und erinnere Dich an Deinen Dir ergebenen Ehemann …

Er unterschrieb den Brief und ärgerte sich, daß er so unpersönlich ausgefallen war. Irgendwie ließ die räumliche Entfernung Elizabeths Existenz unwirklich erscheinen. Seine Realität war die durchdringende Kälte und der endlose Schmerz im rechten Arm.

Der Kutter *Fox* kehrte am folgenden Abend auf die Reede zurück. Er hatte eine Durchfahrt in die Ostsee gefunden. Am nächsten Tag wurde ein vierzehnwöchiger Waffenstillstand verkündet. Die Dänen versprachen, die Flotte mit Wasser und anderen Ausrüstungsgegenständen zu versorgen. Im Gegenzug wurden die Mörserschiffe zurückbeordert.

Die zweite Nachricht interessierte kaum jemanden, nur Leutnant Nathaniel Drinkwater fühlte sich sehr betroffen: Dänische und preußische Truppen hatten Hamburg besetzt, der Hafen war für den Verkehr mit Großbritannien geschlossen worden.

ZWANZIGSTES KAPITEL

10. April – 19. Juni 1801

Die Köge-Bucht

»Signal vom Flaggschiff, Sir: ›Alle Schiffe ein Boot schicken!‹«

»Dann dürfte es sich um Post handeln. Kümmern Sie sich darum, Mr. Rogers.«

Jedes Glas in der Flotte war auf die *Lynx* gerichtet, als sie in der Köge-Bucht ankam. Kapitän Otway hatte Nachrichten von der Außenwelt an Bord. Nach den Anstrengungen und Leiden der letzten Wochen war fast jede Neuigkeit willkommen.

Alle Anstrengungen waren unternommen worden, die großen Schiffe, besonders *London* und *St. George*, über die Flachs zu bringen. Ihre Kanonen und Ausrüstung wurden auf Handelsschiffe umgeladen. Danach wurden die geleichterten Linienschiffe, die nun hoch aus dem Wasser ragten, in die Ostsee gesegelt. Die *St. George* war der *London* gefolgt und aufgelaufen. Parker hatte erfahren, daß die schwedische Flotte in See stand, und hatte Nelson wieder auf die *Elephant* geschickt, die schon mit dem Rest der Flotte in der Köge-Bucht ankerte. Nelsons Boot war gegen den zunehmenden, bitterkalten Wind vierundzwanzig Meilen weit zu seinem ehemaligen Flaggschiff gepullt worden.

Die großen Schiffe hatten sich aufgemacht, das Geschwader aus Karlskrona zu suchen, die kleineren blieben in der Köge-Bucht und fragten sich, wann es wohl gegen die Russen gehen würde. Trotz der Schlacht war das Verhältnis zu den Dänen gut. Auf Reede waren ständig einige dänische Gallioten zu Gast, die den Offizieren und anderen, die es sich leisten konnten, Sahne, Käse und Hühnchen verkauften.

Dann kehrte Parker mit der Nachricht zurück, daß Zar Paul ermordet worden war. Sein Sohn Alexander hatte den Thron bestiegen und seine freundschaftlichen Gefühle für die Briten erklärt. Die Neuigkeit war bereits drei Wochen alt.

Das galt auch für die Briefe, die *Lynx* an Bord hatte, aber niemand kümmerte es. Die Postausgabe hatte den üblichen Effekt. Männer mit Briefen in der Hand verdrückten sich in die merkwürdigsten Ecken, um mühsam die gekritzelten Zeilen ihrer Lieben zu entziffern. Diejenigen, die leer ausgegangen waren, schmollten oder spielten den Gleichgültigen, ganz nach Temperament. Am schlimmsten waren die Briefe, die für die Gefallenen gekommen waren. Es gab auch einen für Easton, der nach Lavendel roch und in einer zarten Frauenhandschrift geschrieben war... Es oblag Drinkwater, ihn zusammen mit einem Beileidsschreiben zurückzusenden.

Drinkwater selbst hatte drei Briefe bekommen. Einen von Elizabeth, den anderen von Richard White, aber den dritten las er zuerst.

Lieber Drinkwater,
Ihre Briefe haben mich erreicht. Bitte suchen Sie mich nach Ihrer Ankunft in London umgehend auf.
Dungarth.

Es war ein kühler Brief, und er belebte Drinkwaters Zweifel an Edward neu. Jex' Tod hatte ihm Anschuldigungen von dieser Seite erspart, trotzdem war er nicht völlig befreit. Es erleichterte ihn nur wenig, als er hörte, daß die Dänen und Preußen wieder aus Hamburg abgezogen waren.

Er ging auf die Poop und lief dort über eine Stunde unruhig hin und her. Nachdem er sich etwas beruhigt hatte, kehrte er wieder in seine Kajüte zurück und öffnete den nächsten Brief. Er kam von seinem alten Freund Richard White, der jetzt Vollkapitän war und mit seiner Fregatte an der Blockade von Brest teilnahm.

Mein lieber Nathaniel,
wir sind noch immer hier. Wir kreuzen im Goulet in Sichtweite der Batterien von St. Matthew. Die Monotonie macht mich ganz krank, aber Du würdest wohl sagen, es muß sein. Jedenfalls denkt der Erste Seelord so, und niemand hat die Macht, mit ihm darüber zu streiten. Wie ich hörte, kommandierst Du einen Versorger. Falls Dir das keinen Spaß macht, würde es mich freuen, wenn Du hier zu mir stoßen würdest. Ich kann einen hellen Kopf gebrauchen. Schreib mir, ob Du als mein Erster anmustern möchtest...

Drinkwater ließ den Brief sinken. Wenn er eine Versetzung auf Whites Schiff erreichte, ohne bei Lord Dungarth vorsprechen zu müssen, konnte er jahrelang in der Blockadeflotte dienen. Die Affäre mit Edward Drinkwater wäre dann längst vergessen. Geistesabwesend öffnete er den dritten Brief. Aber Elizabeth hatte recht, er war kein Heuchler; er wußte, daß er sich den Problemen stellen mußte. Aufseufzend begann er zu lesen.

Mein lieber Nathaniel,
Charlotte und ich sind gesund, natürlich vermissen wir Dich sehr. Ich werde immer rundlicher. Louise ist ein großer Trost, fragt aber ständig, ob ich von James gehört habe.
Wir hungern nach Neuigkeiten aus der Ostsee und hoffen täglich auf eine Nachricht von Dir. Die Unruhe im Lande wächst, überall ist man unsicher. Wir sehnen uns nach Frieden, und ich bete täglich um Deine gesunde Rückkehr . . .

Drinkwater wartete in einem Vorraum der *London.* Er war nervös und gespannt, die Angelegenheit mit Edward spukte in seinem Kopf herum. Seine Vorgesetzten hatten Zeit genug gehabt, seine Verhaftung vorzubereiten. Vielleicht hatte Otway den Haftbefehl mitgebracht? Schweiß perlte zwischen seinen Schulterblättern.

Der kleine flotte Fähnrich, der Parkers Einladung überbrachte, hatte darauf bestanden, daß er in Gala-Uniform erschien. Er fragte sich, ob dahinter eine besondere Bosheit stecke, und blickte an seinem Rock und der Kniebundhose hinab. Die Uniform war von der Lagerung im feuchten Schrank stockig, und die Litzen waren grün angelaufen. Tregembos Anstrengungen waren vergeblich gewesen, der Pulvergeruch der Schlacht hing noch immer in dem schweren Stoff. Drinkwater fühlte sich ausgesprochen unwohl.

Schließlich erschien Parkers Sekretär und rief ihn in die große Kajüte. Sie war prunkvoll eingerichtet. Die Möbel glänzten dunkel. Kristallkaraffen und silberne Leuchter glitzerten im Sonnenlicht, das von der Wasseroberfläche durch die Heckfenster reflektiert wurde und über die weißgemalte Decke tanzte.

»Ach ja, Drinkwater . . .« Der alte Admiral machte eine Pause; seine Verantwortung bedrückte ihn offensichtlich. »Ich werde abgelöst, wissen Sie . . .«

Drinkwater schwieg.

»Glauben Sie, daß ich etwas falsch gemacht habe?«

»Ich, Sir?« Daß Parker ihn fragte, schien ihm spaßig; aber er hatte das Gefühl, daß er taktvoll sein sollte.

»Äh – nein, Sir. Sie haben doch das Ziel unserer Unternehmung erreicht.«

Parker blickte ihn fest an, dann schien er sich etwas zu entspannen. »Es war keine leichte Aufgabe ...« murmelte er, wohl mehr zu sich selbst. Aus seiner nächsten Bemerkung wurde deutlich, daß Drinkwaters Bekanntschaft mit Lady Parker den alten, freudlosen Mann dazu bewogen hatte, so offen mit ihm zu sprechen. »Meine Frau erinnert mich in ihren Briefen immer wieder an meine Verpflichtung Ihnen gegenüber ...«

»Ihre Ladyschaft ist zu gütig, Sir.« Drinkwater errötete, langsam wurde ihm die Angelegenheit peinlich. Nelson hatte damals vorschnell einen falschen Schluß gezogen, würde Parker nun auf dieselbe Idee kommen? Vermuteten nicht ältere Ehemänner überall einen Fehltritt ihrer jungen Frauen?

»Auch Lord Nelson beschwert sich dauernd, daß ich Ihre Verdienste vor und in der Schlacht nicht genügend gewürdigt habe. Sie haben die *Virago* kommandiert?«

»Jawohl, Sir.« Drinkwaters Herz klopfte heftig. Parkers Vetternwirtschaft bei den Beförderungen nach der Schlacht von Kopenhagen hatte einen Proteststurm hervorgerufen. Nur Nelsons energisches Einschreiten hatte einigen hochverdienten Offizieren die gerechte Beförderung gebracht.

Parker nahm ein Blatt Papier und übergab es Drinkwater. »Vielleicht lassen Sie jetzt einem alten Mann seinen Frieden.«

Drinkwater hielt seine Beförderung zum Commander in der Hand.

Die Feier in *Viragos* Kajüte wurde eine lautstarke Angelegenheit. Aus Höflichkeit hatte Drinkwater auch Lord Nelson eingeladen, aber der neue Oberkommandierende war mit seinen Linienschiffen unterwegs, um vor Karlskrona und Reval britische Stärke zu demonstrieren.

Commander Martin war deshalb der Gast mit dem höchsten Rang. Er tat sein Bestes, um die Enttäuschung zu verbergen, daß er nicht zum Vollkapitän befördert worden war. Er hielt sich schadlos, indem er sich betrank.

Aus einer der obskuren Quellen, die nach einer Schlacht immer sprudelten, hatte Rogers eine alte Epaulette besorgt, die er seinem Commander nun überreichte.

»Sie ist ein wenig angelaufen, paßt aber zu Ihrer sonstigen Erscheinung«, meinte Martin spitz und schlug mit dem Löffel gegen sein Glas, um sich Gehör zu verschaffen. »Gentlemen, erheben Sie Ihr Glas! Auf Ihre Beförderung, Drinkwater.«

»Auf die Beförderung!« Die Gläser knallten auf den Tisch, Tregembo und der Steward füllten schnell nach. Drinkwater blickte in die grinsenden Gesichter. Rogers war rot angelaufen und halb betrunken. Quilhampton grinste engelsgleich und war halb von seinem Stuhl gerutscht; er schlug mit seiner feingearbeiteten neuen Holzhand auf den Tisch. Lettsom hockte nüchtern und hager zwischen den anderen. Tumilty war puterrot und auf dem besten Wege, sich maßlos zu betrinken.

»Ich vermute, daß ich Sie doch in Zukunft ›Sir‹ nennen muß, Nathaniel«, rief er mit schwerer Zunge und hieb Drinkwater despektierlich auf den Rücken.

»Setz dich, du verdammter Kelte«! brüllte Rogers.

»Nimm deine verdammten Hände von mir! Ich stehe, weil ich eine schöne Rede halten will...«

Es wurde gebuht, und weitere Stimmen verlangten, daß er sich setze.

»Nur unter einer Bedingung setze ich mich: Mr. Lettsom soll zur Feier des Tages ein paar Verse machen.«

»Los, eine Ode, Lettsom.«

»Aye, ein Gedicht!«

Lettsom hob die Hand. Es dauerte eine Weile, bevor er sich verständlich machen konnte. Dann deklamierte er:

»Kopenhagen liegt am Sund,
das ist am Ostseestrand.
Dort passierte allerhand,
da ging es richtig rund!
Nelson blickte durch sein Fernrohr leicht,
um die Dänen zu erspähen,
Als Parker sagte: Nun – das reicht!
Meinte Nelson: Auf *dem* Auge kann ich nichts sehen!
Zuhauf lagen auf den Decks die Leichen,
die Dänen wollten partout nicht weichen,
bis endlich die starke *Virago* kam
und Kopenhagen den heißen Atem nahm.
Lord Nelson bekam den Ruhm,
für Parker blieb die Schande.
Aber es war *Viragos* Tun,
das rettete die Engellande!«

Lettsoms Verse verursachten einen wahren Begeisterungssturm. Mr. Quilhamptons Enthusiasmus hätte beinahe dazu geführt, daß er seine neue Hand zersplitterte. Schließlich dämpfte jemand seinen Überschwang – mit dem Ergebnis, daß er es aufgab, bei Bewußtsein zu bleiben. Still rutschte er unter den Tisch.

Auch Drinkwater klatschte Lettsoms lausigen Versen Beifall. Tregembo stellte eine weitere Flasche vor jeden Offizier.

»Mr. Tumiltys Beitrag, Sir«, flüsterte er in Drinkwaters Ohr.

»Oh, Tom, auf Ihr Wohl!«

Tumilty erhob sich. »Kapitän Drinkwater ...« begann er. Er bemühte sich, jedes Wort sorgfältig auszusprechen, doch vergeblich. Zuletzt beugte er sich langsam vor und begrub seinen Kopf in den Resten der Pastete.

»Welch elegante Verbeugung«, kommentierte Martin, der unsicher aufstand, um zu gehen. Drinkwater begleitete ihn zu seinem Boot.

»Gute Nacht, Drinkwater.«

In die Kajüte zurückgekehrt, sah er gerade noch, wie Rogers Tumility in Eastons verwaiste Koje schleppte. Tregembo trug Quilhampton zu Bett. Martin war gegangen, nur Lettsom und Rogers setzten sich noch einmal und leerten mit Drinkwater eine letzte Flasche.

Tregembo räumte den Tisch ab.

»Nimm dir ein paar Flaschen, Tregembo, und teile sie mit dem Koch und dem Steward.«

»Danke, Sir. Ich habe Ihnen ja gesagt, daß es diesmal mit der Beförderung klappen würde, Sir.« Grinsend verließ er die Kajüte.

Lettsom spielte auf seiner Flöte. »Sie sehen nicht übermäßig glücklich aus, wenn ich das mal sagen darf«, bemerkte er zwischendurch.

»Ist es wegen dieses Waters, Sir?« fragte Rogers.

Drinkwater blickte von einem zum anderen, eine Alarmglocke klingelte in seinem Kopf; er mußte vorsichtig sein mit seiner Antwort.

»Warum sollte mich dieser Waters beunruhigen, Gentlemen?«

Rogers zuckte die Achseln. »Es schien eine merkwürdige Sache zu sein, in die er da verwickelt war.«

Drinkwater blickte Rogers kühl an, dann log er zum letztenmal.

»Wofür habe ich wohl die Epaulette bekommen, Samuel?«

Lettsom erstickte jede Antwort Rogers' mit einer Flut von Tönen. Er spielte, bis sich Rogers erhob. Als der Erste gegangen war, ließ Lettsom die Flöte sinken, blies den Speichel aus und steckte sie in die Tasche.

»Anscheinend glauben Sie an die Vorsehung, Mr. Drinkwater ...«

»Wie kommen Sie darauf?«

»Nur jemand, der fest daran glaubt, hätte gewagt, was Sie getan haben.«

»Sie sprechen in Rätseln, Mr. Lettsom.«

»Mr. Jex hat mich eingeweiht. Ich weiß alles über Ihren Bruder.«

»Herr im Himmel«, murmelte Drinkwater; eine eiskalte Hand faßte nach seinem Herzen.

»Ich bin Atheist, Mr. Drinkwater. Aber Ihr Geheimnis unterliegt meiner ärztlichen Schweigepflicht«, versicherte Lettsom lächelnd.

Eine Woche später übernahm Admiral Pole die Flotte. Die Ostseestaaten waren befriedet, und die Mörserschiffe kehrten wie auch Lord Nelson nach England zurück.

Einundzwanzigstes Kapitel

Juli 1801

Ein Glückskind

Commander Nathaniel Drinkwater klopfte an die Tür des eleganten Hauses in der Lord North Street. Unter seiner neuen Gala-Uniform mit der einen glänzenden Epaulette schwitzte er furchtbar. Es war nicht die Wärme des Juliabends, die das bewirkte, sondern die Ungewißheit über sein bevorstehendes Gespräch mit Dungarth.

Die Tür öffnete sich, und ein Diener führte ihn in die Vorhalle. Drinkwater drehte seinen Dreispitz nervös in den Händen. Nach ein paar Minuten hörte er Stimmen in der Halle, dann geleitete ihn der Diener in die Bibliothek. Wieder war er allein. Er blickte sich um und mußte an das Bild der Hortense Santhonax denken, denn über dem Kamin lächelte eine elegante Blondine auf ihn herab. Lange starrte er das Gemälde an. Er hatte Dungarths verstorbene Frau nie kennengelernt, aber es wurde erzählt, daß sogar das Bild von Romey ihrer wahren Schönheit nicht gerecht wurde.

»Sie haben meine Frau nicht gekannt, Nathaniel?«

Drinkwater hatte nicht gehört, daß die Tür geöffnet wurde, und fuhr herum. Dungarth trug Hofkleidung, seine Halbschuhe waren auf dem dicken indischen Teppich nicht zu hören. Er durchquerte den Raum und stellte sich neben Drinkwater; beide betrachteten das Bild.

»Wissen Sie, warum ich die Franzosen so verabscheue, Nathaniel?«

»Nein, Milord.« Drinkwater erinnerte sich, daß Dungarth einen leidenschaftlichen Haß auf die Jakobiner hegte, der eigentlich im Gegensatz zu seinen früheren Sympathien für die amerikanischen Rebellen stand.

»Meine Frau starb in Florenz. Ich brachte ihren Leichnam im Jahre 1792 durch Frankreich zurück. In Lyon merkte der Mob, daß ich ein Aristokrat war. Sie brachen den Sarg auf und...« Er wandte sich einem kleinen Tisch zu. »Ein Glas Portwein?«

Drinkwater nahm den Wein und setzte sich.

»Wir tun eben manchmal merkwürdige Dinge für Menschen, die

uns nahestehen. Die Konsequenzen können uns ein Leben lang verfolgen.«

Drinkwaters Mund wurde trocken; er sehnte sich danach, den Wein hinunterzustürzen, traute aber nicht der Stetigkeit seiner Hand. Stocksteif saß er da, und die Stille, die Dungarths Bemerkung folgte, wurde peinlich. Wieder machte er sich klar, daß er nicht länger auf seinem eigenen Achterdeck stand; nach der Erregung der Schlacht und der Freude über die Beförderung hatte ihn jetzt die Maschinerie der Justiz eingeholt. Alle Farbe wich aus seinem Gesicht. Im Geiste sah er Elizabeth mit Charlotte Amelia und dem Baby Richard Madoc vor sich, das er noch nicht kannte.

»Erinnern Sie sich an Etienne Montholon, Nathaniel?« fuhr Dungarth im Plauderton fort. »Den Taugenichts und Bruder dieser Hure Hortense Santhonax?«

Drinkwater schluckte und riß sich zusammen. »Ja, Milord«, krächzte er und brachte es fertig, einen Schluck Wein zu trinken; dankbar spürte er die Wärme, die sich in seinem Magen ausbreitete.

»Nun, er scheint so abgebrannt gewesen zu sein, daß er sich mit seiner Schwester zusammentat und natürlich mit diesem Fuchs Santhonax. Das neue Konsularregime Napoleons zieht viele junge Emigranten an. Sie dürsten nach einem Anteil an der *gloire* des neuen Frankreich.« Dungarth war zynisch. »Der neue Stern Napoleon Bonaparte kann sich der Unterstützung durch Männer wie Montholon sicher sein, wenn er gut bezahlt, und auch der solcher Pärchen wie die Santhonax', die einen Gönner für ihre Karriere suchen.«

»Also ist Etienne Montholon nach Frankreich zurückgekehrt, Milord?«

»Keineswegs. Er blieb in England und setzte sein altes Lotterleben fort wie viele Emigranten. Dabei diente er Bonaparte als Informant über Flottenbewegungen, hauptsächlich in Yarmouth. Zum Teil berichtete er ihm über die Blockadeflotte vor Texel, später auch über Parkers Flotte. Die Hartnäckigkeit der dänischen Regierung dürfte weitgehend darauf zurückzuführen sein, daß sie Parkers Ausflüchte und Verzögerungen kannte.«

Dungarth erhob sich und füllte ihre Gläser nach. »Aber Etienne Montholon ist tot. Er nannte sich Marquis de le Roche-Jagu und wurde von einem eifersüchtigen Liebhaber umgebracht, der ihn mit seiner Geliebten im Bett überraschte. Es war in Newmarket . . .«

Drinkwater fühlte sich wie vor den Kopf geschlagen, in seinem Hirn drehte sich alles. Bilder stürmten auf ihn ein: der zitternde Edward am

Ufer des Yare, Jex, der ihm die Wahrheit ins Gesicht schleuderte, Edward, der ohne zurückzublicken davonging, der Tod des betrunkenen Zahlmeisters. Wie aus weiter Ferne hörte er Dungarths Stimme.

»Es ist schon ein drolliger Zufall, daß der Mann, der wegen des Doppelmordes gesucht wurde, denselben Namen hatte wie Sie...«

Drinkwater blickte dem Earl ins Gesicht; ein ironisches Lächeln spielte um Dungarths Lippen.

»Ist es nicht seltsam, daß manche Männer aus Gewissensgründen fast zusammenbrechen, obwohl sie im Kugelhagel nicht mit der Wimper zucken?«

»Ich, äh... Ich...«

»Sie haben ja keinen Wein mehr, Nathaniel...« Die Gläser wurden wieder gefüllt, und Dungarth fuhr mit seiner Erzählung fort.

»Der Mantel des Verdächtigen wurde am Ufer des Yare gefunden. Man vermutet, daß er sich in einem Anfall von Reue ertränkt hat. Schade, da er seinem Vaterland doch einen so großen Dienst erwiesen hat, nicht wahr?« Dungarth lächelte. »Was das Mädchen angeht, eine gewisse Pascale Vrignaud, so war ihr Schicksal das vieler Huren. Seltsame Geschichte, finden Sie nicht auch?«

»Ja.« Drinkwater stürzte das dritte Glas Portwein hinunter.

»Ich wußte, daß sie Ihnen gefallen würde«, lächelte Dungarth. »Sie brauchen sich keine Gedanken mehr zu machen. Was diesen Burschen angeht, den Sie mir empfohlen haben, so habe ich ihn mit Briefen zu Prinz Woronzow nach St. Petersburg geschickt. Der Prinz war ehemals Botschafter am Hofe von St. James und hat mir versichert, daß er eine Beschäftigung für den Mann finden wird. Wie Sie sehen, Nathaniel, ist dieser Waters ein Glückskind. Er hat die Fortüne des geborenen Spielers, würden Sie nicht auch sagen?«

Drinkwater erwiderte Dungarths Grinsen. Er fühlte keine Trauer über Etienne Montholons Tod, sondern bedauerte nur, daß die Rettung des Mannes vor den Jakobinern damals zwei britische Seeleute das Leben gekostet hatte. Ob Hortense jemals den Namen des Mörders ihres Bruders erfahren würde? Die Welt war klein, man sah die Zahnräder des Schicksals förmlich ineinandergreifen. Was Pascale anging, so würde sich Edward da mit seinem Gewissen auseinandersetzen müssen. Aber Edward verfügte nicht nur über das Glück, sondern auch über die Unmoral des Spielers.

Lord Dungarth erhob sich und füllte ihre Gläser zum viertenmal.

»Ich habe Ihnen für Ihre Bemühungen zu danken, Milord.« Drinkwater sagte es vorsichtig, er fühlte sich wie auf dünnem Eis.

»Jetzt müssen wir abwarten, ob dieser Waters wirklich von Nutzen für uns ist.«

Drinkwater nickte.

»Auf Ihre Beförderung, Nat!«

Nachwort

Die Rolle, die Nathaniel Drinkwater in der Schlacht vor Kopenhagen hier spielt, ist nicht ausschließlich Erfindung. Gründliche Lotungen und Betonnungen wurden vor der Schlacht von meist namenlosen Offizieren vorgenommen; es scheint nicht unmöglich, daß ein Drinkwater unter ihnen war.

Drinkwaters Mörserschiff wird in Parkers Flottenliste nicht erwähnt. Aber da es offiziell nur ein Versorger war, ist das zu erwarten. Wenn die großen Linienschiffe ins Gefecht zogen, übersahen die Historiker nur zu gern die kleinen. Das gilt auch für diesen Fall, obwohl ziemlich sicher sein dürfte, daß die Dänen erst unter der permanenten Bedrohung durch die Mörserschiffe ihren hartnäckigen Widerstand aufgaben. Es wurde viel darüber spekuliert, daß Lord Nelson seinen Sieg gar nicht den Linienschiffen verdanke, die sich in ziemlichen Schwierigkeiten befanden, sondern den Mörserschiffen, die ihre Granaten direkt in die dänische Hauptstadt warfen.

Der Einsatz der Royal Artillery auf Mörserschiffen ist nicht allgemein bekannt; erst 1847 wurden drei überlebende Artilleristen mit der Naval General Service Medal ausgezeichnet; die Spange trug die Aufschrift »Copenhagen«.

Chroniken sprechen von nur vier Mörserschiffen vor Kopenhagen, andere zeitgenössische Bilder zeigen sieben. Schon möglich, daß eines davon die *Virago* war.

Das Setzen des Signals Nummer 39 durch Sir Hyde Parker wurde kontrovers diskutiert, ein geheimnisvoller Schleier liegt darüber. Legt man Parkers unbeständige Natur und seine extreme Vorsicht zu Grunde, berücksichtigt man seine Gegnerschaft zu Lord Nelson, dann kann sich alles wie beschrieben abgespielt haben.

Was die Anlandung Edward Drinkwaters in Dänemark angeht, so berichtet die Berlingske Tidende vom 27. März 1801, daß britische

Seeleute in der Nähe von Helsingör tags zuvor gelandet seien, um Frischwasser zu bunkern. Es kam nicht zu Zwischenfällen. Diese Landung scheint jedoch nirgendwo anders bemerkt worden zu sein.